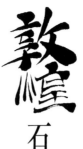

石窟全集

敦煌石窟全集 17

敦煌研究院 主編

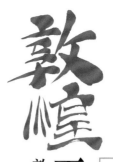

舞蹈畫卷

本卷主編 王克芬

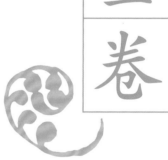

商務印書館

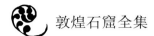

敦煌石窟全集

主編單位 …………… 敦煌研究院

主　　編 …………… 段文杰

副 主 編 …………… 樊錦詩（常務）

編著委員會（按姓氏筆畫排序）
主　任 …………… 段文杰　樊錦詩（常務）
委　員 …………… 吳　健　施萍婷　馬　德　梁尉英　趙聲良

出版顧問 …………… 金沖及　宋木文　張文彬　劉　杲　謝辰生
　　　　　　　　　　羅哲文　王去非　金維諾　周紹良　馬世長

出版委員會
主　任 …………… 彭卿雲　沈　竹　劉　煒（常務）
委　員 …………… 樊錦詩　龍文善　黃文昆　田　村
總 攝 影 …………… 吳　健
藝術監督 …………… 田　村

舞蹈畫卷

主　　編 …………… 王克芬

攝　　影 …………… 吳　健
綫　　圖 …………… 霍熙亮　趙　蓉
圖片助編 …………… 張艷梅

封面題字 …………… 徐祖蕃

出 版 人 …………… 陳萬雄
策　　劃 …………… 張倩儀
責任編輯 …………… 楊克惠　李德儀
設　　計 …………… 呂敬人
出　　版 …………… 商務印書館（香港）有限公司
　　　　　　　　　　香港筲箕灣耀興道 3 號東滙廣場 8 樓
　　　　　　　　　　http://www.commercialpress.com.hk
製　　版 …………… 中華商務彩色印刷有限公司
　　　　　　　　　　香港新界大埔汀麗路 36 號中華商務印刷大廈
印　　刷 …………… 中華商務彩色印刷有限公司
　　　　　　　　　　香港新界大埔汀麗路 36 號中華商務印刷大廈
版　　次 …………… 2019 年 7 月第 1 版第 2 次印刷
　　　　　　　　　　© 2001 商務印書館（香港）有限公司
　　　　　　　　　　ISBN 978 962 07 5290 2

前　言
樂舞大交流時代的舞蹈形象圖片庫

　　佛教是在全世界傳播最廣的宗教之一。世界各地的佛教藝術大都具有很高的藝術水平和重要的史料價值。

　　具有世界影響的佛教藝術本身的傳承性是不容忽視的，它深刻而廣泛地影響各時期各地佛教藝術的創造與發展。而特定歷史時期、特定國度和地區的佛教藝術，往往會在一定程度上反映出當時、當地的社會風貌。由於各地千差萬別、風格迥異的佛教藝術會顯示出不同的藝術形象與審美情趣，因此，史學家特別是研究藝術史的學者，都相當重視對不同時期、不同地區的宗教藝術，特別是流傳十分廣泛的佛教藝術的研究。

　　在漫長的歷史長河中，前人為我們留下許多描述古代舞蹈的詩、詞、歌、賦等文字資料。我們固然可據此插上想像的翅膀，去領略那些曾輝煌一時的古代舞蹈丰姿。然而，舞蹈是形象的藝術，因此，最具史料價值的，莫過於遺存至今的古代舞蹈形象。宗教藝術中保存的古代舞蹈形象是相當豐富的，因為宗教藝術被人為破壞的可能性少些，完好保存的可能性大些，使我們能一睹千百年前的部份舞蹈形象。這些舞蹈形象在一定程度上記錄了那個時期特定地區舞蹈發展的脈絡。

　　佛教藝術，特別是佛教石窟藝術中，常常保存豐富的舞蹈形象，這是因為：第一，“伎樂供養”是印度大乘佛教主要經典《妙法蓮花經》（後秦鳩摩羅什譯）規定的。該經所列對佛的十種供養是“一華（花）、二香、三瓔珞、四抹香、五塗香、六燒香、七繒蓋幡幢、八衣服、九伎樂、十合掌”。據考察，20世紀30年代以前，印度的古典舞主要保存、流傳在寺院，“神的侍女”以舞祭神，宗教節日則可供羣眾觀賞。這種祀神的“舞祭”方式，隨着佛教在中國的傳播而流傳。《洛陽伽藍記》卷一載：北魏佛寺的“伎樂”甚是美妙動人。佛像出行時，還有獅舞開道，諸種雜技表演隨行。敦煌遺書《龍興寺毗沙門天王靈驗記》（S0381）記載：公元801年寒食節，城中官僚百姓就龍興寺設樂。所謂

"設樂"就是演出樂舞百戲等，由此可見唐代寺院樂舞活動也很興盛。
古代寺院既是宗教活動的中心，也是羣眾娛樂的場所。寺院中的舞蹈表
演，名為娛神，實為娛人。這些佛事活動中的舞蹈形象為佛教藝術的創
作提供了豐富的素材。其次，中古時代，舞蹈逐漸擺脫敬天娛神的原始
祭祀功能，向娛人方向發展，開始進入表演領域，成為一種上層社會特
有的藝術享受。人間的帝王、貴族要以觀賞舞蹈取樂，人臆想的神佛自
然也要有樂舞相隨相伴了。古天竺傳說：在佛的護法神——"天龍八
部"中，有乾闥婆與緊那羅，他們是佛國專司奏樂歌舞之神，相當於中
國佛教藝術中的飛天等伎樂之神。鳩摩羅什譯《大智度論》卷十稱：乾
闥婆與緊那羅都是為"諸天作樂的天伎"。慧琳《一切經音義》載："緊
那羅音樂天也，有微妙音響，能作歌舞"；緊那羅還"常與乾闥婆為妻
室"；故在印度的佛教藝術中，他們常常同時出現。在印度佛教聖地阿
旃陀石窟高高的石壁、石柱上，他們相依相偎，並坐在雲際雲端。他們
與中國敦煌早期壁畫及雲岡、麥積山石窟等北魏石窟，體呈V形的飛天
比較接近，卻遠不像隋唐時期敦煌壁畫中，在天國奏樂歌舞的飛天那樣

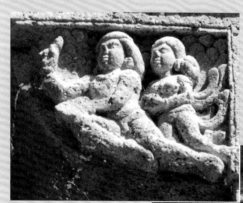

飛天

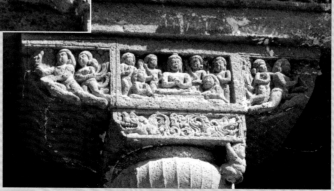

印度阿旃陀石窟的飛天

輕盈飄逸，體態優美。人間宮廷宴享、民俗節日、祭祀、婚宴、酒館等有樂舞活動，佛教藝術中也就有大致相同的畫面。畫工塑匠將他們所見到的人間樂舞場面，加上想像，繪製或雕塑在佛寺和石窟中。

　　有世界藝術寶庫美稱的敦煌石窟，保存了極其豐富、珍貴的舞蹈形象。從公元4世紀的十六國時期到元，歷時千餘年，古代的藝術家在這裏開窟、造像、繪壁，創造了璀璨奪目、絢麗多姿的敦煌藝術。時至今日，這些經歷了漫長歲月的藝術珍品，仍有一部份相當完好。敦煌莫高窟存有壁畫、塑像的洞窟492個。幾乎每個洞窟都有舞蹈形象，如在窟頂、龕楣飛舞翱翔的飛天；在天宮憑欄奏樂、舞蹈的天宮伎樂；在大鋪經變畫中，居於顯著地位正在真實地"舞蹈"着的伎樂天；在供養人行列中起舞，具有濃郁生活氣息的舞蹈人形象以及那些富於舞蹈美感的塑像菩薩、力士等。這些舞蹈形象可分為人們臆想中神佛世界的天樂舞和人間的俗樂舞兩大類。天樂舞包括天宮伎樂、飛天伎樂、化生伎樂、經變畫伎樂以及各種護法神如金剛力士、藥叉、迦陵頻伽伎樂等具有舞蹈感的形象。俗樂舞包括供養人行列中的樂舞場面和佛教故事畫中生活氣息濃郁的舞蹈畫面。這類舞蹈壁畫，直接而真實地反映了當時社會生活中的舞蹈形式。安西榆林窟、東千佛洞、西千佛洞等也保存了相當豐富、生動的舞蹈形象。它們是中華民族悠久燦爛的舞蹈文化百花園中的奇葩。

　　敦煌壁畫的舞蹈風貌，隨時代的變遷而各異。按舞蹈形象所展示的不同風格與韻律，根據敦煌學家對敦煌藝術的分期，大致可分為以下三個階段：

一、　早期：北涼及北朝時期

二、　中期：隋、唐時期

三、　晚期：五代、宋、西夏、元

　　早期的舞蹈壁畫構圖比較單一，多為單身的樂舞表演。人物形象多稚拙古樸，體態粗壯，帶有明顯的印度、西域及北方遊牧民族風格。唐代是敦煌壁畫發展的全盛期，中期的舞蹈壁畫，气勢宏偉，富麗堂皇，樂舞題材較前大為豐富。唐代多民族交融的樂舞文化、各種舞蹈類型及河西地區的鄉土風情在壁畫中都得到了生動的反映。從五代開始，由於政權更迭頻繁、舞蹈藝術遠不如唐代興盛等諸多因素，敦煌石窟進入衰落期，晚期的舞蹈壁畫在構圖、畫技及樂舞形象的描繪上，多沿襲前代，藝術性明顯降低。雖然在少數民族的洞窟中，也出現一些精品，但總的來説這一時期的藝術成就遠不能與隋唐時期相比。

目　錄

前　言　樂舞大交流時代的舞蹈形象圖片庫 _____ 005

第一章　北朝豪健氣質與西域、中原舞風的結合 _____ 011

第一節　天宮樂舞 _____ 013

第二節　北周的西域世俗舞蹈 _____ 057

第二章　廣取博採的輝煌唐舞壁畫 _____ 061

第一節　唐代舞蹈與敦煌壁畫 _____ 063

第二節　經變畫上的天宮樂舞——巾舞 _____ 077

第三節　經變畫上的天宮樂舞——腰鼓舞和琵琶舞 _____ 133

第四節　折射世俗生活的舞蹈壁畫 _____ 153

第五節　生動活潑的兒童舞蹈 _____ 167

第三章　斜陽夕照的五代至元舞蹈畫面　　173

第一節　承傳唐舞餘韻的五代宋舞蹈壁畫　　175

第二節　剛柔並濟風韻獨特的西夏元舞蹈壁畫　　217

第三節　晚期壁畫中的菩薩美姿　　229

附錄：本書所見舞蹈動作術語表　　244
圖版索引　　246
敦煌石窟分佈圖　　247
敦煌歷史年表　　248

北朝豪健氣質與西域、中原舞風的結合

南北朝是一個政權更迭頻繁，民族遷徙規模浩大的時代，同時也是舞蹈藝術大交流的時代。在中國古代舞蹈史中，它匯通東西南北各地區民族舞蹈藝術，上承秦漢舞蹈的餘韻，下為中華古舞的黃金時代——盛唐揭開了序幕。

當時，南北兩地政權除各自吸收漢朝改編自民間的清商樂舞外，也各自融合當地民族的舞蹈。北方統治者多為少數民族，又與東北和西北的各民族有政治、文化交流以至軍事征服關係，因而北方的舞蹈，可說是西域、西涼、高麗、鮮卑等民族的舞蹈交融，北周時期並曾編入以中原傳統樂舞為基礎的宮廷雅樂之中。

在這場樂舞大交流中，敦煌所在河西地區及鄰近的西域，地位頗為重要。當時很多西域樂舞傳入中原，包括龜茲（今新疆庫車）、高昌（今新疆吐魯番）、疏勒（今新疆疏勒等地）、安國（今中亞烏茲別克布哈拉一帶）的伎樂和西域小國悅般國的樂舞等等。

直接在河西地區融合產生而傳入中原的新樂舞，則有著名的西涼樂。據《舊唐書·音樂志》載，西涼樂是"涼人所傳中國舊樂而雜以羌胡之聲"，實際上是以龜茲樂為主的西域各族樂舞與中原漢民族樂舞融合後的新型樂舞，產生於十六國時期河西的涼州（今甘肅武威），最後被統一北方的北魏王朝吸收為宮廷樂舞。西涼樂在中國音樂舞蹈發展史上佔極重要的地位。

敦煌北涼及北朝舞蹈形象，不像唐代經變畫中舞蹈形象之豐富而令人注目。但它巧妙結合北朝遊牧民族雄健粗獷氣質與佛教發源地尼泊爾、印度一帶的舞風，豪放明快，具有一種特殊的、感人的魅力。雖然是佛國世界中的舞蹈，但仍可窺見上述時代精神於一斑。

第一節　天宮樂舞

　　敦煌北朝壁畫展示的天宮樂舞，主要是為天神奏樂歌舞的天伎——天宮伎樂、飛天伎樂以及具有舞蹈感的藥叉和供養菩薩。此期樂舞形象的基調是豪放、健朗的，其造型、風格及氣質，反映了當時的時代精神與審美情趣。

北朝壁畫的舞蹈形象類型

　　為了表示天界，天宮伎樂及飛天都畫在洞窟的較高位置。天宮伎樂畫在洞窟窟壁上部，圍繞窟頂畫一圈。這些音樂舞蹈者在天宮欄楯後奏樂跳舞，是西方極樂世界娛佛、供養佛的音樂舞蹈神祇之一，習稱為天宮伎樂。他們均頭頂佛光，身披帛帶；有些手執現實生活中的樂器，有些空手而舞。他們姿態各異，變化多端，但因都在一個形如半門窗的畫面內，膝以下的動作不能得見。

　　飛天伎樂，亦屬天宮伎樂的一種，大多繪於窟頂平棊、藻井四角或中心、佛龕龕楣或佛頂華幔下等處，作奏樂舞蹈、撒佈鮮花等美姿。飛天一詞始見於《洛陽伽藍記》。飛天的形象，一方面來自中國傳統漢畫像磚中的羽人、飛仙等；另一方面來自印度佛教藝術中的天歌神乾闥婆與天樂神緊那羅。飛天或持蓮花花蕾，或執樂器，飛舞於佛國天空。其飄逸的姿態，頗具舞蹈美感和動態，但幻想色彩較重，是現實的舞者難以模擬的。從舞蹈的角度審視，其變化

繁複的雙手和上身姿態，值得研究。

　　至於藥叉及聽法的供養菩薩，並不是以舞蹈供養佛的神祇。但北涼第272窟正在聽法的供養菩薩極有舞蹈美感，也許是聽佛說法聽得入迷，不禁手舞足蹈起來，特別是上身及手臂的姿態，優美生動。藥叉又名夜叉，是梵文音譯，意為能啖鬼或捷疾鬼。佛經說它是吃人的惡鬼，但同時又將藥叉列入守護佛教的天龍八部之一。藥叉多繪在窟壁下部表示地府之處。

　　藥叉形象誇張，姿態各異，亦有奏樂或起舞的，其舞姿富於陽剛之美，頗近於古代男性舞者。

　　四種舞蹈形象中，飛天、供養菩薩、藥叉各朝均出現，而天宮伎樂後世不再繪畫，最為此時特色，數量最多，同期雲岡、龍門等石窟亦有，可資比較。

天宮伎樂

　　天宮伎樂在敦煌現存最早的北涼洞窟已出現，一直延續到北朝各代。由於當時佛教傳入中國不久，佛教藝術仍帶有較濃的發源地色彩。敦煌天宮伎樂的動作特徵是大幅度的扭腰出胯，伸臂揚掌，體態舒展，挺拔昂揚，帶有印度、尼泊爾風格。與同期天宮伎樂相比，敦煌的北魏天宮伎樂就比同期雲岡石窟第12窟端坐演奏的天宮伎樂更近印度舞的

風格。特別引人注意的是敦煌第251和第423窟有兩個北魏天宮伎樂舞者，身披巾帛，很像印度婦女所披的沙麗服飾，顯示出印度對中國佛教藝術的深刻影響。與此同時，這些天宮伎樂粗獷奔放的體態手姿，粗壯強健的半裸形體，挺胸昂首的神態，無不體現出遊牧民族豪健昂揚的精神氣質。因為北朝統治者多是北方少數民族，長期盤馬彎弓的生活，深刻影響他們的審美情趣。除敦煌壁畫外，大同北魏司馬金龍墓石刻棺床的藝術形象，也帶有濃厚的遊牧民族特色。棺床上雕有13個精美的伎樂天，演奏各種樂器的12樂人分列兩邊，中間是一形體粗壯的舞人，身披飄帶，張臂抬腿而舞；膝部稍曲，盤腿開胯；其身姿舞態，在一定程度上顯示出遊牧民族長年馬上生活給形體留下的烙印和鮮卑民族的審美趣味。

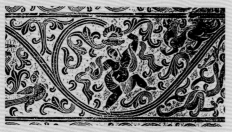

司馬金龍墓石棺床的舞人

神佛世界中的樂舞人

在這些描繪神佛世界的宗教藝術中，出現如此豐富的樂舞人形象，與當時社會生活的影響密不可分。北朝的統治者原本崇尚歌舞作樂，勝利南進並建立政權後，喜歌歡舞的習俗更為盛行。皇室貴族養有許多歌舞伎人，這是宮廷或貴族之家的專業"歌舞團"。《洛陽伽藍記》載：北魏京城有"調音"、"樂律"二里，以培養優秀歌舞伎人而聞名於世。達官貴人、甚至皇帝本人舞蹈自娛或抒情明志的事例非常多。如北魏孝文帝在靈泉池宴羣臣及各族首領和外國使節時，令各人表演一段民族歌舞，孝文帝親率羣臣起舞，向文明皇后敬酒；北魏後期權臣爾朱榮，經常在狩獵的歸途中，與左右的人手牽手，一邊唱《回波樂》，一邊踏舞而歸。

南北朝時代佛教十分盛行。寺院之多，規模之大，信徒之眾都是前所未有的。戰亂頻繁，災難深重的現實生活，易使人寄希望於來世。這一時期的藝術，與宗教關係密切，舞蹈藝術亦不例外。人間帝王是神佛的化身，北魏文成帝曾公然下令，雕塑佛像要"如帝身"。人間一切最美好的東西要奉獻給皇帝，天國中一切最美好的東西自然應該奉獻給神佛了。音樂舞蹈既為皇室貴族所喜好，那麼西方極樂世界的佛也應有樂舞人相伴。於是，描繪西方極樂世界的敦煌壁畫就出現了天宮伎樂、飛天等富於舞蹈美感的諸多形象。眾多天宮伎樂、飛天或力士等栩栩如生的舞態，正是當時現實生活中經常可見的舞姿。

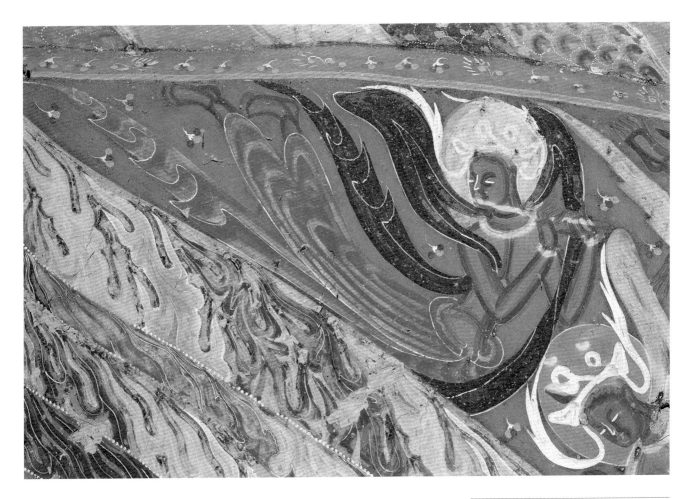

1　凌空吹笛的飛天

飛天大多繪製於窟頂平棊、藻井四角或
中心，以及佛龕龕楣或佛頂華幔下等
處，都在洞窟較高的壁面。這身姿態優
美的飛天，擰身吹奏橫笛，衣飾及飄帶
紋飾，如行雲流風，襯托出其凌空翱翔
的美姿。

西魏　莫249　西壁

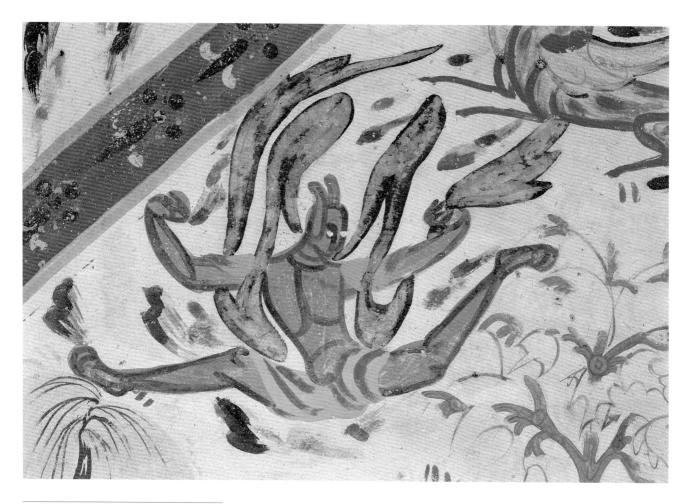

2 富陽剛之氣的飛仙

此身飛仙具有男性特點。雙臂、雙腿均
奮力大張，似在作大跳劈叉的騰躍。身
披的長巾高高揚起，更添飛騰之勢。舞
姿矯捷雄健，富於陽剛之美。

西魏 莫249 北坡

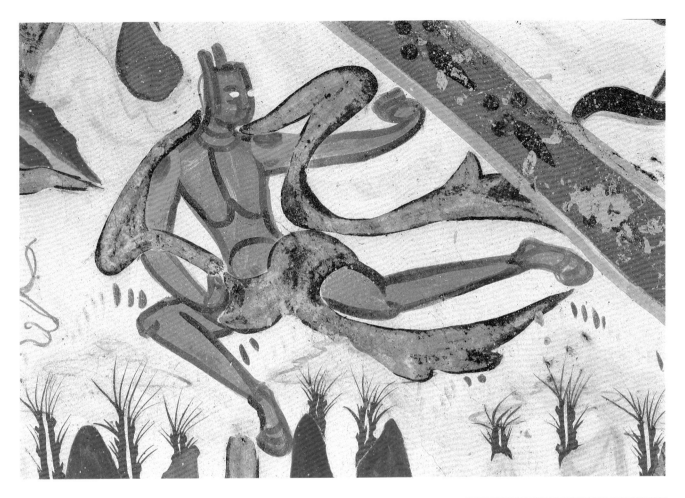

3 具男性特點的飛仙

此身飛天推掌回頭，作側身飛行狀。肩
披長巾柔和地向左後方飄去，顯現出舒
緩的飛翔美姿。

西魏 莫249 北坡

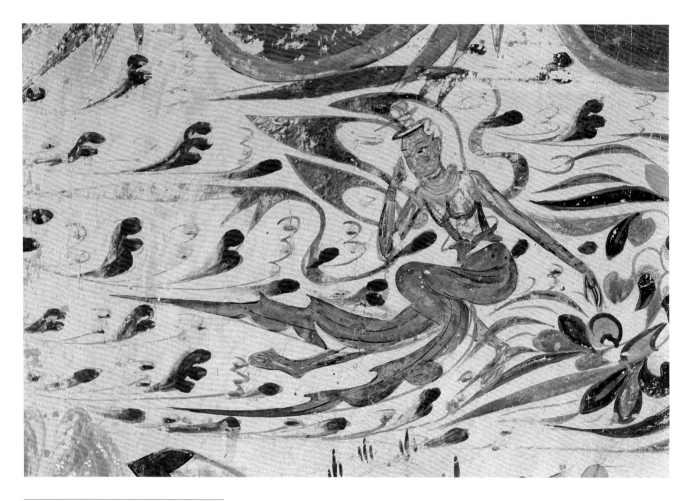

4 合樂歌唱的飛天

在一排演奏樂器的飛天羣最前及最後的
是兩個徒手而舞的飛天。為首這一身,
髮髻高聳,身材窈窕,具有較濃厚的漢
風;右臂垂側,右手置於嘴邊,似正在
合着樂聲歌唱或呼喚。飄拂的長裙和流
動的浮雲,襯托其輕盈美麗的身影。

西魏 莫285 南壁

5 揚臂而舞的飛天

這是飛天羣的最後一身,頭頂高聳華麗
的頭飾。右臂曲肘置於腋下,左臂高
揚。挺胯擰腰,長裙覆蓋下肢,舞態瀟
灑秀美。

西魏 莫285 南壁

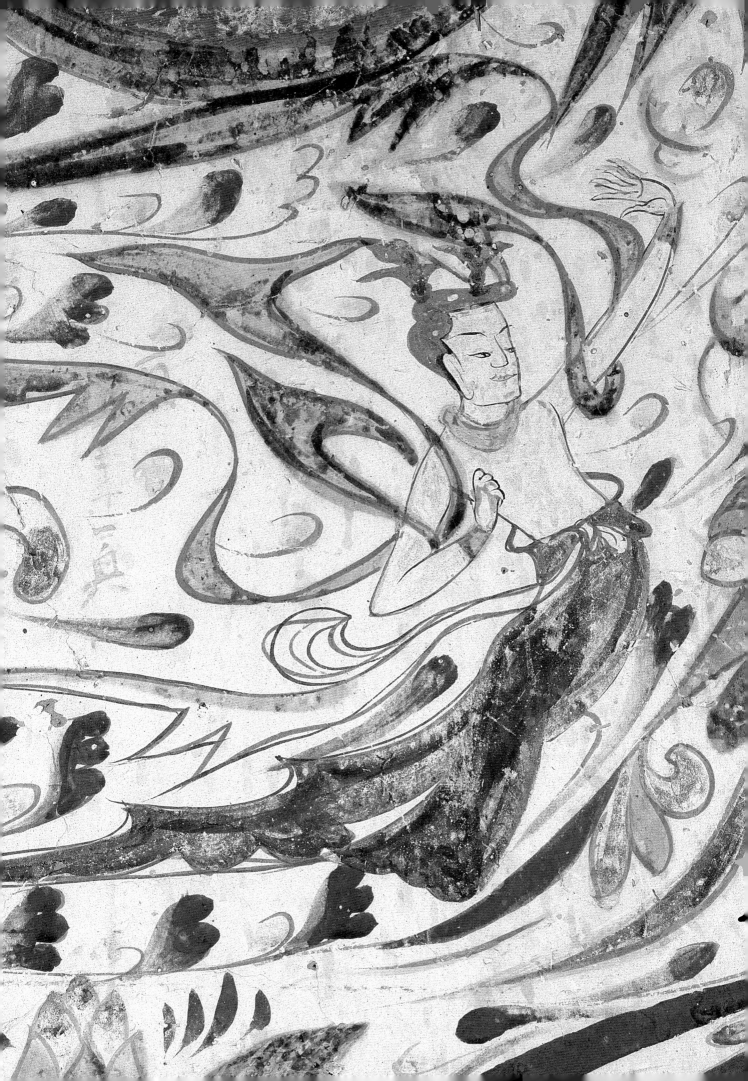

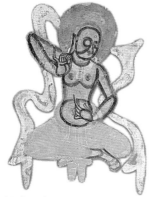

提肘撫腹

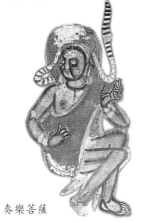

奏樂菩薩

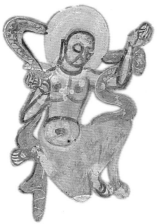

抬臂揚手

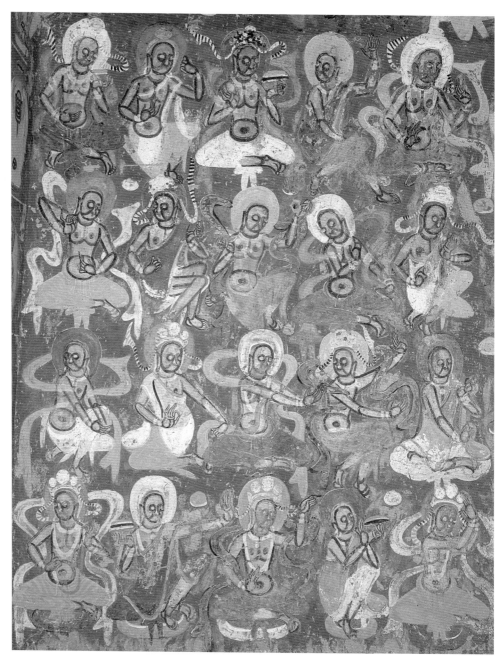

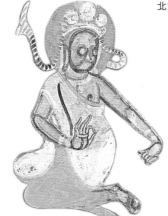

手姿娟秀

6 南側的聽法供養

北涼 莫272 西壁

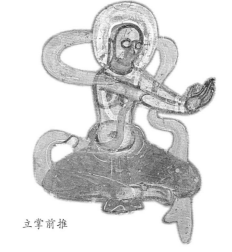

立掌前推

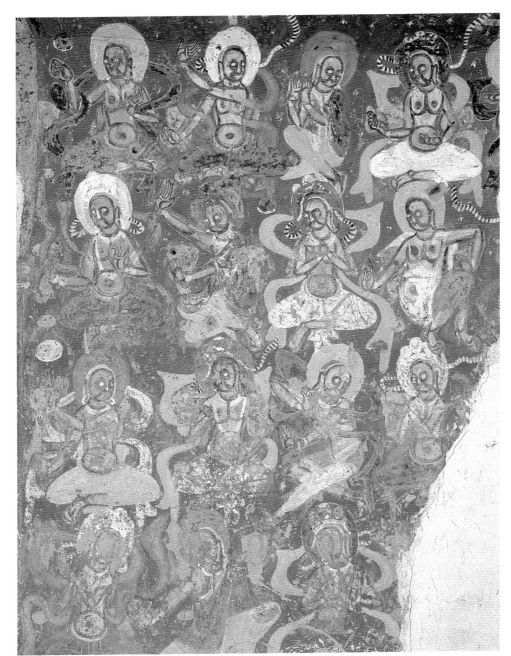

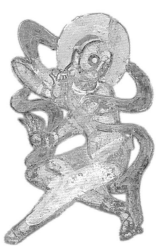

撐身出胯

7　北側的聽法供養菩薩

供養菩薩是指在天界單身或多身作禮佛供養狀的菩薩，多繪於佛像窟龕的兩側。北涼272窟佛龕左右兩側，繪有兩幅供養菩薩，每幅各繪20身（右側畫面部分殘缺）；分4排，每排5身，排列工整，均作坐姿。上半身頭部、手臂、手姿、腰、胯的動作清晰，變化多端，使靜止的畫面，充滿了舞蹈的動感；舞姿健朗明快，有奪壁而出之勢。充分體現出聽佛說法的菩薩那興奮熱烈、歡欣鼓舞的氣氛。

北涼　莫272　西壁

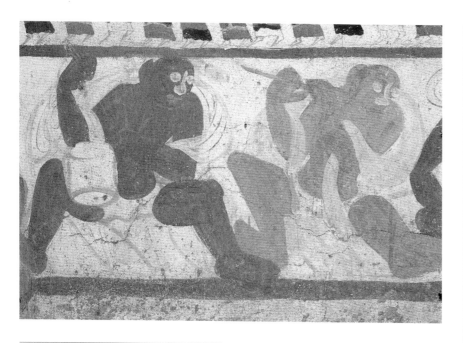

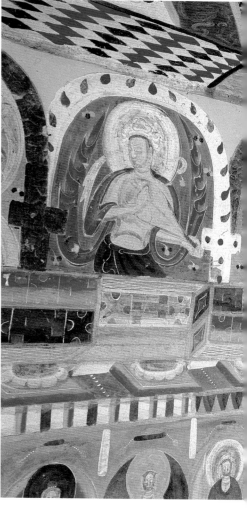

8 藥叉的剛健舞姿

藥叉多繪製於窟壁下部表示地府之處。
這兩身繪在洞窟下部的藥叉,一身擊
鼓,一身吹笛,姿態雄健粗獷,虎虎有
生氣。那跨步登弓的舞姿,無不蘊含歷
史悠久的古典舞韻律。

北周 莫290 西壁

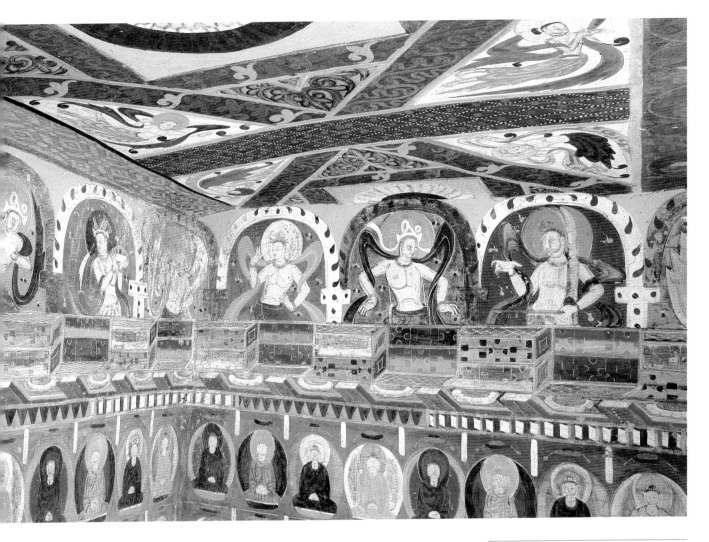

9 圍繞窟壁上部的天宮伎樂

此圖顯示了天宮伎樂在洞窟中所處位
置。在緊挨窟頂的窟壁上部繪一圈手執
琵琶、腰鼓、箜篌等樂器或空手而舞的
天宮伎樂，畫面與藻井相連。

西魏　莫288　西南角

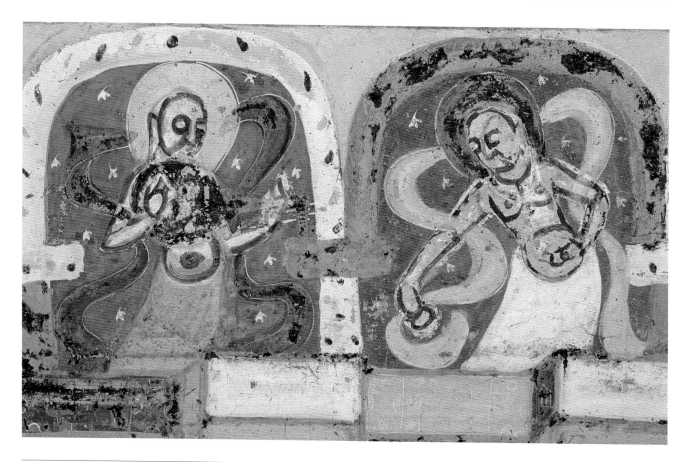

10 亦彈亦舞兩伎樂

左一身懷抱琵琶彈奏；右一身傾身向
右，斜張右臂，左手曲置於腹部，踏着
悠揚的琵琶曲，翩躚起舞。

北涼　莫272　窟頂南坡

11 天宮伎樂──四樂舞者

一排四身天宮伎樂，均披帛帶起舞。左
起第一身雙臂向下用力推掌；第二身微
向左側出胯，左臂肘彎曲向下垂，右臂
曲舉頭右側；第三身合掌似作彈指狀。
至今新疆一帶民間舞中，舞至興奮時，
舞者常合掌彈指作響，並隨節奏起舞。
第四身，似手執吹管樂器。由於畫面不
清，難於辨認為何種管樂。

北涼　莫272　窟頂北坡

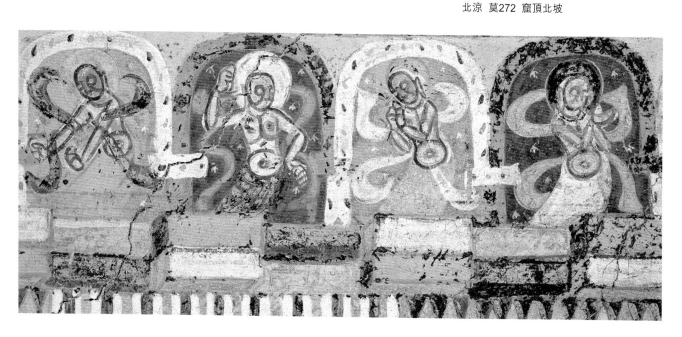

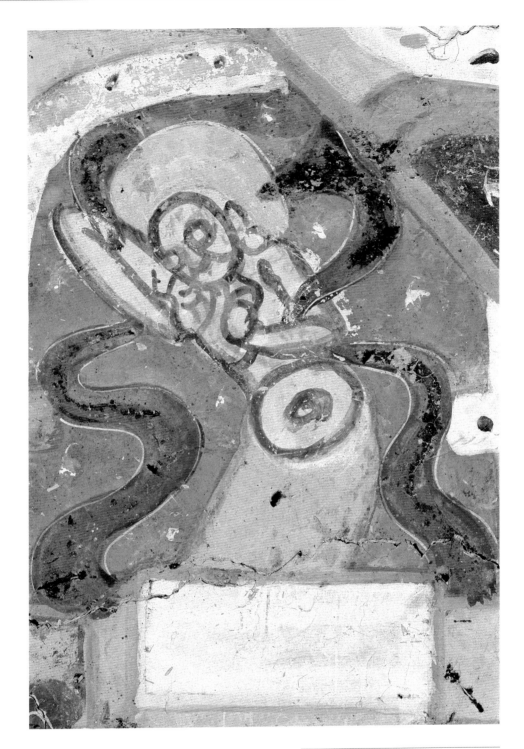

12 舞姿剛勁美伎樂

上身右傾，雙臂曲肘，右高左低，成斜
線在胸前擠壓。舞姿剛勁，力度感強。
北涼 莫272 窟頂東坡

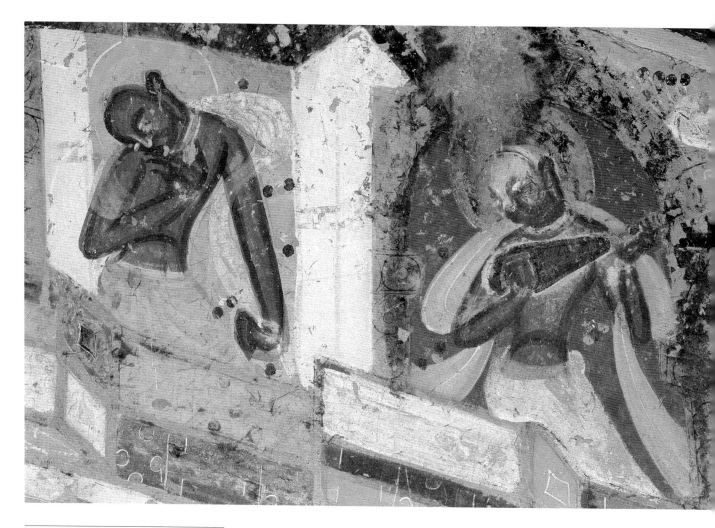

13 天宮伎樂——琵琶彈奏伴媚姿

左一身左臂下垂，右手托腮，歪頭，頗
具嫵媚感。右一身懷抱琵琶彈奏。

北魏 莫248 南壁

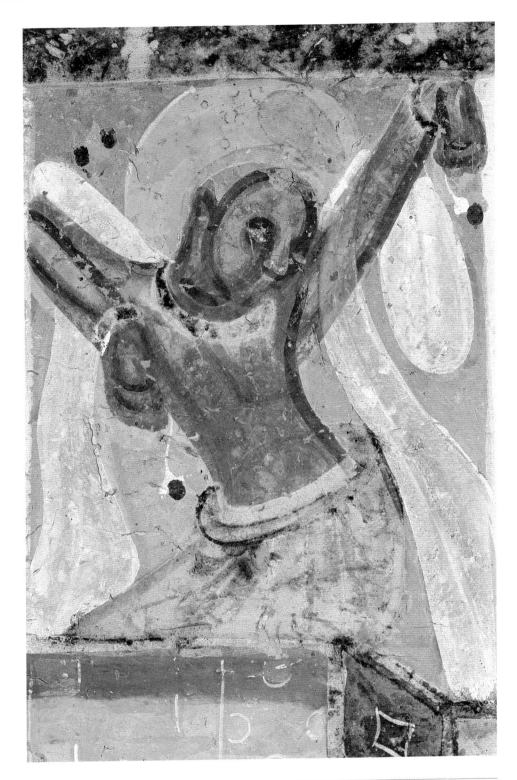

14 歪頭勁舞的天宮伎樂

舞者雙臂上揚，右曲左伸，扭腰出胯，
歪頭勁舞。舞姿矯健有力，感情奔放。
北魏 莫248 西壁

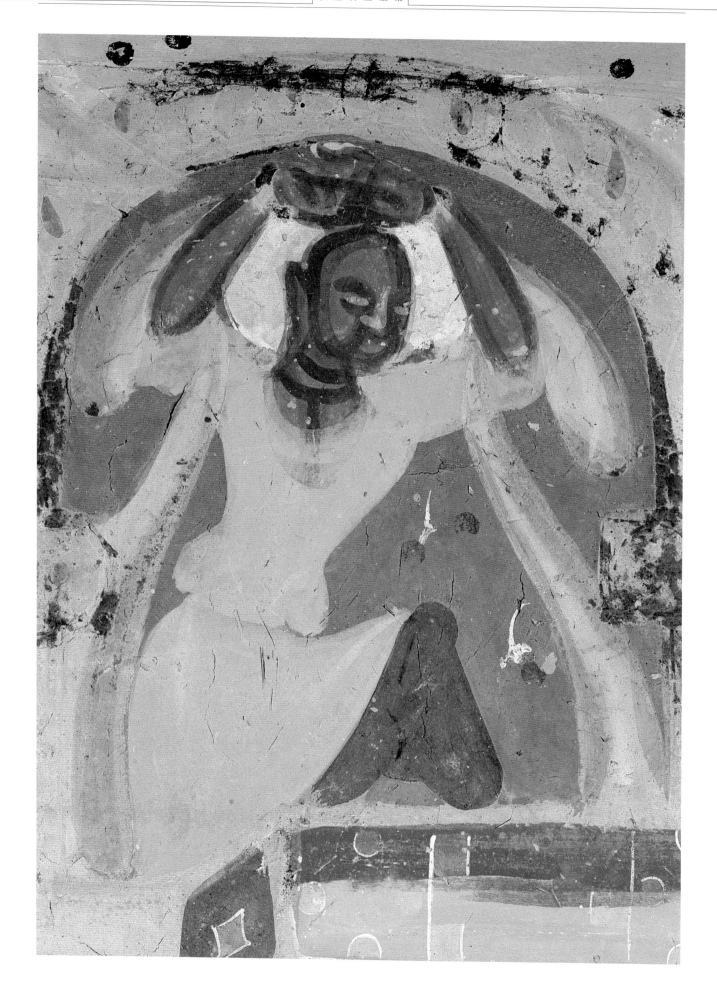

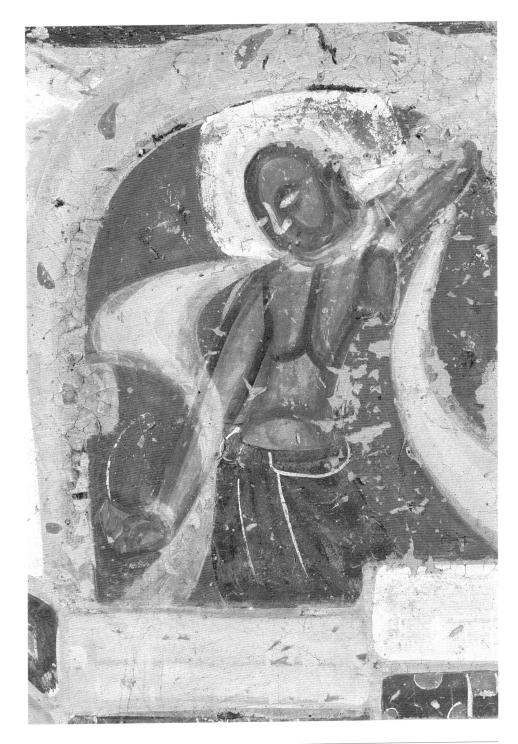

16　舞姿舒展的伎樂

舞者身向右側，傾頭，出胯，左臂曲肘高抬，右臂向下伸直。舞姿舒展，給人以傾身向下之感。

北魏　莫248　東壁

15　西域舞風的天宮伎樂

天宮伎樂大都裸露上身，此身伎樂舞服頗美，着圓領短衣，下身穿裙。舞者雙手手指交叉，舉至頭頂。左腿曲膝抬起。這一舞姿造型，至今仍經常出現在新疆民間舞中。

北魏　莫248　北壁

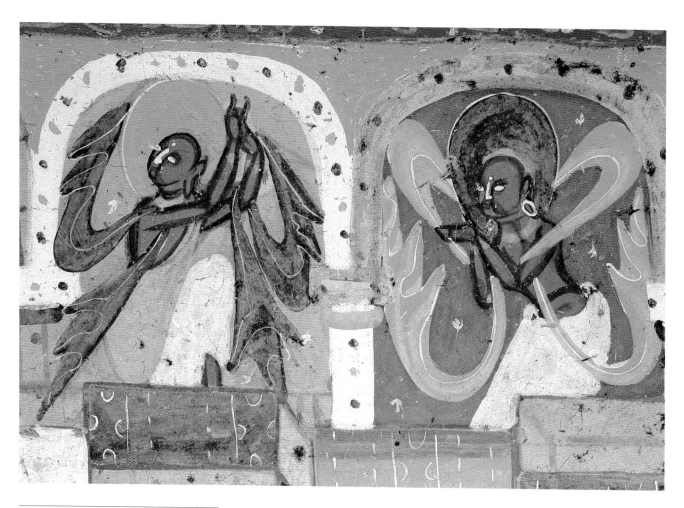

17 作"彈指"狀的兩伎樂

左起第一身,雙臂向左高舉,作合掌彈
指狀。頭部扭向右後方,似正與其右側
的另一天宮伎樂相呼應。左起第二身,
微微向前曲身,面向其右側之天宮伎
樂。雙手捧於胸前,也似作彈指狀。

北魏 莫251 南壁

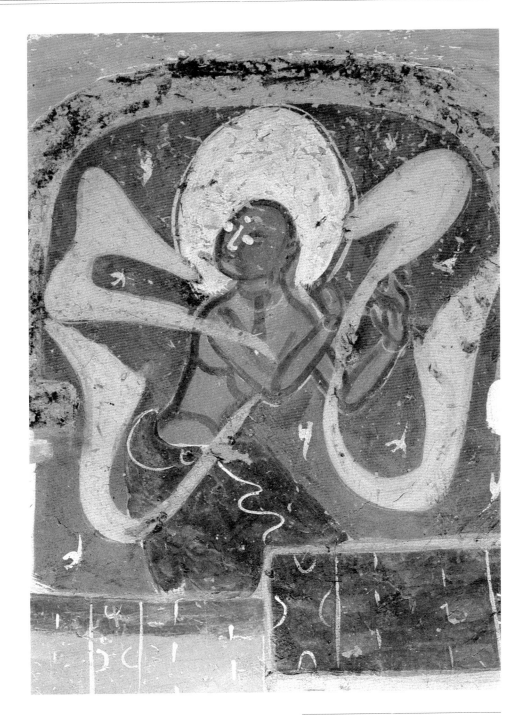

18　作"捧掌"姿的伎樂

舞者作捧掌狀，傾身回首，似正在吹奏
長笛，為其右側起舞的天宮伎樂伴奏助
興。

北魏　莫251　南壁

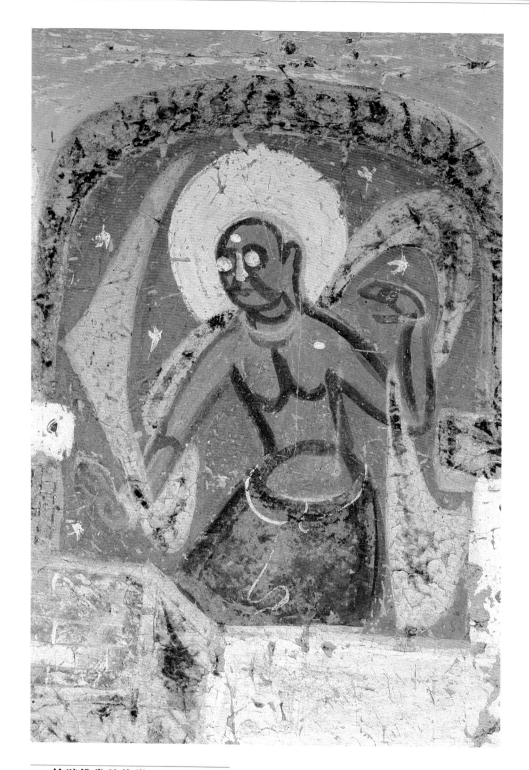

19 抬臂推掌的伎樂

圖中舞者左臂曲抬輕揚，右臂似正向下
用力推掌，長巾隨之飄動，動作剛柔並
濟，頗顯豪健之美。

北魏 莫251 西壁

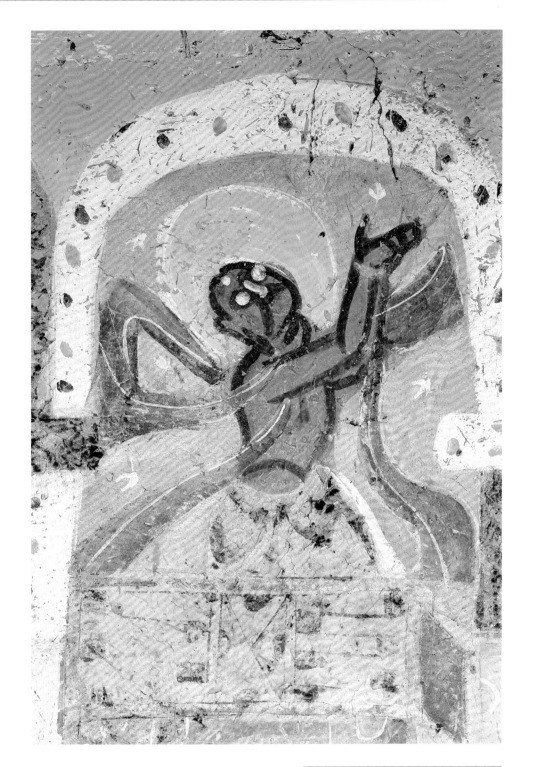

20 作捧掌供養狀的伎樂

舞者仰頸抬頭,雙手捧掌向左側高舉,
作供奉狀。飄帶繞身,捲曲飛揚,舞姿
昂揚,動感強烈。
北魏 莫251 西壁

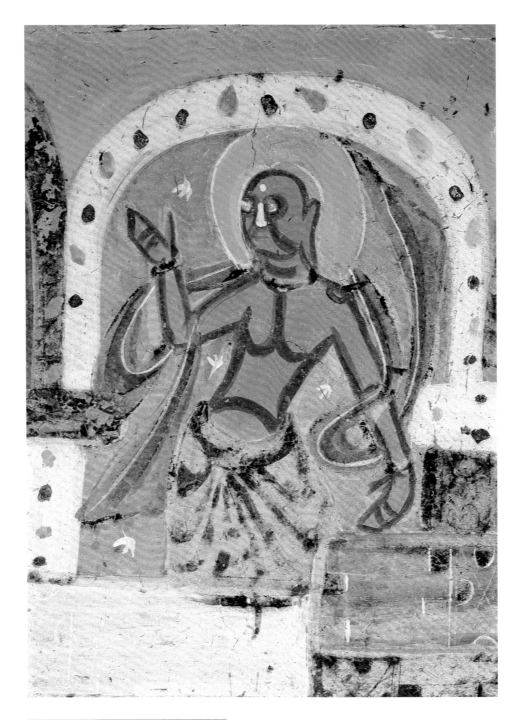

21 印度舞韻的伎樂

舞者向左傾身，向右挺胯，右臂曲肘立
掌，左臂斜垂。腰間繫摺疊裙，紋飾如
花瓣張開。舞姿與服飾均具有印度風
韻。

北魏　莫251　西壁

22 披"紗麗"式服飾的伎樂

舞者肩、身斜披寬帛，有如印度婦女所
穿的紗麗。身體向右微微挺胯，右手於
胸前作"托掌"姿，左臂向下作"按
掌"勢，頗具印度舞韻。而紗麗本是印
度婦女傳統的包纏服飾，穿着時先將一
塊長方形絲綢的一端圍在腰間，然後螺
旋狀上繞，直至左肩，餘綢下垂。此舞
伎反映出印度佛教藝術的影響。

北魏　莫251　北壁

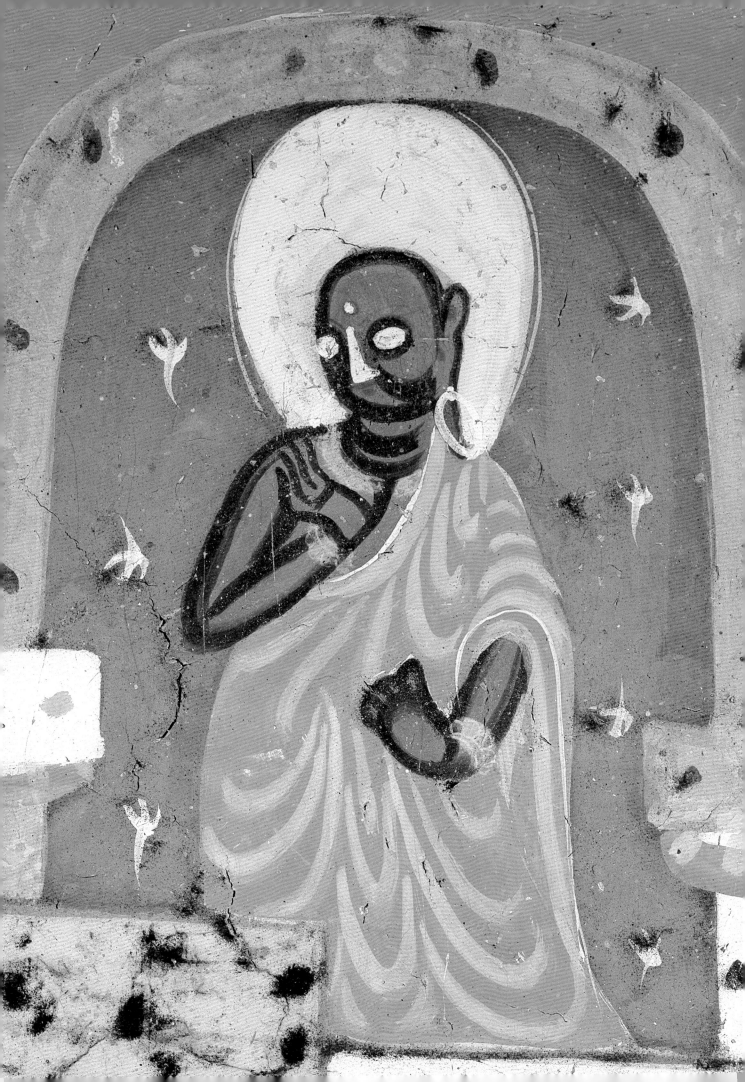

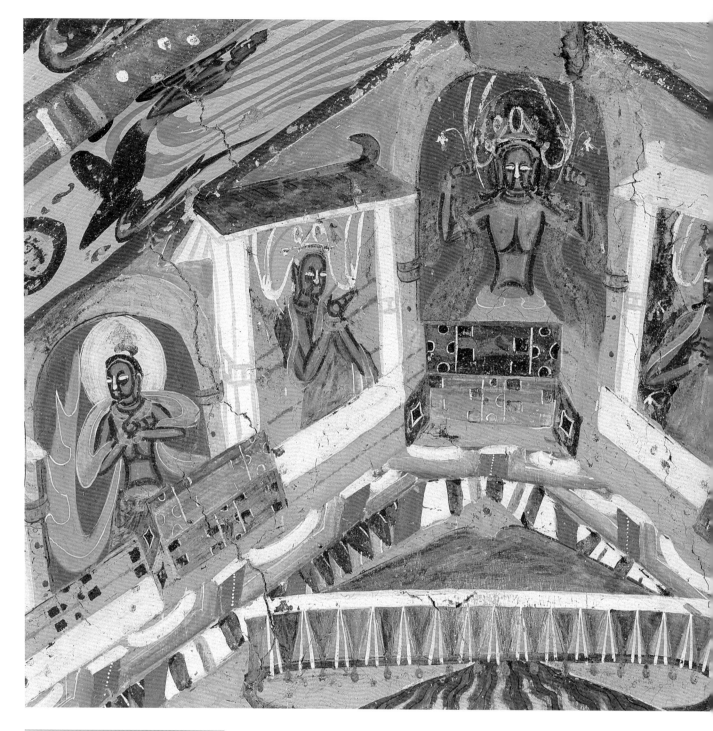

23 窟龕頂部的天宮伎樂

窟龕頂部五身伎樂。中間一身寬肩細
腰，頭飾繁縟別致。雙臂曲舉，端坐於
圓拱形天宮門中作舞。左右四身天宮伎
樂，分別在堂屋形和圓拱形天宮門中作
舞。舞伎表情虔誠，舞蹈動勢不大。

北魏 莫435 南壁

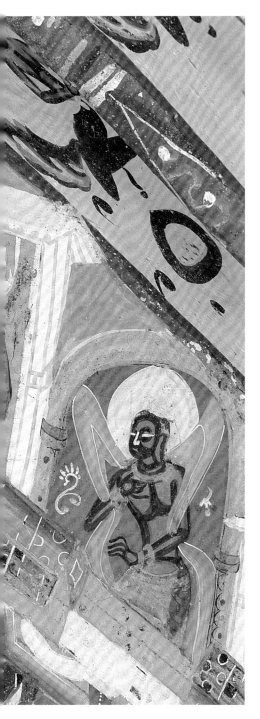

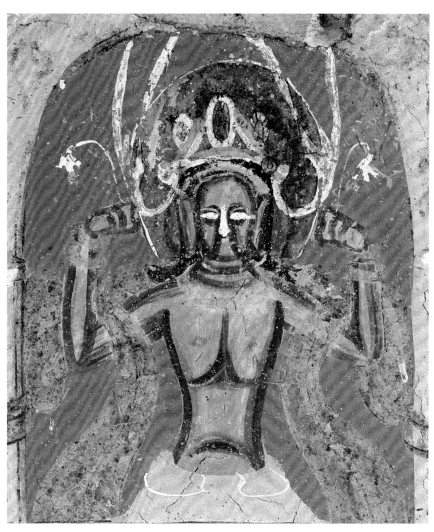

24　頭飾華麗的天宮伎樂

頭飾高聳，紋飾繁縟華麗，位置居中，
更顯其尊貴。
北魏　莫435　南壁

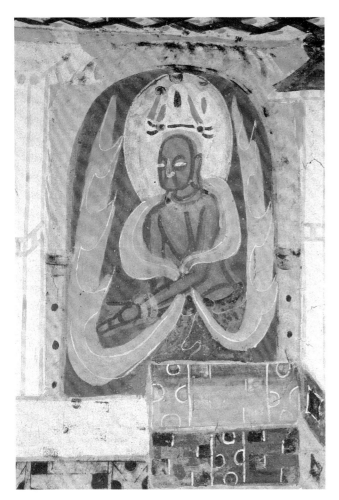

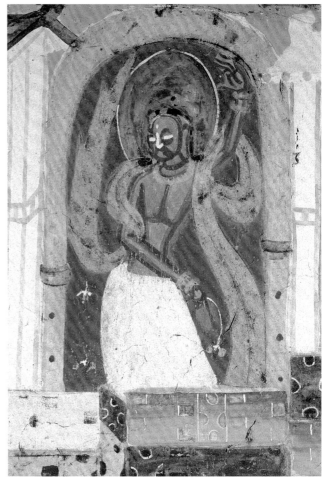

25 舞巾上揚的伎樂

舞者上身微傾，雙手相合，兩臂前伸下
壓。與其他天宮伎樂不同的是，舞者所
披綢帶，呈波浪狀直直上揚，襯托出強
烈的動感。

北魏 莫435 南壁

26 窈窕含蓄的伎樂

舞者上身裸露，着白色長裙，豐乳細
腰，左臂高舉，手心向下；右臂半曲，
鬆弛地垂於腰間。低眉凝視，表情溫
婉。這類體態窈窕、表情含蓄的天宮伎
樂，可能是北魏孝文帝推行漢化政策以
後的作品。

北魏 莫435 南壁

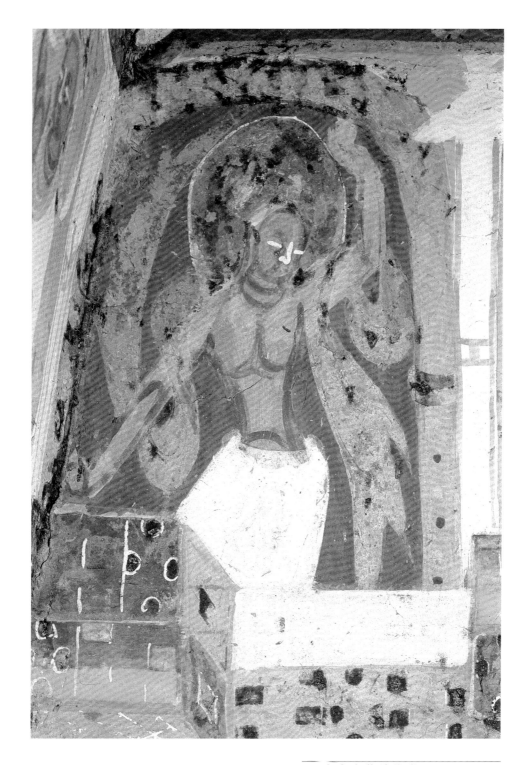

27 窈窕含蓄的伎樂

舞者服飾與舞姿風韻與上圖天宮伎樂相
近。身姿造型方向相反,手姿稍異。
北魏 莫435 西壁

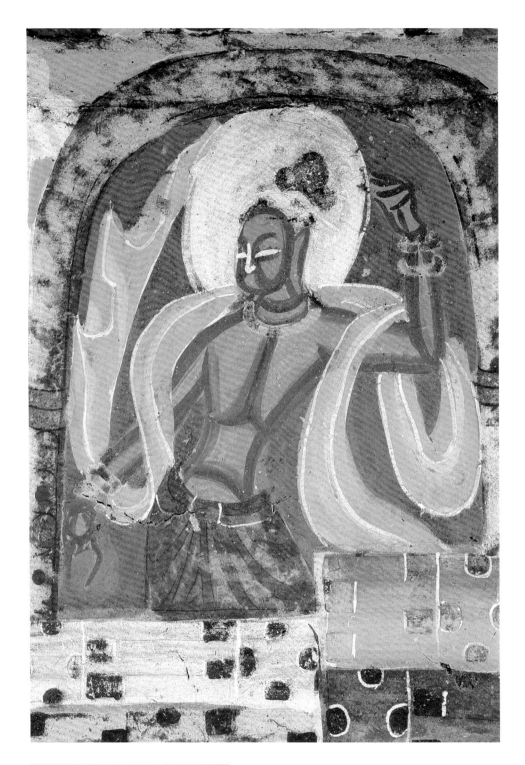

28 椎髻挺胯的伎樂

舞者梳椎髻,裸上身,着花瓣紋摺疊
裙,左臂舉掌,右臂斜垂。那挺胯的動
勢,使舞姿略顯豪健。

北魏 莫435 西壁

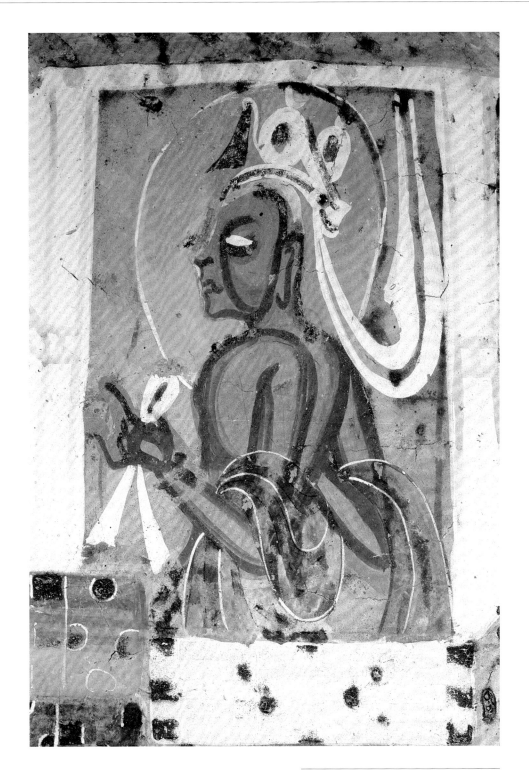

29 作"蘭花指"的伎樂

舞者側身而立。環狀物組成的頭飾及腦
後的飄帶引人注目。執帶狀物的左手手
姿十分娟秀,頗似"蘭花指"式。"蘭
花指"至今仍是中國古典舞的常用手
姿。

北魏 莫435 西壁

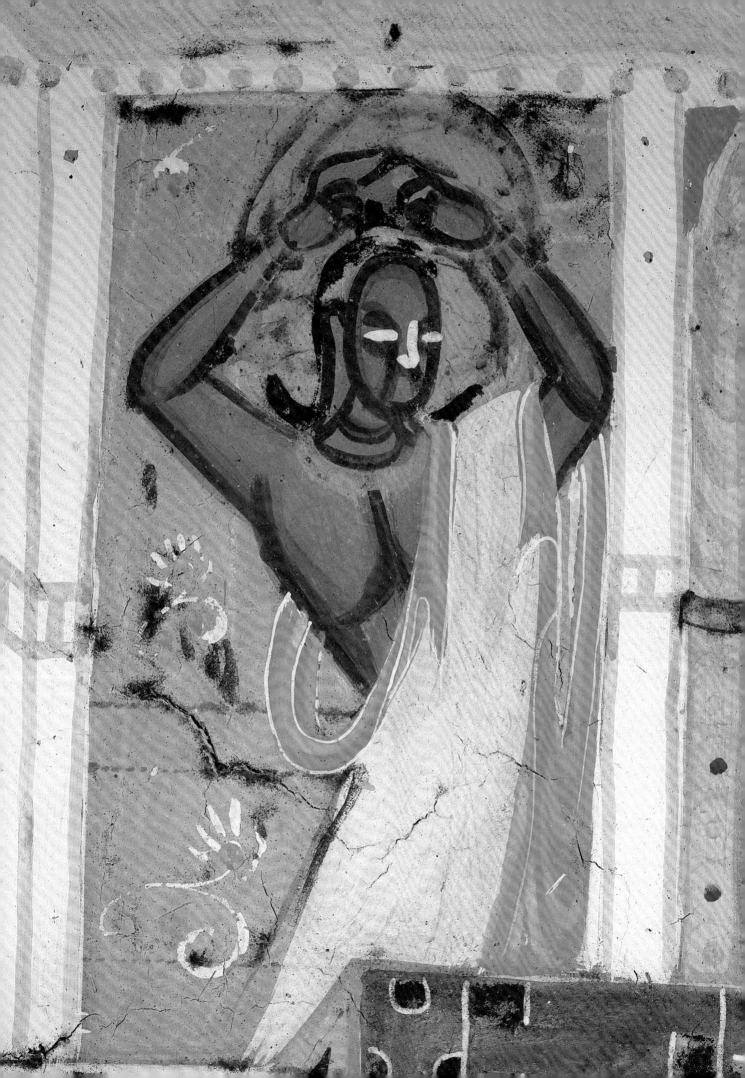

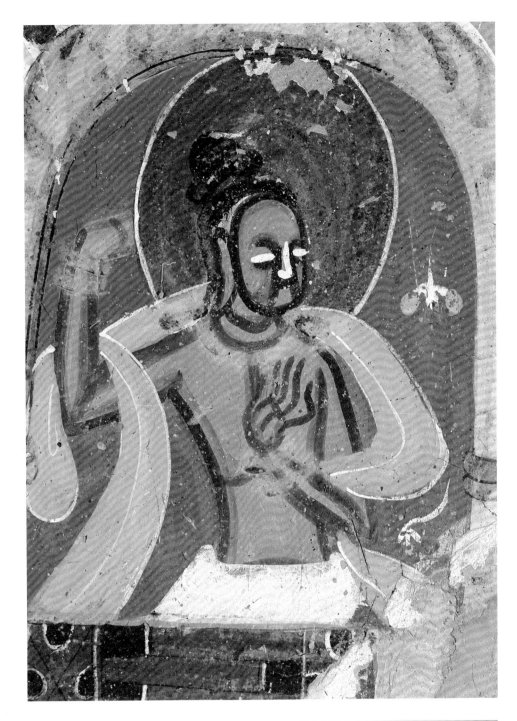

31 作"托掌"、"立掌"的伎樂
舞者右臂曲肘舉至頭側，作"托掌"
姿；左掌於胸前作"立掌"姿。壁畫雖
年久變色，其秀美的手姿，仍清晰可
見。
北魏 莫435 東門北

30 披"紗麗"的伎樂
舞者肩身斜披寬帛，很像印度婦女特有
的服飾——紗麗。雙手交叉舉至頭頂。
被長帛掩蓋的身體，有傾身出胯的動
勢。舞蹈風格頗顯印度舞韻律。
北魏 莫435 北壁

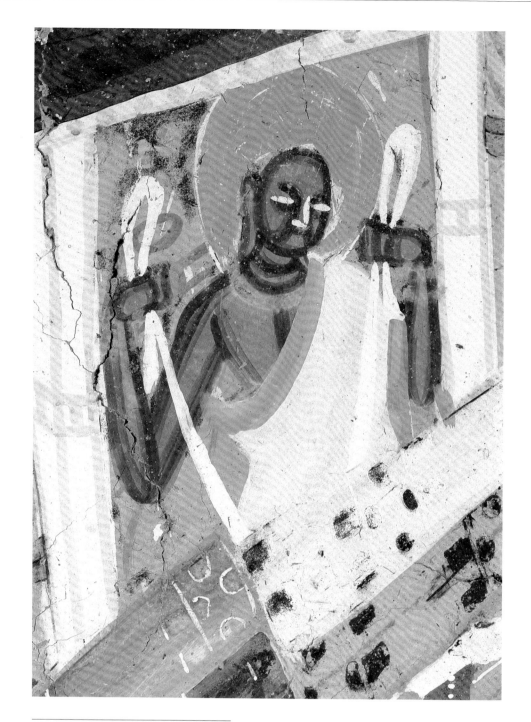

32 舞花繩的伎樂

舞者身披如紗麗的服飾，手執花繩而
舞。至今新疆民間仍有《花繩舞》流
傳。新疆庫車縣的"麥西來甫"（歌舞
集會）和麥蓋提縣的"多朗麥西來甫"
中都保存有《花繩舞》。新疆石窟也有
手執花繩而舞的天宮伎樂。新疆龜茲壁
畫中的繩舞形象多在天宮伎樂圖、佛說
法圖、佛涅槃畫中出現。故可知繩舞來
源於民間，又似與宗教活動有關。
北魏 莫435 北壁

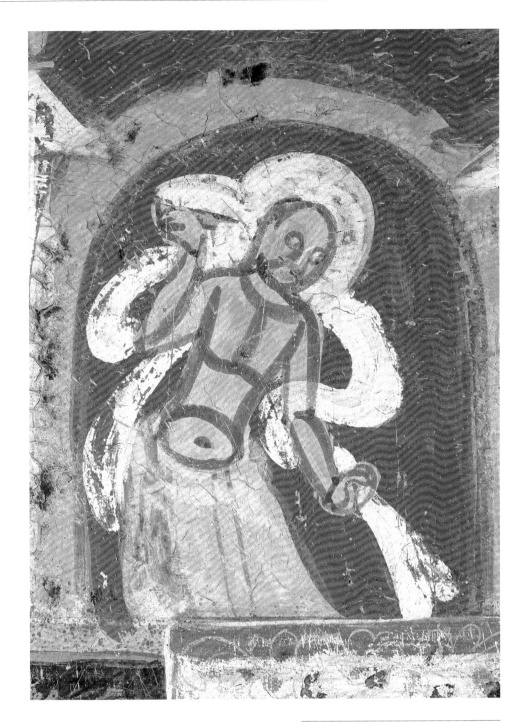

33 舞長巾的伎樂

舞者傾身低頭，手執巾帛起舞。漢魏時
代的《巾舞》，特點就是手執長巾。漢
代畫像磚，有不少十分生動的《巾舞》
圖。北朝敦煌壁畫中的天宮伎樂，大都
巾帛繞肩披身，但多是一種增添仙意的
裝飾。此幅天宮伎樂的特點是手執長巾
而舞，可能與漢魏流傳的《巾舞》有
關。

北魏 莫442 南壁

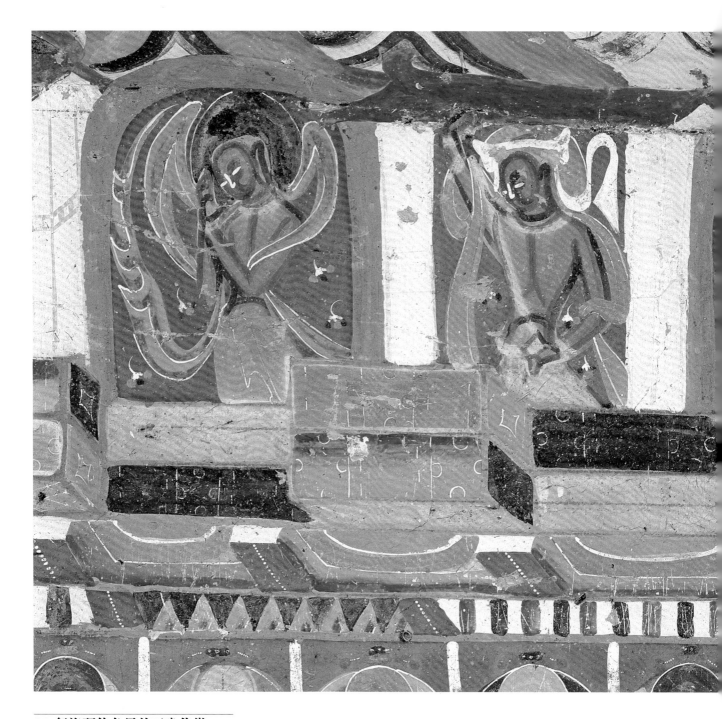

34 舞姿頭飾各異的三身伎樂

三身西魏天宮伎樂，姿態各異：或低眉
撫頭；或伸臂揚掌；或雙手用力下按，
側頭遠視。比較特殊的是中、右兩身頭
戴方形翹角頭飾，頗顯俊俏美觀。

西魏 莫249 北壁

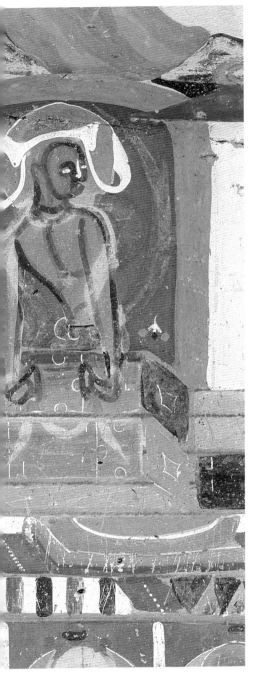
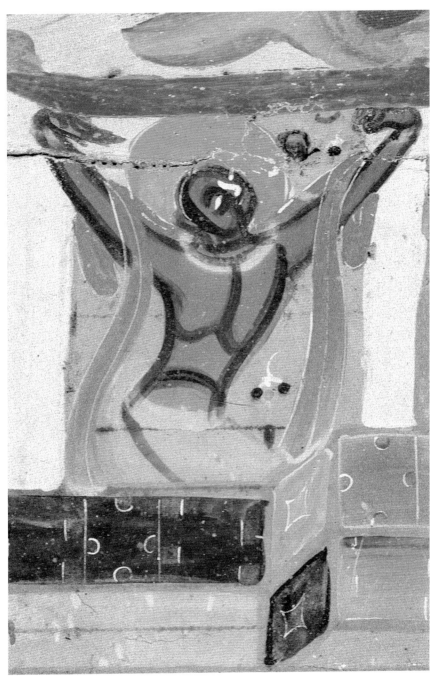

35　舞姿挺拔的舞伎

舞者抬頭仰視，雙臂勁舉，挺胸收腹，
舞姿挺拔，激情豪放，有勁從心出之
感。

西魏　莫249　南壁

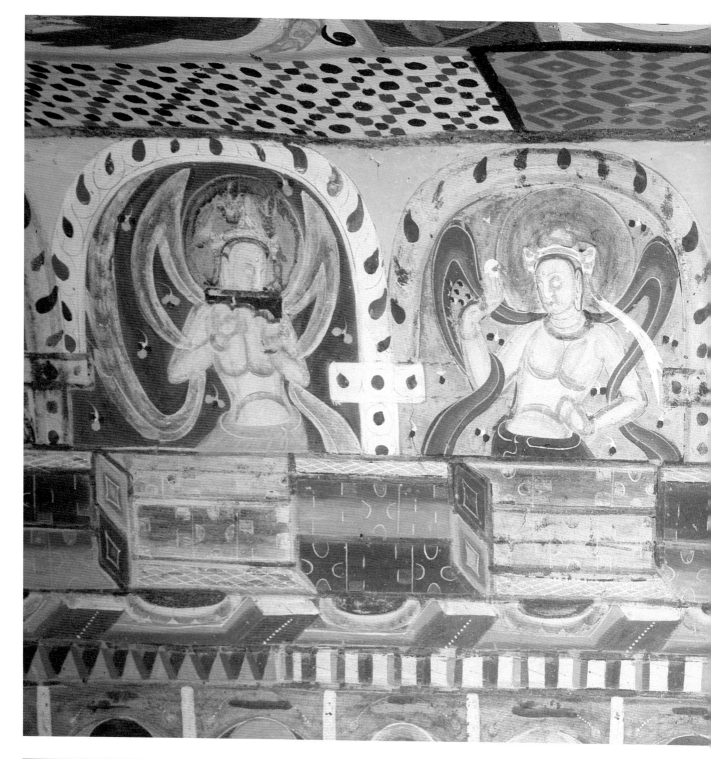

36 對舞伎樂

在吹排簫、彈琵琶的樂伎中間,有兩個舞
者,均作叉腰舉手舞蹈狀。姿態相同,方向
相反,具雙人"對舞"特點。樂伎都面向中
間二舞者,似乎正全神貫注地為舞者伴奏。

西魏 莫288 北壁

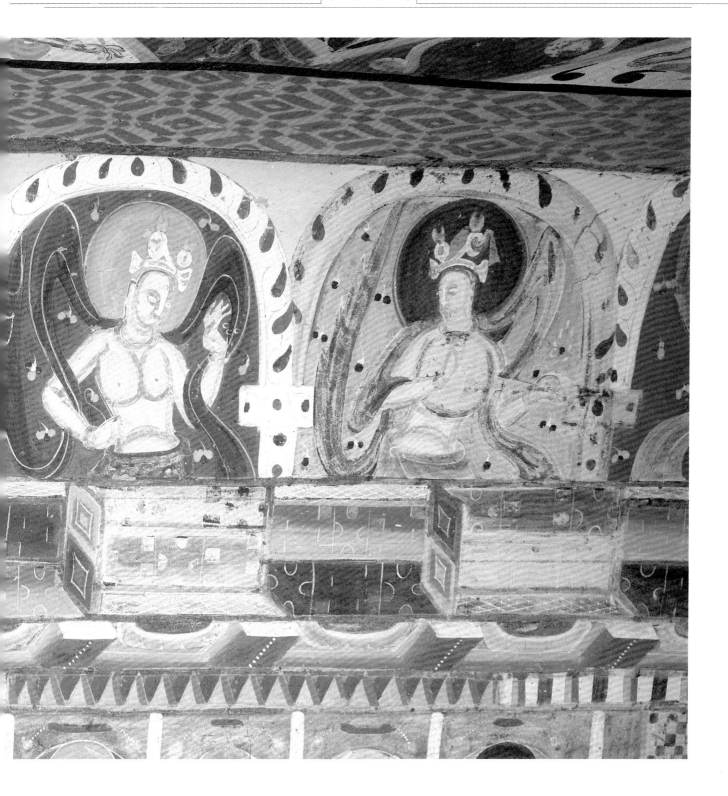

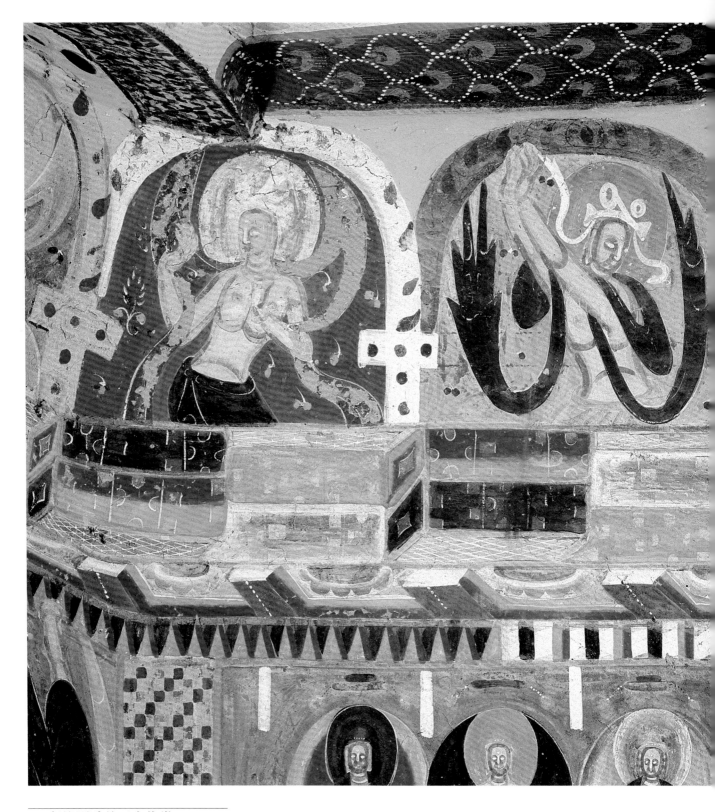

37 舞姿剛勁的三身伎樂

三身天宮伎樂，有斜揚手臂而舞者，有
雙手捧掌高舉者，有側身仰面，高舉花
盤者。舞姿剛勁，造型變化多樣。

西魏 莫288 南壁

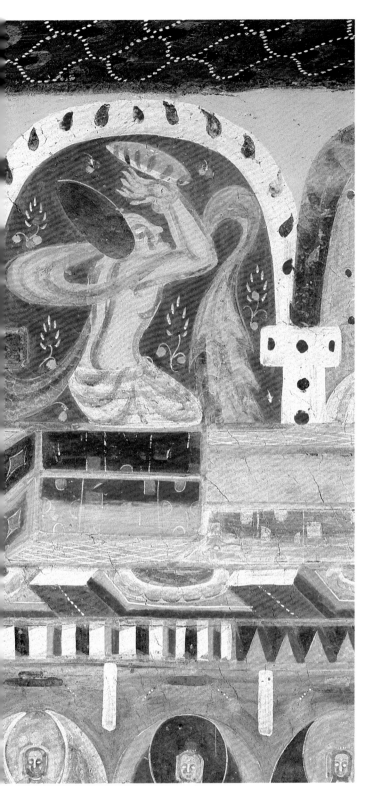

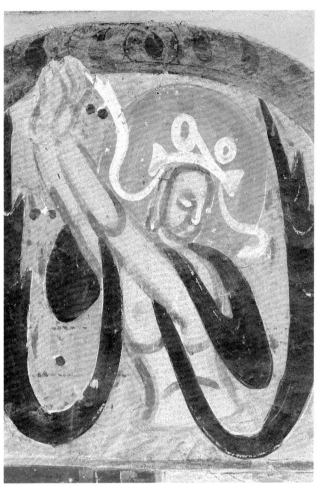

38　捧掌高舉的伎樂

舞者頭飾造型別致華美，特別是兩側的
飄帶，顯示了舞蹈快捷的動勢，同時又
具有很強的裝飾性。那向右側高高捧舉
的雙手，既像彈指，又像捧供物，配合
向左後擰頭的舞姿，充分體現了舞蹈動
作剛柔並濟的特點。
西魏　莫288　南壁

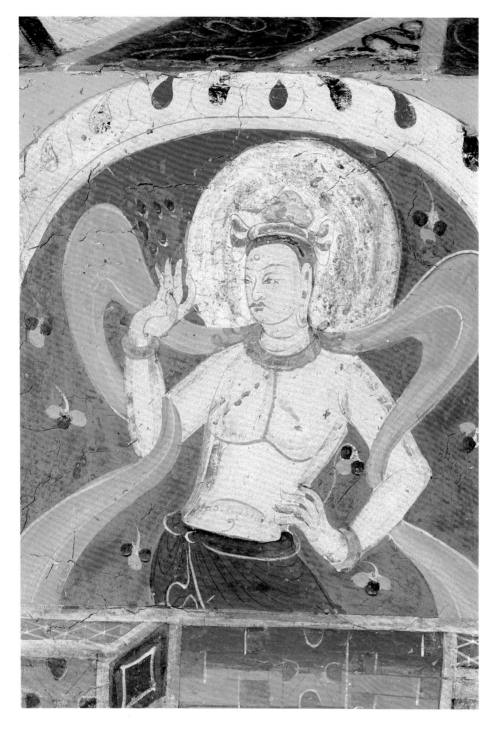

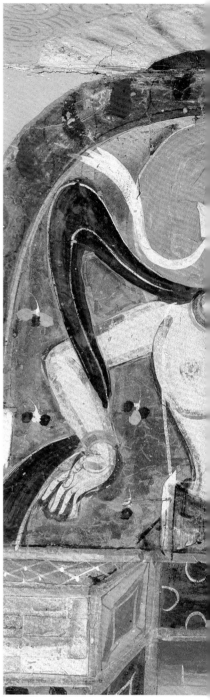

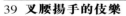

39　叉腰揚手的伎樂

舞者微向右側挺胯，叉腰揚手而舞。

西魏　莫288　西壁

40　繫腰鼓起舞的舞伎

舞者華麗的頭飾飄揚，腰間掛腰鼓，雙
臂張開，正欲拍擊腰鼓起舞。唐代經變
畫中，腰鼓舞亦是天宮樂舞的流行舞
種。

西魏　莫288　西壁

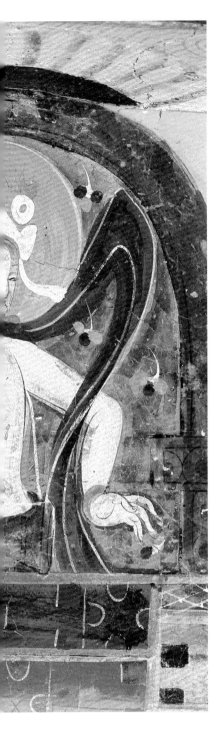

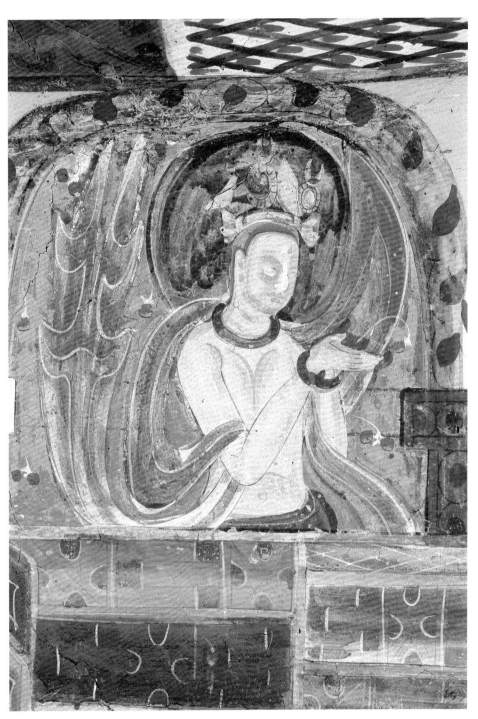

41 合掌供奉的舞伎

舞者雙手合掌，（或彈指）或作供奉
狀，表情虔誠，姿態沉穩。

西魏 莫288 西壁

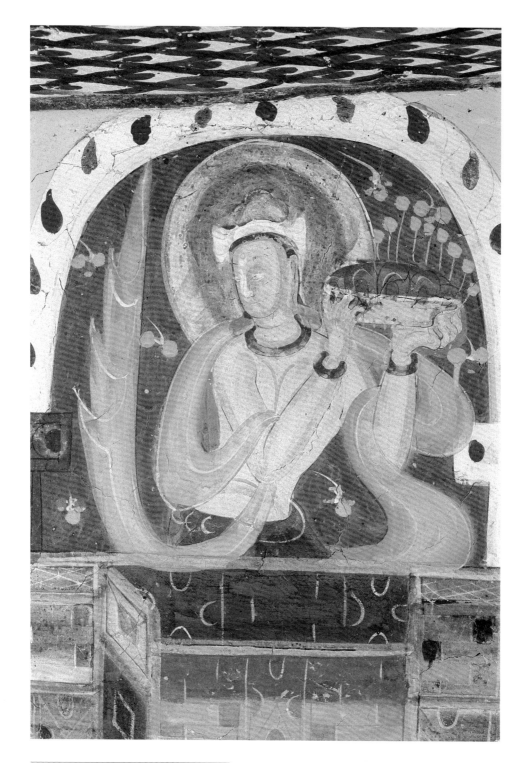

42 舉果盤供奉的伎樂

舞者雙手側舉果盤，擰身回頭，作供奉
狀。姿態優美虔誠。

西魏 莫288 西壁

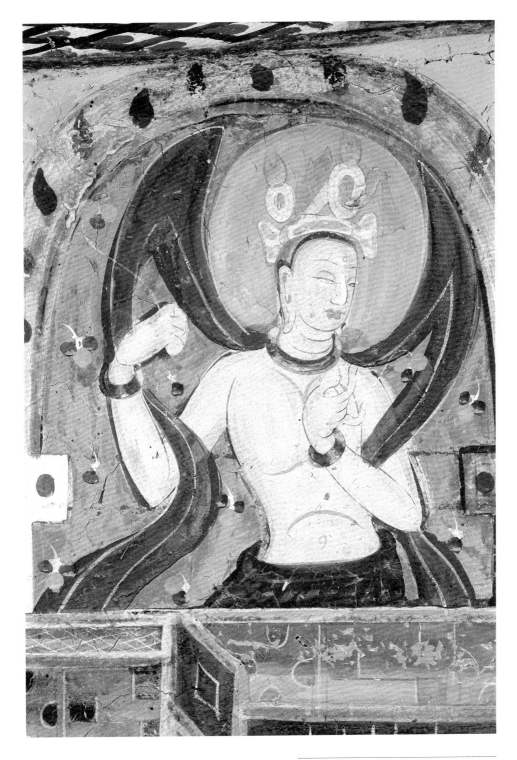

43 作"蘭花指"的舞伎

舞者空手而舞，右臂曲肘側舉，左手手
姿柔美，作"蘭花指"式，置於胸前。
頭飾除圓形飾物外，還雜有銳角狀紋
飾，更顯華麗美觀。
西魏 莫288 西壁

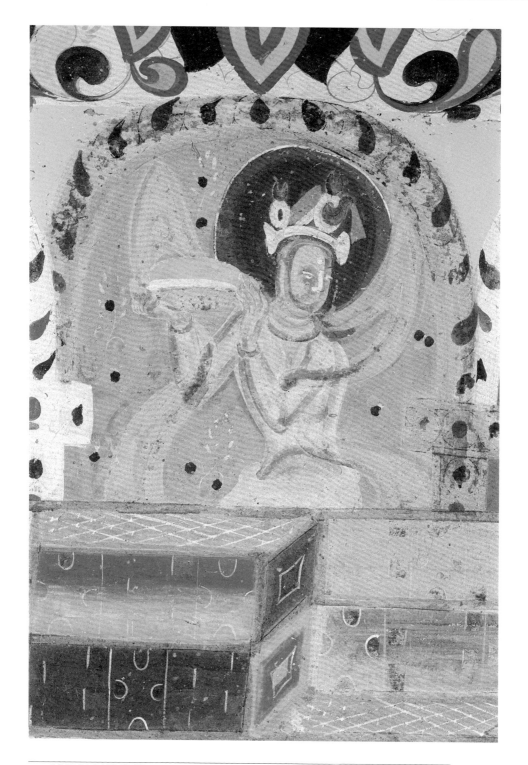

44 托盤起舞的伎樂

舞者雙眉間額上飾有圓點,與今印度婦
女面部所點吉祥痣相同。頭飾華美,與
上圖相近似,但稍有變化。兩肩披帛上
翹,有飛動之勢。雙手恭捧花盤,虔誠
供奉。敦煌壁畫中托盤而舞的形象一般
出現在飛天伎樂、天宮伎樂圖中。它既
符合佛經所稱對佛的十種供養中有花的

規定,也反映出當時西域舞蹈盤舞的風
采。盤舞可能與當時佛教活動有關。
"盤子舞"是新疆一種歷史悠久的民間
舞,經過舞蹈家的整理提高,已成為一
種精美的,技藝高超的藝術舞蹈。
西魏 莫288 東壁

第二節　北周的西域世俗舞蹈

石窟中描繪人間世俗樂舞的有供養人伎樂,他們是人間禮佛朝拜的舞樂人羣像,是現實生活的直接反映。

敦煌現存的北朝世俗舞蹈形象現有兩幅,都是北周的,均位於洞窟顯要位置。一幅是第297窟樹下奏樂起舞的供養伎樂,繪在主佛佛龕下,正對窟門。另一幅是第299窟佛龕龕楣正中,主佛頂上,蓮花中的樂舞人。按常理,供養人出資修窟,供養伎樂是人間禮佛的樂舞,通常繪在洞窟兩側牆壁下部供養人行列常處的位置。供養人伎樂位置獨特,而且都屬西域舞蹈風格,頗耐尋味。

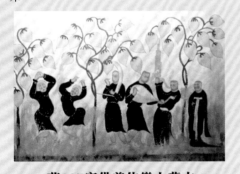

莫297窟供養伎樂人摹本

考北周樂舞歷史中與西域最相關而具體的,或與北周武帝有關。曾經滅佛的北周武帝,於滅佛之前6年,即天和三年(公元568年),迎娶突厥可汗俟斤的女兒阿史那氏為皇后。隨同皇后來到長安的,還有康國(今中亞撒馬爾罕一帶)、龜茲、高昌等地的音樂舞蹈家組成的龐大表演團。他們獨具風格的表演,轟動長安城。武帝為了表示對皇后的珍愛,特下令將阿史那氏帶來的西域樂舞歸入宮廷樂舞機構大司樂中傳習,並採用這些西域音樂旋律,配上中原傳統的樂器,作為北周的雅樂演奏。武帝曾一度罷四夷樂,但繼位的宣帝又"廣招雜技,增修百戲",甚至經常觀賞,不知休息。敦煌上述兩幅西域民間舞圖的位置,就是北周皇帝重視西域樂舞在宗教藝術上的反映。南北朝樂舞大交流及隨之而來的世俗舞蹈的大發展,對這一時期中原和北方地區的藝術創作均產生深刻影響。

存陝西霍去病墓的南北朝佛座石雕就鮮明體現出這一時代特徵。正中雕繪的博山爐兩側,男女舞人各一,男的高鼻深目,窄袖緊衣,雙臂高舉頭頂,吸腿而立,服飾舞姿皆為西域胡人狀貌。女的鬟髻、長裙、廣袖,正揚袖起舞,漢族風味很濃。樂人所用樂器,也是中原與西域樂器並列雜陳。畫面顯示,融中西樂舞於一堂的情況,也出現在娛佛敬神的宗教場合。

更重要的,西域樂舞的傳入,對當時及後世舞蹈藝術的發展產生了深遠影響。自漢代橫貫亞洲腹地的絲綢之路開通,隨着政治經濟的交往,文化藝術的交往也與日俱增。漢武帝朝以後,西域與中原樂舞文化的交流更為頻繁。漢安帝永初元年(公元107年),大秦國(即

羅馬帝國）的藝人經撣國（今緬甸北部）
來中原獻藝；到了漢靈帝朝（公元168～
189年），西域飲食用具及樂舞等盛行京
都。《後漢書·五行志》載："靈帝好胡
服、胡帳、胡床、胡座、胡飯、胡箜
篌、胡笛、胡舞，京都貴戚皆競為之。"
從漢朝至隋唐各朝，西域樂舞那歡快、
健朗、俊俏的風姿，引起人們極大興
趣，受到熱烈歡迎，因而久傳不衰。

　　5世紀初，北魏統一北方，北魏太
武帝通西域，帶回疏勒和安國的伎樂。
天興六年（公元403年）太武帝打敗赫連
昌，得古雅樂。平涼州（今甘肅武威），
又將西涼的樂舞藝人及樂器服飾掠歸。
太武帝還下令將悅般國的鼓舞設於樂

署。北周武帝皇后阿史那氏帶到中原的
西域樂舞團的精彩表演，更推動了西域
樂舞在中原廣為流行。

　　西域及其他民族和地區樂舞在中原
的傳播，為隋唐特別是唐代舞蹈的高度
發展提供了豐富的滋養，打下了堅實的
基礎。著名的唐代宮廷燕（宴）樂《十部
樂》中，有七部是中原以西的樂舞，如
《西涼樂》、《疏勒樂》、《安國樂》、
《龜茲樂》、《康國樂》、《高昌樂》、
《天竺樂》。以上這些樂舞大都是在南北
朝時傳入中原的。其他表演性舞蹈，如
"健舞"、"軟舞"及歌舞"大曲"中，
更有不少出自西域的民族民間舞。

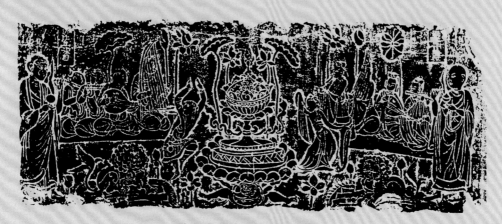

霍去病墓南北朝佛座樂舞

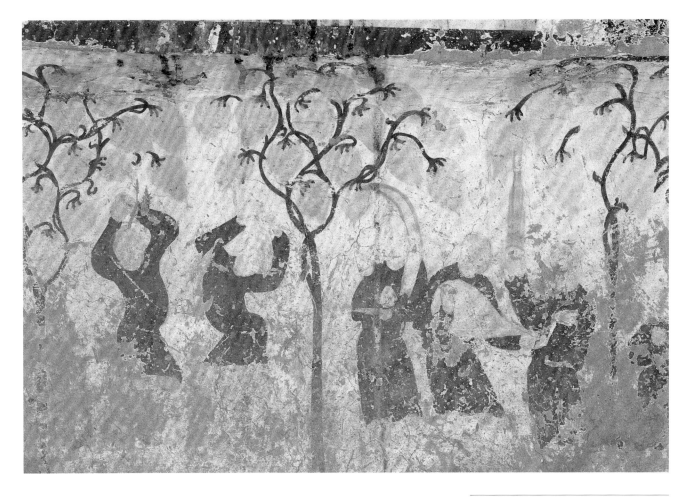

45 供養伎樂人

五個着突厥裝的樂舞人，正奏樂舞蹈，
向佛朝拜。三樂人管弦齊鳴，二舞者雙
手交叉舉至頭頂，大幅度擺胯，移頸動
頭起舞。箜篌、琵琶都是當時的樂器，
移頸動頭的舞情舞態，充滿濃郁的西域
民俗舞氣息，至今仍是新疆一帶民間舞
的常用動作。

北周 莫297 西壁佛龕

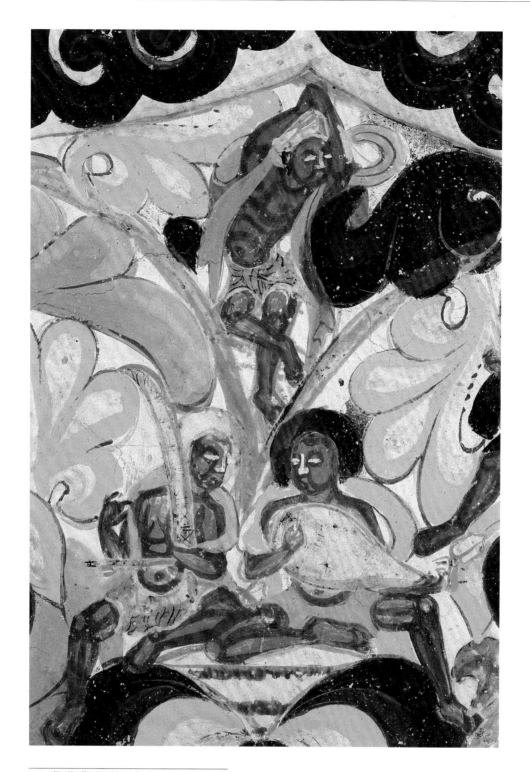

46 蓮花叢中彈奏起舞

在佛龕正中，主佛頂上的顯著位置，繪
了三身伎樂。二身單腿曲膝盤坐蓮花
上，彈奏曲項琵琶與箜篌。一男舞者，
裸上身肩繞帛巾，高舉雙臂，合掌頭
上，斜身歪頭，傾情起舞。在主佛頭頂
上，出現俗樂舞場面，實屬罕見。它反
映了北周最高統治者對西域舞的鍾愛。

北周 莫299 西壁龕楣

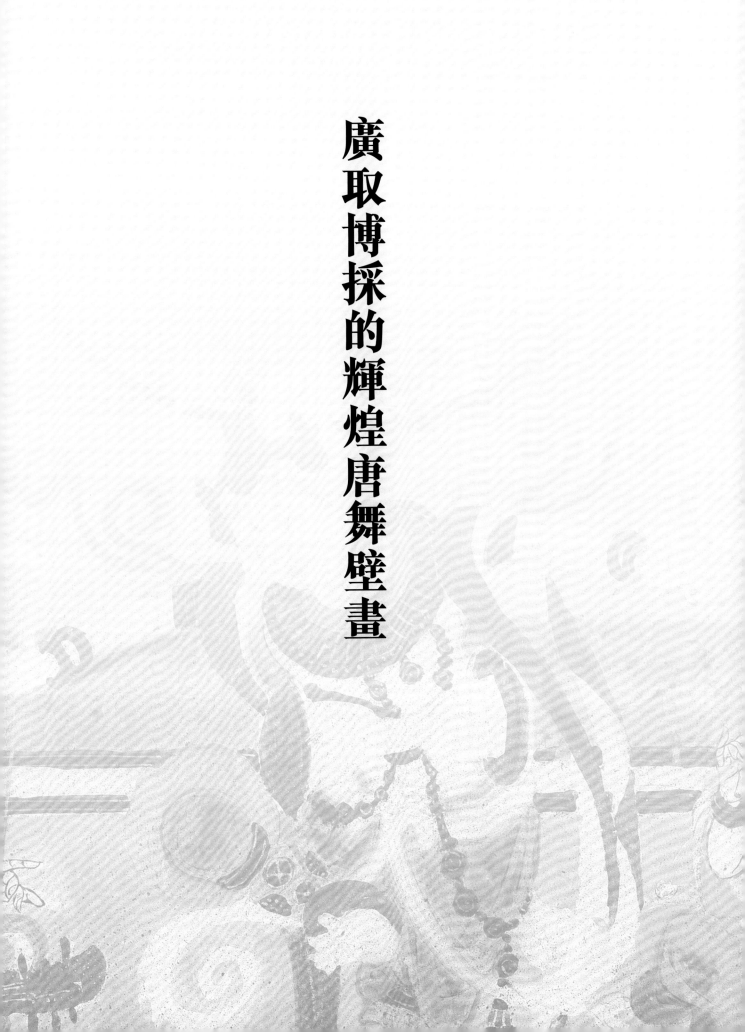

廣取博採的輝煌唐舞壁畫

　　隋唐時期，中原地區結束長期戰亂，重新走向統一；中國古代舞蹈也進入一個重要的階段。南北朝各族樂舞大交流、大融合，為隋唐舞蹈藝術的發展提供了肥沃的土壤。唐代經濟、文化空前繁榮，一代盛世孕育了中華古舞的黃金時代。

　　隨着佛教東傳時間的推移，隋唐時佛教中國化、世俗化的傾向日益明顯。隋代國祚雖短，卻為大唐盛世的到來拉開了序幕。唐代中西文化交流頻繁，整個社會具有廣取博採，兼收並蓄，為我所用的氣度，因而能夠融匯眾長，創造出中國化的新藝術。在這種氣氛下，處於發展高峯期的佛教及其藝術，亦表現出向中國化、世俗化發展的趨勢。敦煌的舞蹈壁畫概莫能外，其舞蹈元素來源多樣，匯於一壁；其天國舞伎的舞姿可以模擬，與人間的分別只是服飾不同，佛教藝術世俗化明顯可見。隋唐時期敦煌佛教藝術高度發展，莫高窟現存有壁畫、塑像的492個洞窟中，唐代就有228個，幾乎接近洞窟總數的一半。隋唐時期敦煌壁畫上的舞蹈畫面璀璨奪目、美麗多姿，是隋唐舞蹈藝術繁榮興盛，高度發達的真實寫照，而隋唐佛教向中國化、世俗化的發展，在舞蹈畫面上亦有明顯反映。

第一節　唐代舞蹈與敦煌壁畫

唐代舞蹈民族化的成就

唐代的表演藝術領域中，舞蹈有相當重要的地位，可謂中國古代舞蹈史上最輝煌燦爛的篇章。唐代舞蹈形式多樣，留下了比中國任何封建王朝都豐富的舞蹈，僅目前見於記載的唐代舞名就多以百計。唐代已形成自己的舞蹈分類法：有按舞蹈風格分的"健舞"、"軟舞"類；有結構嚴謹的歌舞大曲；有帶有一定故事情節的歌舞戲；及用於宮廷朝會、宴享的宮廷宴樂。宮廷宴樂舞蹈在一定程度上代表唐代舞蹈的藝術風範和最高水準，其中的《破陣樂》、《聖壽樂》等都是舞者多達百餘人的大型樂部，氣勢恢宏壯觀；表演藝術也達到相當高的水平。140人表演的字舞《聖壽樂》是為歌頌武則天而作，以舞隊隊形16次變換擺16個字，所擺之字筆畫多，字形結構複雜；其中"葳"字就有13劃之多，舞者卻變換自如，可見舞蹈編排技藝之精。

舞蹈藝術的發達還表現在舞蹈活動滲透到生活的各個層面，上自皇室貴族，下至平民百姓，人人以舞為樂，以善舞為榮。宮廷祭祀宴享，配有成套系列"部伎"樂舞。皇室貴族、文人學士筵席間，既有專業侑酒歌舞伎表演歌舞，供賓客欣賞；也有宴席間好舞者自歌自舞。唐中宗與近臣及修文學士集宴，令各人作即興表演，工部尚書張錫即舞《談容娘》、將作大匠宗晉卿舞《渾脫》、左衛將軍張洽舞《黃獐》。至於民間節日，羣眾自娛自樂；寺院及民俗祭祀等等，都有舞蹈活動。社會上還有大批專業歌舞伎人，有屬宮廷樂舞機構——太常寺、教坊、梨園的宮伎；有為武官服務的營伎；有為其他官員服務的官伎；有私家所養的家伎。歌舞伎人中，有不少技藝高超的舞蹈家；他們大多地位低賤，但卻是創造輝煌唐舞的生力軍。

唐舞以傳統舞蹈為基礎，廣泛吸納許多國家、地區、民族的舞蹈藝術，或原樣搬演，或部分吸收，或融化再創，取得輝煌成就，開創中國古代舞蹈的新風。當時，中原地區除漢族傳統舞蹈外，還有從各少數民族地區及各國傳入的舞蹈；各類樂舞相互融合，特別是西域樂舞的傳入，大大豐富了當時的樂舞生活，成為唐代舞蹈藝術不可或缺的組成部份。

唐朝初年對各地、各類舞蹈基本上是原樣搬演。

在唐代的舞蹈中，有許多直接以國名、地名、族名為樂部或舞蹈名稱的樂舞，這些樂舞在名稱上已表明它們具有濃郁的民族風格和地方特色。如唐開國初，在隋宮廷燕樂基礎上發展而來的《九部樂》和《十部樂》中，除《清樂》即《清商樂》為繼承"九代之遺聲"的中原傳統舞蹈之外，其他樂部大都帶有民族、地區特點或為外來樂舞。

《十部樂》樂部樂制表

樂部 \ 樂舞制	來　源	舞者服飾	樂舞風格特點
《燕樂》	唐代新作，共有四部。	《景雲樂》：花棉袍、五色綾褲、雲冠、烏皮靴。《慶善樂》：紫綾袍、大袖、絲布褲、假髮。《破陣樂》：緋綾袍、錦衿褾、緋綾褲。《承天樂》：紫袍、進德冠、並銅帶	以歌頌統治者、祝福唐代興盛為主要內容。
《清樂》	中原地區	碧輕紗衣裙襦，大袖，畫雲鳳之狀，漆鬟髻，飾以金銅雜花，狀如雀釵、錦履。	中原傳統樂舞。"舞容嫻婉，曲有姿態"。
《西涼樂》	西涼，今甘肅武威	《方舞》：假髻、五支釵、紫絲布褶、白大口褲、五彩接袖、烏皮靴。	"中國舊樂"與"羌胡之聲"的結合。
《天竺樂》	天竺，今印度	辮髮，朝霞裂裟（僧衣），行纏，碧麻鞋。	古印度風格的樂舞
《高麗樂》	高麗，今鴨綠江沿岸地區	椎髻，以絳抹額飾以金鐺。2人黃裙襦、赤黃褲，2人赤黃裙襦。極長袖，烏皮靴。	古代朝鮮族的樂舞，對舞形式，"雙雙並立而舞"。其特點是"極長其袖"
《龜茲樂》	龜茲，今新疆庫車	紅抹額、緋襖、白褲帑、烏皮靴。	西域樂舞
《安國樂》	安國，今中亞布哈拉一帶	紫襖、白褲帑、赤皮靴。	西域樂舞
《疏勒樂》	疏勒，今新疆喀什噶爾及疏勒一帶	白襖、錦袖、赤皮靴、赤皮帶。	西域樂舞
《康國樂》	康國，今中亞撒馬爾汗一帶	緋襖、錦領袖、綠綾渾襠褲、赤皮靴、白褲帑。	西域樂舞，舞蹈"急轉如風，俗謂之胡旋"。
《高昌樂》	高昌，今新疆吐魯番一帶	白襖、錦袖、赤皮靴、皮帶、紅抹額。	西域樂舞，受中原影響較大。

上表所列樂部從名稱看，除《燕樂》、《清樂》外，其餘都來自少數民族或外國，是地地道道的少數民族和外國樂舞。這類樂舞，無論在隋、唐以前或以後，都不被統治者所重視，被稱為"四裔樂"、"四夷樂"。而唐代對少數民族及外國樂舞不但不排斥，反而十分歡迎：不但作為表演性舞蹈廣泛流傳，而且被正式列入宮廷燕樂樂部，在宮廷重要慶典中搬演，並作為制度規定下來。少數民族的民間舞蹈為宮廷樂舞帶來勃勃生機，因此，唐代宮廷宴樂雖然

是為帝王歌功頌德的，但其藝術成就卻能夠遠邁各代，在中國音樂舞蹈史上倍受矚目。

唐初對各類舞蹈兼容並蓄，使種類繁多、各具特色的舞蹈得以在中原地區傳承；隨着大唐盛世的到來，廣採博取各地樂舞精華，融化再創，成為當時舞蹈發展的主流。

唐代舞蹈發展過程中，許多極具民族特色的舞蹈或舞蹈動作被作為舞蹈元素吸收進中原舞蹈。如西域舞蹈《渾脫舞》就是被中原舞蹈家吸收之後，呈現出豐富多樣的發展。唐代著名舞蹈家公孫大娘善舞《劍器渾脫》，在她出色的創造中，《渾脫舞》的音樂和個別舞姿，被融入中原傳統的《劍器舞》中。又如歌頌唐太宗武功的《破陣樂》本取材於中原傳統的武舞，但卻以龜茲的音樂伴奏。中原傳統舞蹈與西域樂律相結合，才產生了《破陣樂》舞蹈陣勢"發揚蹈厲，聲韻慷慨"，伴奏音樂"聲振百里，動蕩山谷"，令人"凜然震竦"的磅礴氣勢。

唐代頻繁的樂舞交流為創作新的舞蹈作品提供取之不竭的素材。唐代許多舞蹈都是以中原樂舞為基礎，廣泛吸取中、外各民族民間樂舞的精華創作而成。唐宮廷樂舞中不少是為歌頌唐朝歷代皇帝而創作的新作品，但其中的樂部融合了大量民族民間樂舞成份。如《太平樂》又稱《五方獅子舞》吸收了民間獅舞元素，表演時，馴獅人"作昆侖像"（即化妝成黑皮膚的人），"百四十人歌《太平樂》，舞抃以從之"。又如《破陣樂》、《大定樂》、《太平樂》等，"皆雷大鼓，雜以龜茲之樂"。《長壽樂》、《天授樂》等也"皆用龜茲樂"，"惟《慶善樂》獨用西涼樂，最為閒雅"。這些記載反映出唐代宮廷燕樂融匯吸收當時民族民間樂舞進行編排創作的情況。

唐王朝以她繼承創新、兼收並蓄、融通中外、擷取精華的恢宏氣度，開創了中華古舞發展的黃金時期，對當時乃至後世產生了世界性的深遠影響。至今日本雅樂舞蹈中還有《破陣樂》、《蘭陵王》、《春鶯囀》等唐代名舞。而且日本與韓國至今仍將唐宋時代由中國傳去的樂舞，統稱為"唐樂"，可見其影響之大。

敦煌壁畫與唐代舞蹈

敦煌石窟壁畫是佛教傳入中國後出現的，題材來源於佛教，目的是為了弘揚佛法；然而，這些藝術的創作素材和創造者均來自現實生活，使得敦煌佛教藝術在許多方面又折射出當時的社會風貌。

隋代雖為時短暫，卻為大唐盛世的到來拉開序幕。隋代敦煌開鑿的洞窟數量不多，但繪畫形式更加多樣，起承前啟後的作用。隋代修建的洞窟中，已不見窟壁上部、門洞中僅露半身的天宮伎樂。為佛奏樂起舞之神飛出了天宮的門洞，肩臂披繞長長的飄帶，在窟頂、龕楣等處自由翱翔。這些飛天的形象雖富舞蹈美感，但他們飄浮在天際，沒有支撐身體的主力腿，是只可以欣賞而無法模擬的舞姿。唐代的飛天已基本擺脫北朝時期飛天健壯而樸拙的西域化和印度化的藝術風格，身上所披的兩條舒捲自如的飄帶，撐起婀娜輕捷的身軀。雖然從飛天身上看不到具體的舞蹈造型，但其飄帶飛揚、凌空飛舞的形象，極富舞蹈的動感和美感。

從唐代開始，敦煌壁畫中出現大鋪經變畫，它是佛教及其藝術中國化、世俗化的集中體現。這些經變畫畫工精美、畫幅面積大、在洞中位置顯著，是唐代敦煌舞蹈壁畫的主體。經變畫中的舞蹈造型豐富逼真，真實反映了唐代舞蹈藝術的繁榮興盛。唐代敦煌經變畫中，表現佛國世界樂舞場面的為數極多，部分經變畫還出現生活中的世俗舞蹈。此外，佛傳故事畫的民俗舞場面，供養人行列中的樂舞隊伍，更是直接來自現實生活。

唐代舞蹈不僅內容豐富，而且極具欣賞價值，觀賞舞蹈是當時一項重要的藝術活動。唐代的表演性舞蹈種類繁多、形式多樣，為唐代舞蹈的一大勝觀。壁畫上的舞蹈是唐代社會生活中真實舞蹈場景的直接或折光的反映，可從中體會唐人詩篇及其他文獻中有關各類唐舞的藝術特點。如動作雄豪剛健，節奏明快的“健舞”與優美柔婉、節奏舒緩的“軟舞”，這兩種風格迥異的舞蹈不僅在社會上流傳廣泛，而且在敦煌壁畫中也有生動的反映。長綢舞中舞伎身披長巾，巾帶低垂，有如一組徐緩婉轉的動作，圓潤流暢，頗具“軟舞”優美柔婉的風格；而腰鼓舞那全身充滿力量，奮力拍擊腰鼓，或髮帶飛揚，剛勁有力的舞姿，則極具“健舞”的特點。又如敦煌莫高窟初唐 220 窟中的“東方藥師淨土變”中的兩個伎樂天，展臂旋轉、髮帶飛揚的舞蹈動勢，頗有《胡旋舞》“驪珠迸耳逐飛星，虹暈輕巾掣流電”的旋轉特點。至於壁畫中所描繪的酒肆、婚宴中的舞蹈，更是形象地記錄了當時社會不同場合的舞蹈表演形式，有很高的歷史價值。

敦煌壁畫中所描繪的舞蹈大多是反映臆想的佛國世界的舞蹈，它是畫工在現實舞蹈的基礎上，攙雜想像之後的藝術再創作，因此，敦煌舞蹈壁畫並不是唐代舞蹈完全的、真實的反映。而且，壁畫描繪的只是舞蹈的一個動作，雖然所用舞具及豐富的舞蹈伴奏樂器可作輔助研究，但終究很難根據一個舞姿確定舞蹈的種類。但它們所體現的唐舞風貌是不容忽視的，壁畫中一個個生動的舞蹈形象都是研究唐代樂舞交流、發展的珍貴資料，可與出土的大量唐代墓室舞蹈壁畫、樂舞陶俑相參證。

敦煌舞譜

敦煌除了壁畫保存大量唐代舞蹈形象之外，1900 年敦煌藏經洞發現的大量敦煌遺書，也為我們提供了極其珍貴的舞蹈史料。特別值得注意的是晚唐、五代的記錄舞蹈的殘缺文字寫卷——現在稱為舞譜。這些殘卷中有許多關於唐、五代時期的舞曲名、動作、節奏的字譜。1925 年劉復在巴黎圖書館及倫敦博物館抄錄了一些記錄舞蹈的殘卷，編入《敦煌掇瑣》時，擬名為"舞譜"，此後中外學者一直沿用。目前學術界已從舞譜殘卷中初步整理出八部，分別為《遐方遠》、《南歌子》、《南鄉子》、《雙燕子》、《浣溪紗》、《鳳歸雲》，佚名舞譜一部及近期發現的《荷葉杯》。

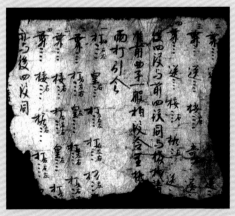

敦煌舞譜殘卷

敦煌舞譜殘卷大致由曲名、詞序、字組三部分組成，各譜二、四、六、八段不等，每段十、十一、十二、十四、十六字不等。

敦煌舞譜組成表

曲名	每份舞譜前的標題，所標曲名均為唐、五代流行的曲舞名稱。
詞序	曲名後簡練的提示性文字，用以說明舞曲、舞蹈動作的節奏、舞姿變換、銜接及起舞、停止等等。
字組	一組代表某些舞蹈動作的術語，如令、送、舞、挼、据、搖、奇、頭、約、拽等。

對字組作舞蹈性的解釋，弄清它們所表示的舞蹈動作及姿態，是了解這些舞譜的關鍵。雖然目前尚未有定論，但中外學者關於這一課題作了大量的探索性研究，力圖揭開敦煌舞譜之謎。中國早期的敦煌學研究者羅庸、葉玉華曾提出：敦煌舞譜殘卷係唐人筵席間自娛兼禮儀性的"打令"舞譜。新發現的《上酒曲子南歌子》進一步證實了這一論點。唐人在酒席間常以打令為規則進行歌舞遊戲。酒宴俗舞應有較固定的程式，令即是這種舞蹈開始的動作。在唐、五代的敦煌壁畫中有許多宴飲時的俗舞場

面，反映的很可能就是唐、五代筵席間的“打令舞”。但至於這些舞姿究竟是 《敦煌舞譜》殘卷“字組”中哪個字所代表的動作，尚待進一步研究。

敦煌舞譜字組及涵義試釋表

字組名稱	大致涵義
令	意為發號施令。敦煌舞譜多以令字起頭，表明是唐代打令舞的舞譜。
頭	頭部動作。幾乎所有的頭字均出現在各譜最後一段字組中，説明每一舞末才有頭的動作。或可解釋為低頭飲酒或作移頸動頭的舞蹈動作。
按	推、捼、挪之意。舞譜中的“按”可能是“按酒”動作的簡寫。
拽	可能是雙足交替而行的一種輕盈舞步
舞	指手及臂的舞蹈動作
搖	可能是手或頭部的搖動，同時伴以身軀與腿部的搖晃擺動，用優美的舞蹈化動作來表示推卻。
送	送酒並勸飲的舞蹈動作。舞譜中的送可能表示一套送酒勸飲的舞蹈程式。
据	可能是“拮据”的簡稱，為表手、口、足的協調動作。
揹	可能是打令舞中拋擲酒杯的動作。或釋作“揖”字，可能為謝酒動作。
與	可能是表示兩舞人，雙雙牽手對舞的舞蹈動作。
請	可能是表示禮節的舞蹈動作。
約	有約請的含義。
奇	原寫作竒，可作單數解。

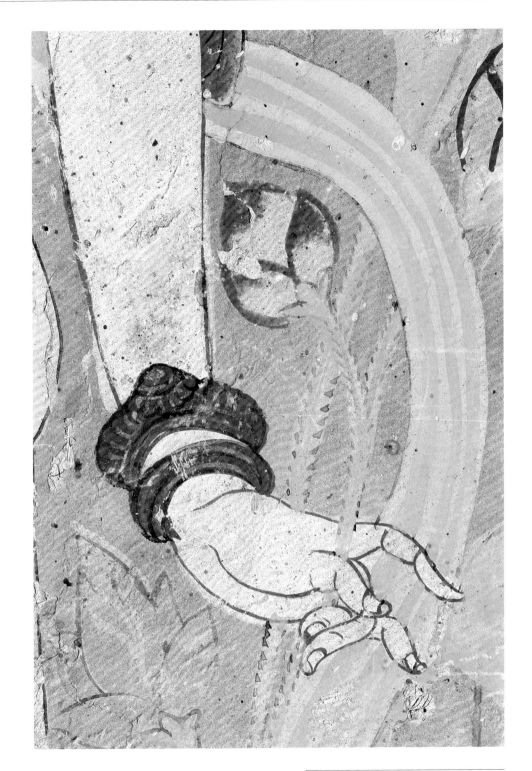

47 手姿特寫

唐代壁畫中的舞蹈形象，舞姿生動優
美，特別是手、臂等細部的刻劃細膩逼
真。這幅輕拈蓮花的手姿特寫，極富舞
蹈的動感和美感，對於研究中國古典舞
手姿變化具有重要的參考價值。

中唐 莫112 東壁

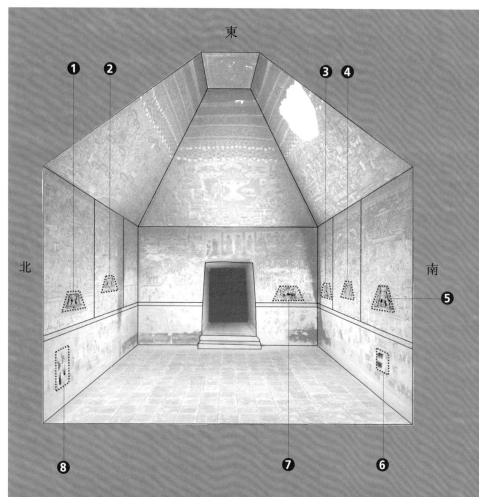

東

北　　　　　　　　　　　南

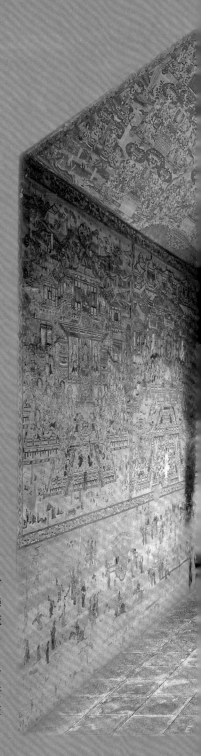

1. 雙人巾舞（報恩經變。見圖 100）

2. 雙人巾舞（藥師經變。見圖 101）

3. 巾舞獨舞（金剛經變。見圖 96）

4. 雙人巾舞（阿彌陀經變。見圖 99）

5. 擊長鼓與彈琵琶對舞（思益梵天問經變。見圖 116）

6. 舞隊（張議潮出行圖。見圖 125）

7. 巾舞獨舞（金光明經變。）

8. 舞隊（宋國夫人出行圖。見圖 127）

156窟立體洞示意圖

亦名張議潮窟，是晚唐代表洞窟之一。
為覆斗形窟，窟內南北東三壁上部繪有
阿彌陀、藥師、彌勒等經變畫，都有樂
舞場面。下部繪"河西節度使張議潮統
軍出行圖"和"宋國河內郡夫人宋氏出
行圖"。兩幅出行圖均為長卷式構圖，
其中的樂舞場面宏大，是研究敦煌地方
權貴出行及當地樂舞流行情況的珍貴資
料。窟頂及四壁上部因遭煙熏，一些畫
面已難識別。

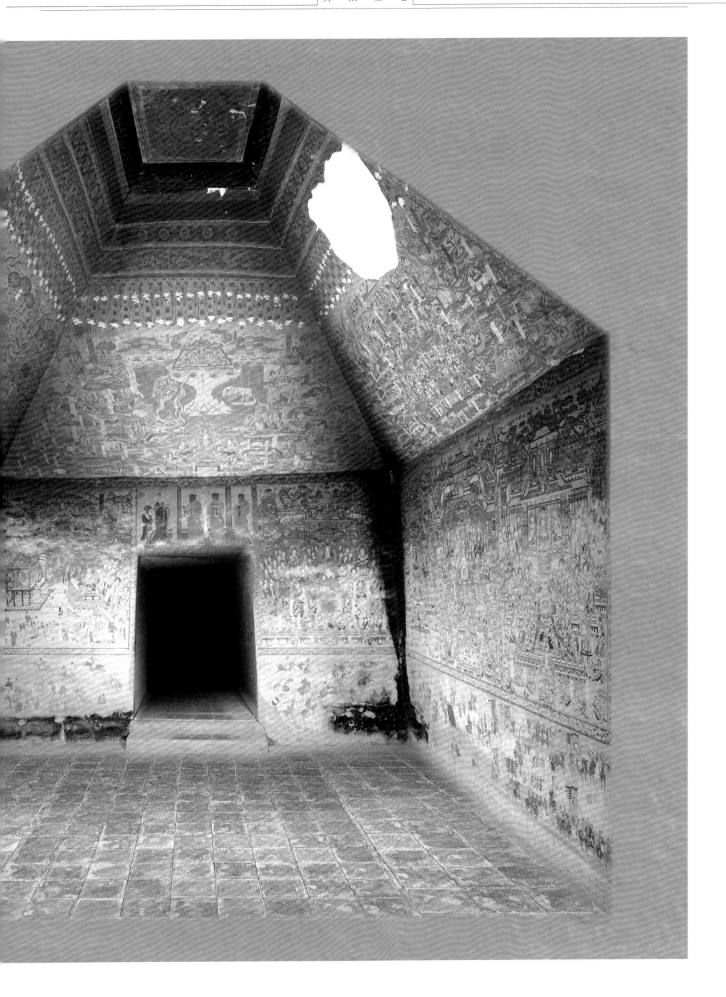

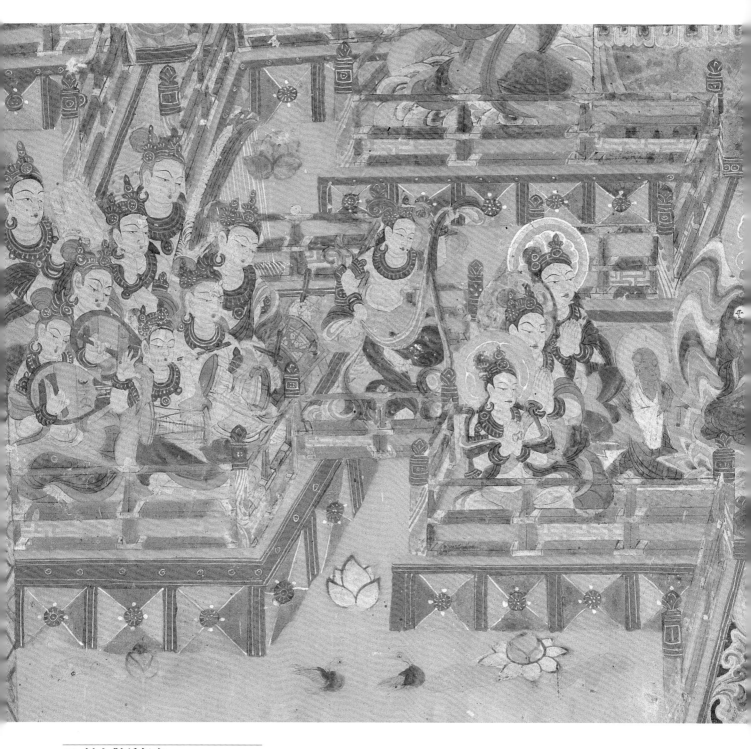

48 橋上對稱舞巾

這是大鋪經變畫左右兩側的樂舞圖。舞
伎分別在四個樂人的伴奏下,在小橋上
遙遙相對而舞。舞帶低垂,舞姿柔曼,
動勢不大,頗具唐代"軟舞"風韻。

中唐 莫154 北壁

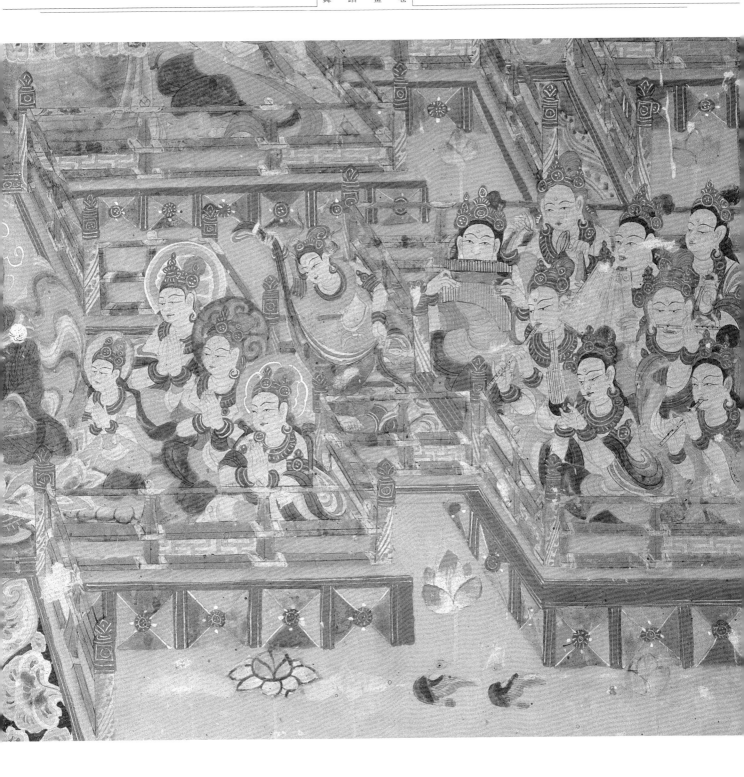

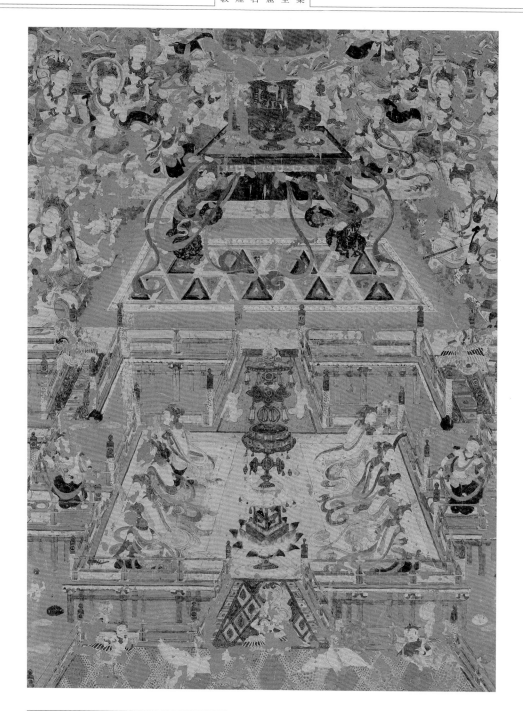

49 前後兩組樂舞場面

前面一組樂隊在中間，兩邊小橋中舞伎
對舞；後一組舞伎在中，樂隊在旁。

中唐 莫159 南壁

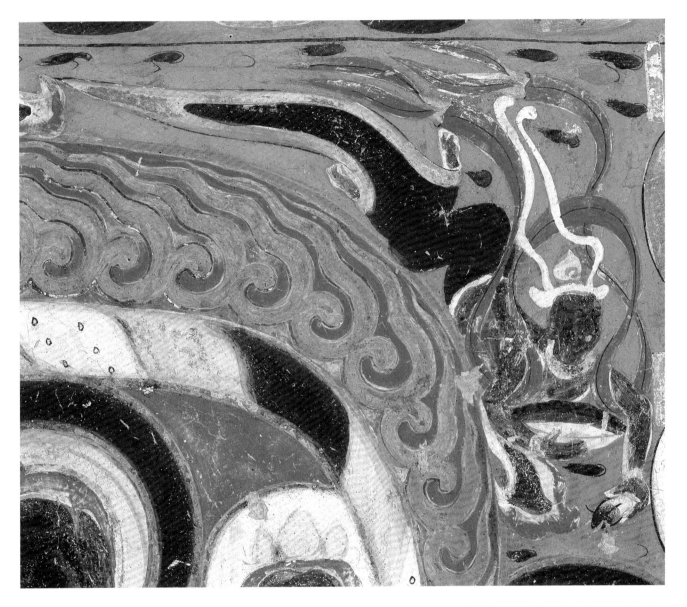

50　"S"形姿態的飛天

飛天頭飾及長裙飄拂上揚，似從天宮徐
徐下降。臀部上翹，雙腿曲膝，與唐代
舞俑"S"形、"三道彎"舞姿相似。
隋　莫303　北壁

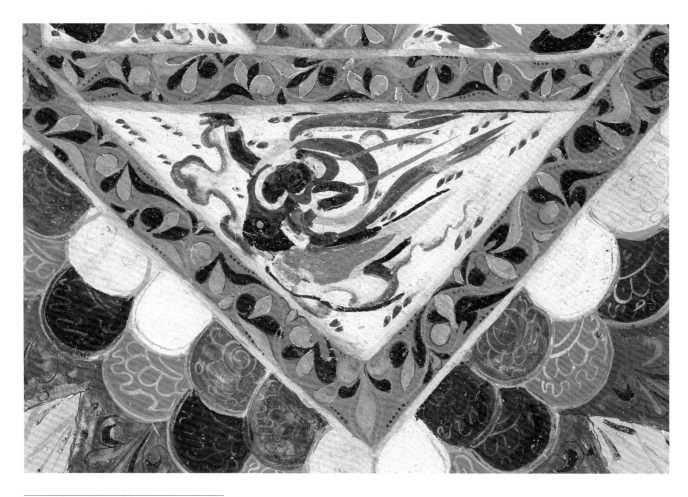

51 擰身回首的飛天

這幅成為藻井一角紋樣的飛天，舞姿柔
曼。輕揚的右臂和美妙的手勢，配合那
擰身回首的婀娜美姿，加之隨風飛揚的
巾帛，體現出濃郁的中原舞風。

隋 莫305 藻井

第二節　經變畫上的天宮樂舞——巾舞

　　自唐代開始，敦煌壁畫出現了大鋪經變畫。其中許多經變畫中根據佛經內容，繪有反映佛國世界的樂舞畫面。這些經變畫通過描繪盛大、華麗的樂舞場面，來反映西方極樂世界歡樂祥和的氣氛；所展示的舞姿豐富多彩，風格迥異，頗具唐舞風韻，是唐代宮廷樂舞的生動再現。特別是舞伎的舞蹈造型、舞具運用、以及伴奏的各種樂器都是研究唐代樂舞發展的珍貴史料。

唐代敦煌繪有天宮樂舞的部分經變及洞窟表（莫高窟）

時代	經變名稱	洞窟號
初唐	阿彌陀經變	205、220、321、329、334、335、341
	東方藥師變	220、331
	彌勒經變	341、386
	思益梵天請問經變	386
盛唐	觀無量壽經變	45、66、126、129、148、172、180、215、217、320
	阿彌陀經變	23、123、124、445
	東方藥師變	148、180
	彌勒經變	215、445
中唐	觀無量壽經變	112、159、188、197、201、231、236、358、360
	東方藥師變	112、154、180、200、231、236、358、359、360、361、369
	阿彌陀經變	159、286、359、361
	報恩經變	112、154
	彌勒經變	369
	金剛經變	112、359
	金光明經變	158
晚唐	東方藥師變	12、85、128、138、144、150、156、173、177、196、232、361、370、468
	觀無量壽經變	12、177、232、468
	報恩經變	12、85、108、138、144、156
	金剛經變	85、138、144、156、361
	思益梵天請問經變	12、85、138、156
	金光明經變	138、156、196
	阿彌陀經變	85、108、156、173

在畫工臆想的佛國世界，佛端坐在莊嚴豪華的宮殿中，華服美飾的諸菩薩侍立，前面往往是一組奏樂起舞的伎樂天。樂伎在兩側吹奏，舞伎在中間起舞。從出土的唐代蘇思勖墓室壁畫中看，這種排列形式正是當時社會生活常見的樂舞場景。壁畫上的舞伎，一改北朝時期大宮伎樂僅從天宮門洞中露出半個身子的模式，腳踏實地在精美的"舞筵"上翩翩起舞。唐代宮廷或豪門樂舞表演，表演區多鋪設織花地毯即舞筵。唐代的舞筵大多是來自西域波斯等地，伴隨樂舞的大交流進入中原，成為當時舞蹈表演的組成部分，並被形象地再現於敦煌壁畫中。除舞筵之外，壁畫中所出現的樂器，也可供一窺唐代樂舞交流盛況。舞伎兩邊樂伎所持樂器，既有阮咸、箏、簫等中原傳統樂器，也有曲頸琵琶、羯鼓、箜篌、篳篥等來自西域的樂器，從壁畫中大量出現中西樂器的組合，可知唐代樂舞生活中中原和西域樂器相互配合已經很常見。

壁畫中的舞伎體態豐滿，曲線圓潤；氣質明快健朗，溫婉典麗；服飾華美，頭梳高髻，頗具唐韻；舞姿也已基本擺脫北朝時期印度及西域風格的影響，明顯具有中原特色，北朝時期略顯呆板的出胯衝身已變為頗具唐舞風韻的、柔曼的"S"形三道彎體態。在天宮中翩翩起舞的舞伎是唐代宮廷舞人的藝術再現，其舞蹈造型豐富，有執巾或長綢而舞、有擊腰鼓而舞、有彈琵琶而舞，千姿百態，異彩紛呈。但經變畫中的天宮樂舞並不是唐代宮廷樂舞的原樣照搬，壁畫中沒有出現像宮廷宴舞那樣多達幾百人的宏大場景；壁畫中所描繪的許多舞蹈種類，也並不見於唐宮廷舞蹈記載。作為佛教藝術的再創作，敦煌舞蹈壁畫有臆想的成份，而且，它們多出自深受民間樂舞浸染的民間畫匠之手，因此，壁畫中的樂舞所反映出來的必然更多是當時當地的民間舞蹈形態。

唐代壁畫中的天宮樂舞形象來源於現實的舞蹈生活，經過藝術的再加工後，又與現實生活中的舞者有許多不同。據《舊唐書·音樂志》、《新唐書·禮樂志》等記載及從唐李壽墓等唐代墓室中出土的舞俑和壁畫上看，敦煌壁畫中許多伎樂天的服飾與唐代真實生活中舞人的服飾有所不同，他們大多半裸上身，僅佩項圈、臂環輕紗。唐代確有用極薄而透明柔軟的羅紗縫製而成的舞衣，卻不可能有半裸身體的舞蹈。畫工臆想的天國伎樂半裸上身，或許是認為人物這樣的裝束更美、更聖潔，更能喚起人們對天國的嚮往。在一些唐代舞蹈壁畫中，有的伎樂天形象還帶有一些印度風格，伎樂天擰身、出胯、提肘等舞姿，在今天的一些印度舞蹈中仍可見到類似動作。

絢麗多姿的巾舞

巾舞是唐代敦煌壁畫中數量最多、最常見的舞種。唐代經變畫中的伎樂場面，有一個最顯著的特點，就是舞者雙肩均披巾帶，上下飄舞。即使是手執琵琶，肩掛腰鼓的伎樂天，也同時身佩長長的巾帶。在許多樂舞圖中，長巾不僅是舞伎身上的裝飾品，更被作為舞具，執巾而舞。巾舞幾乎完全是唐宮廷舞蹈的搬演，生動再現了輝煌唐舞的風采；有的舞姿甚至到今天仍然傳承不衰。如舞長巾的"8"字綢花，至今還是舞長綢的常用技法。

《巾舞》因舞者執巾舞蹈而得名，在中原地區有悠久的歷史。相傳公元前11世紀的西周時代教"國子"的《六小舞》中，就有《帔舞》，即手執五彩繒而舞；漢代《巾舞》已用於宴享，此舞在漢畫像磚中更是屢見不鮮。漢代舞蹈用的長

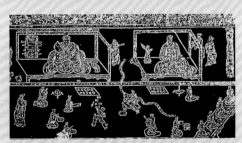

山東安邱漢代畫像石的巾舞

巾，最長的可能有兩丈餘。山東安邱漢墓出土的畫像石，就有一男舞者飛舞彩紋長巾；四川成都揚子山漢墓出土的"百戲"畫像磚，也有舞雙巾的女伎，其

舞法與今日之《長綢舞》幾無二致。應該說，從古代一直傳承至今的長綢舞，對中國佛教藝術中飛天和伎樂天形象的形成與發展，起到了一定的影響作用。

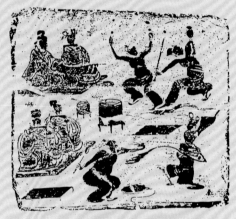

四川成都揚子山漢墓"百戲"畫像磚的巾舞

唐代婦女普遍使用披帛。披帛盛行於唐開元、天寶年間，時人多稱為"帔子"，長短不一。據唐代文獻記載，"女人披帛，古無其制"，這一服飾可能是由西域傳入內地的。在唐代，披帛也常作舞巾使用。西安郭杜鎮唐墓出土的紅衣舞女壁畫中手執披帛展臂而舞的形象十分優美。白居易在《題周皓大夫新亭子二十二韻》一詩中，盛讚周家舞伎，美若洛神"斂翠凝歌黛，流香動舞巾。"可見巾舞在唐朝相當盛行。敦煌壁畫中也有許多姿態各異的舞巾伎樂天。雖然這些娛佛的舞蹈形象，不全是生活中的舞蹈的原形，但那些捲曲流動的舞巾，具有可摹擬性的舞蹈動作，無不折射出

唐代生活中舞巾的藝術形象。唐代敦煌
壁畫中巾舞的舞蹈造型眾多，形式亦有
獨舞、雙人對舞等。

巾舞是中原傳統舞蹈，長期在中原
地區流傳，但執綢而舞的形式，對其他
民族的舞蹈也有影響，有學者認為，龜
茲舞蹈中的綢帶可能傳自中原。敦煌壁
畫中的巾舞形象，也夾雜有大量的龜茲
及其他少數民族的舞蹈元素。

設計巧妙的雙人舞畫面安排

敦煌經變畫舞圖除舞蹈形象栩栩如
生外，畫面的設計也獨具匠心。除獨舞
和第220窟四舞伎一橫排起舞外，還有許
多不同的雙人舞場面。這些雙人舞畫
面，動作設計十分巧妙：有雙巾對舞
者，有背腰鼓與抱琵琶對舞者，有執巾
與抱琵琶對舞者，也有執巾與背腰鼓對
舞者。少數畫面是左右二舞伎舞姿完全
相同，對稱相向而舞，多數舞態各不相

同，或高低對比，或面背各異，或平行
而立，或對角斜站；或舉手，或張臂，
或蹲身，或挺立。舞姿變化多端，協
調、有機地組合在一起。

唐代的編舞藝術已經達到相當高的
水平，在雙人舞的編排上，出現了多種
處理方法。有時是二人舞蹈動作整齊、
對稱。盧肇《湖南觀雙柘枝舞賦》有：
"鸞影乍回頭並舉，鳳聲初歇翅齊張"
句。李羣玉《傷柘枝伎》一詩中有"曾見
雙鸞舞鏡中"句，都是描寫舞姿動作一
致的雙人舞。另有一些雙人舞的場面，
或一高一低，或一前一後，或一張一
收，或一背一面，對比性強，同時又相
互呼應、協調。兩種雙人舞的處理，前
者工整，後者富於變化，各具特色，有
不同的美感。唐代敦煌壁畫中的雙人舞
場面，從側面反映了唐代舞蹈藝術的編
舞及表演水平。

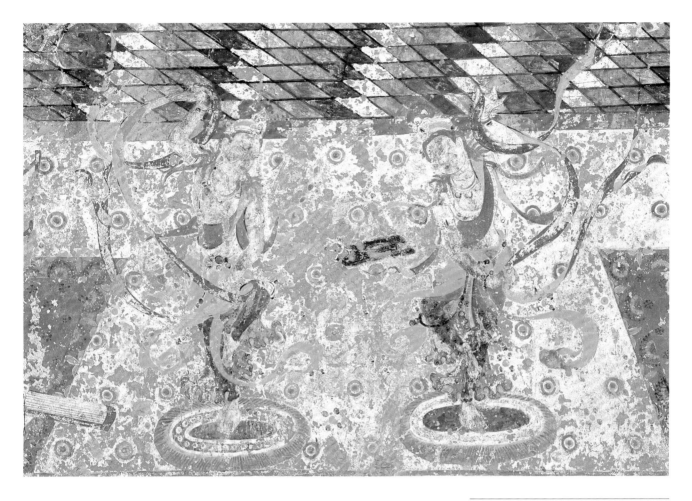

52 雙人巾舞

二舞伎作"吸腿"姿立於小圓毯上，雙
手一上一下對稱揮巾作舞。二舞伎舞姿
完全相同，只是左右各異，這是雙人舞
常用的編排手法。

初唐 莫220 南壁

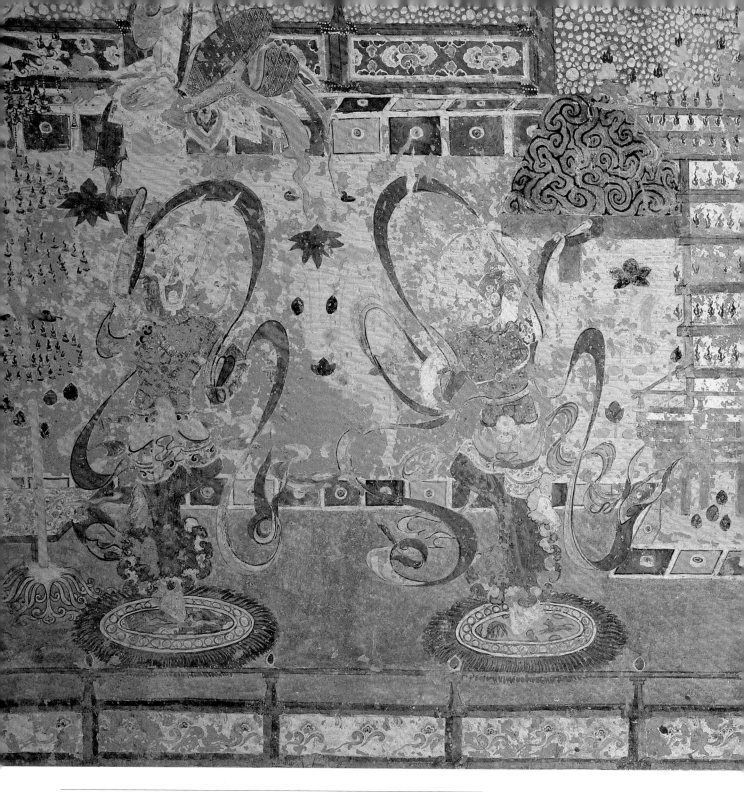

53 帛帶飛揚的四人舞巾

這是目前所見敦煌經變畫中舞伎人數最
多的一幅。他們在璀璨的燈輪燈樹下，
站在小圓毯——舞筵上，肩披繞臂長巾
翩然起舞，舞姿矯捷奔放。左面一對身
着類似武裝美服的舞伎，背向而立，一
腿後勾；一手用力向上托伸，一手側垂
作"提襟"姿，舞姿剛勁矯捷，分明是
一幅"健舞"圖。"提襟"至今仍是中
國古典戲曲中武將、武旦等角色常用的
舞蹈動作。"提襟"亮相給人英武豪雄

之感。右面一對舞伎，正從相反方向，
對稱旋轉。在兩對舞伎的中間是一個大
型燈樓，層層而上，燈火通明。根據佛
經，供養藥師佛必須燃燈。從隋代開
始，凡畫"藥師經變"均繪燈輪。《朝
野僉載》中也有，唐代節日表演"踏
歌"，在廣場上點燃大燈輪，歡舞三日
三夜的記載。

初唐 莫220 北壁

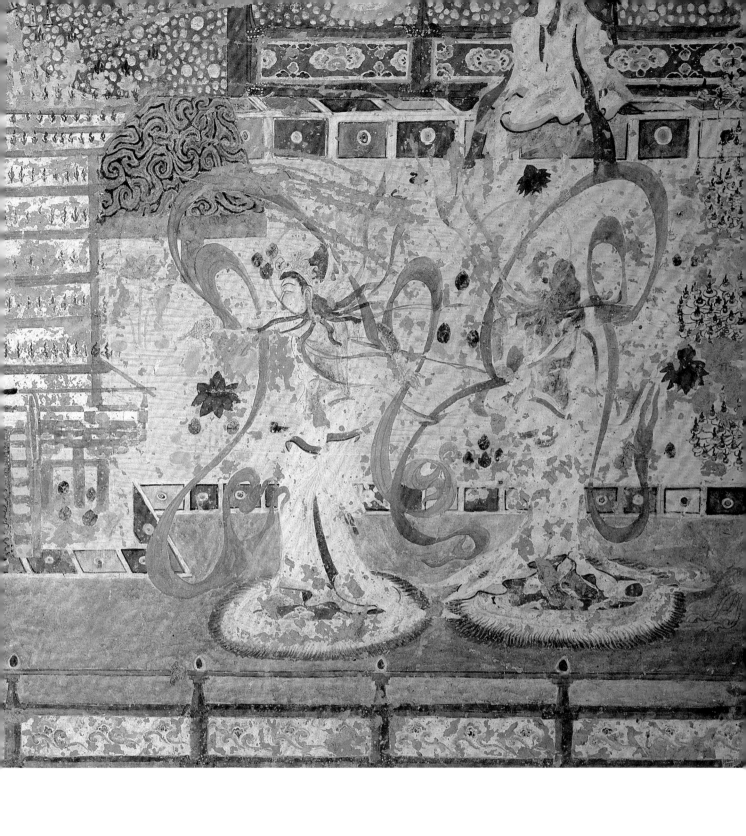

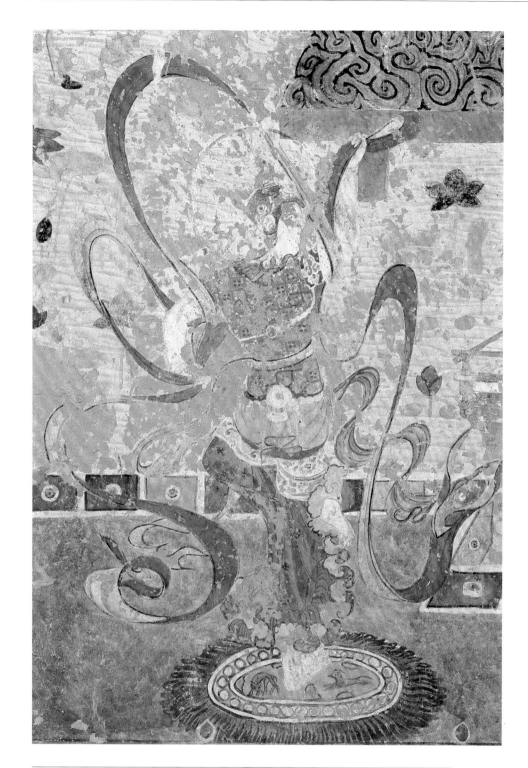

54 左面舞伎的剛健舞姿和舞服

頭戴尖頂寶冠，着"錦半臂"，穿"石
榴裙"。服裝的樣式與花紋，使人有美
化的盔甲武裝的感覺。這舞伎雖不是舞
劍，但使人想起唐代著名舞伎公孫大娘
舞《劍器》時所穿的美化的軍裝。杜甫
《觀公孫大娘弟子舞劍器行》詩序説：
公孫氏舞《劍器》"玉貌錦衣"。司空

圖《劍器》詩有："樓下公孫昔擅場，
空教女子愛軍裝"句。可見公孫氏設計
的美麗軍裝，成了當時女子喜穿的"時
裝"。

初唐 莫220 北壁

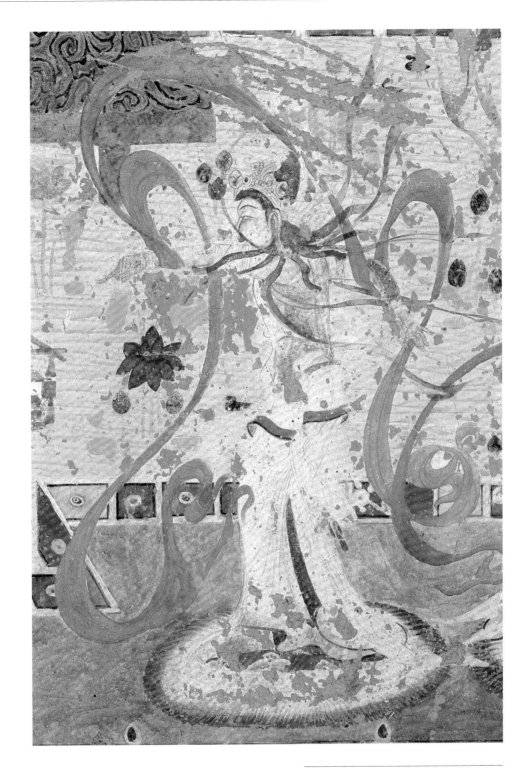

55　右面舞伎的旋轉舞姿

髮帶飛揚，急轉如風，正如白居易《胡旋女》詩所寫："左旋右轉不知疲，千匝萬周無已時，人間物類無可比，奔車輪緩旋風遲。"此圖頗似唐代風行的西域舞蹈《胡旋舞》。

初唐　莫220　北壁

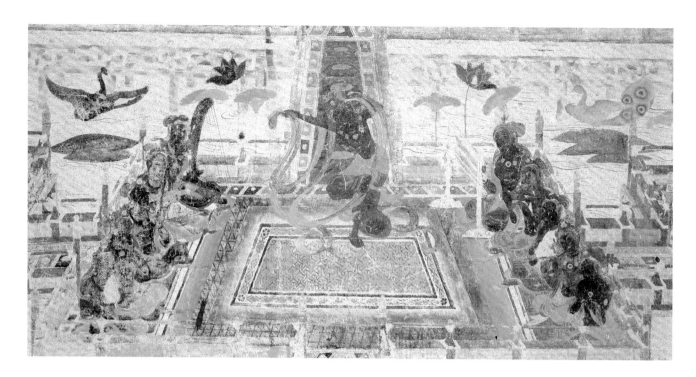

56 舞巾作順風旗姿

在八人樂隊伴奏下，舞伎踏方毯，左腿
直立，右腿盤靠左膝，雙手執巾作類似
"順風旗" 姿而舞。

盛唐 莫320 北壁

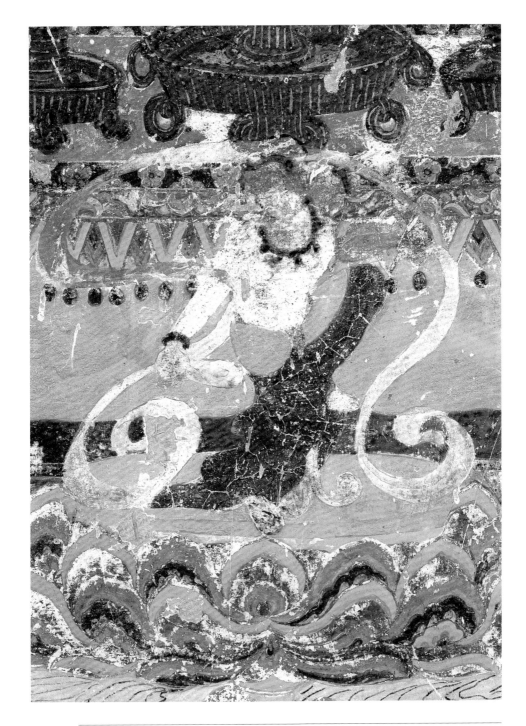

57 蓮花台上的巾舞

在淨土世界中，舞伎在蓮花上起舞。右
腿曲立，左腿曲膝側提；左臂曲肘上
提，右臂向下斜展，給人以向下用力之
感，很像在舞巾過程中一個很有張力的
"亮相"。唐代本有先藏於蓮花中，然
後起舞的《屈柘枝》，屬"軟舞"類。
據《樂府詩集·柘枝詞》題解引《樂
苑》曰："羽調有柘枝曲，商調有屈柘

枝。此舞因曲為名。用二女童，帽施金
鈴，扑轉有聲，其來也，於二蓮花中
藏，花坼而後見，對舞相占，實舞中雅
妙者也。"此舞圖的處理，也許與此有
關。

盛唐 莫320 南壁

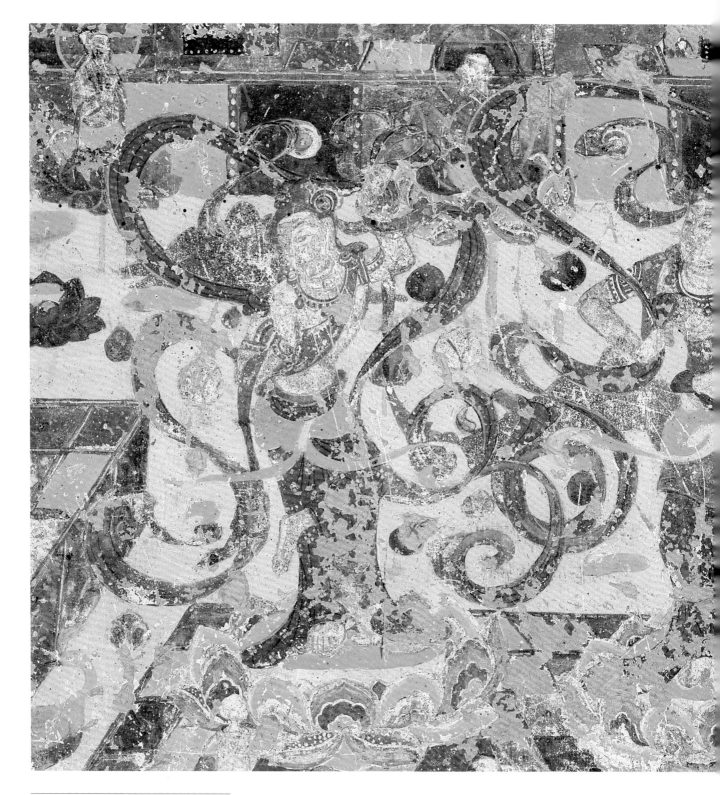

58 蓮花台上的雙人巾舞

二舞伎在蓮花台上，揮巾起舞。長巾繚
繞，富於裝飾性，是現實生活中舞巾難
以完成的綢花。這幅經變伎樂舞圖，很
可能是受到唐代名舞《屈柘枝》的影響
而作。

盛唐 莫217 北壁

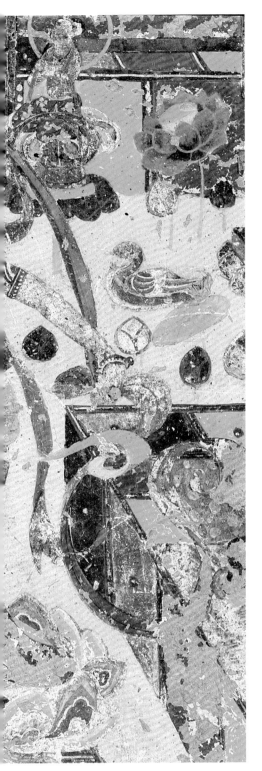

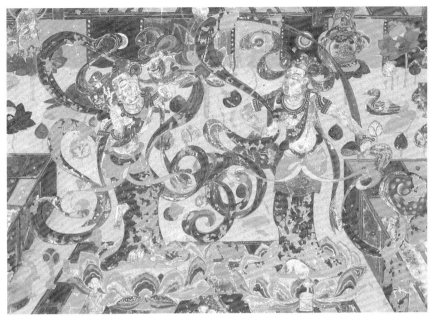

59 蓮花台上的雙人巾舞（摹本）

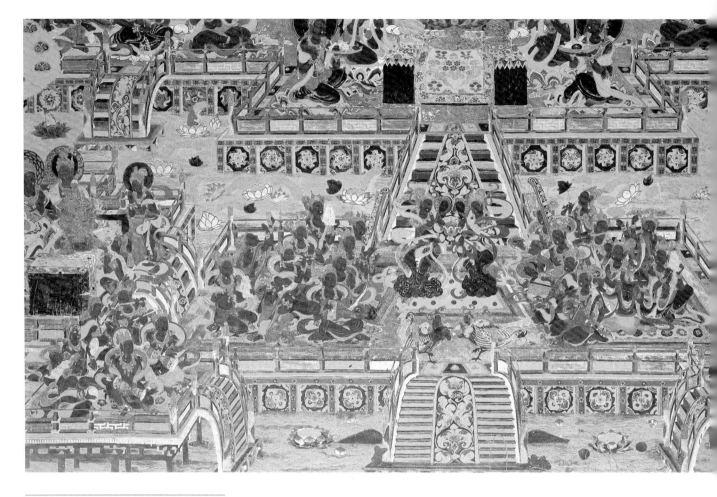

60 "三道彎"雙人巾舞

二舞伎在兩組龐大的樂隊伴奏下，捲揚
長巾對舞。舞者高提肘、擰身、出胯、
低跨腿，"三道彎"體態十分清晰。舞
態柔中帶勁，美而不媚。

盛唐 莫148 東壁

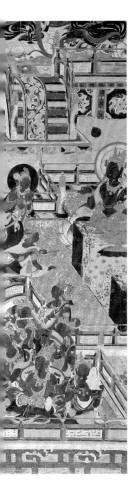

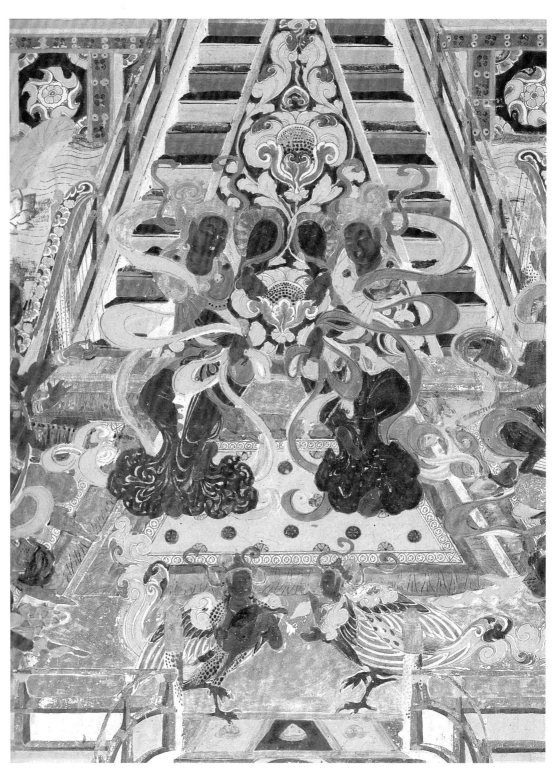

61 雙人巾舞舞伎特寫

盛唐 莫148 東壁

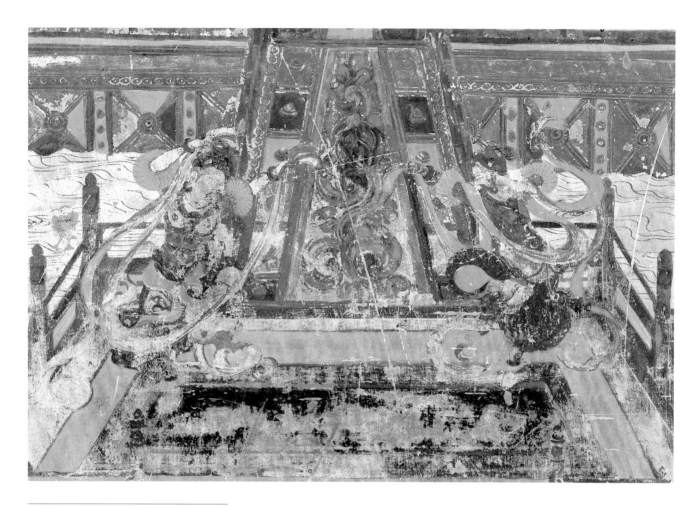

62 正背兩面雙人巾舞

二舞伎均舉巾而舞，舞姿動態完全一致，卻用一正面、一背面的處理，使畫面既富於變化，又能使觀者清晰地看到舞者同一舞姿的正面與背面。那長巾飄拂的動勢，使人感到舞者正急步環行。

盛唐 莫172 北壁

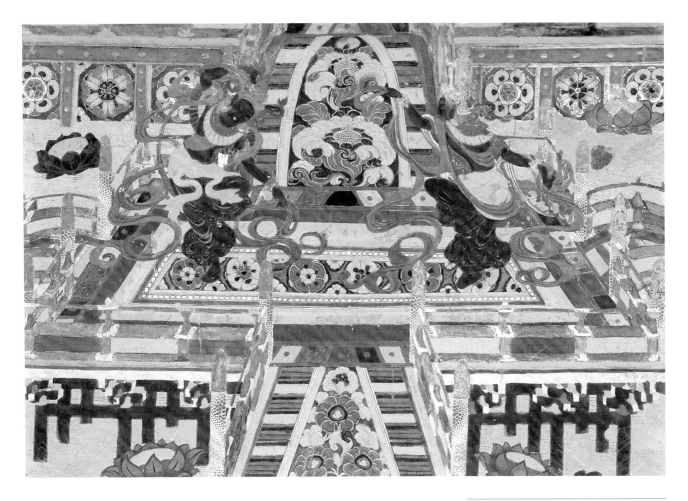

63　舞姿迴異的雙人巾舞

二舞伎舞蹈姿態迴異，一背面，一正
面，一張臂，一收臂，一屈身，一直
立。畫面處理既對比鮮明，又彼此呼
應。是相當成功的雙人舞處理方法。

盛唐　莫148　東壁

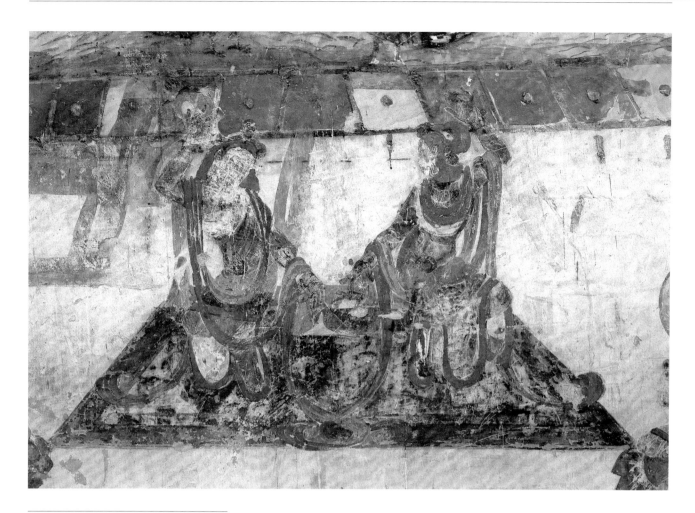

64 軟舞風格的雙人巾舞

二舞伎均立於方毯上，一正面，一背
向，面部內側，相向而舞。手臂一高
舉，一斜垂，手作"彈指"狀；側出
胯，體呈"S"形。巾帶披肩繞臂，紋飾
下垂，似正在表演一段節奏舒緩，舞姿
妙曼的"軟舞"。

盛唐 莫205 北壁

65 軟舞風格的雙人巾舞（摹本）

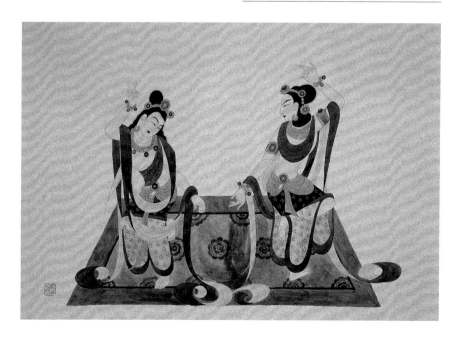

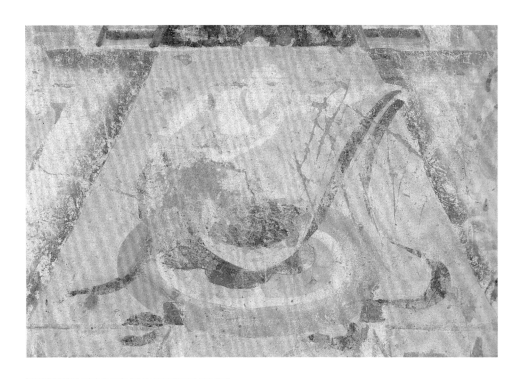

66　蹲身舞巾

舞伎半蹲於圓毯上，雙臂展巾而舞。唐
人李羣玉《長沙九日登東樓觀舞》詩
有：〝低回蓮破浪，凌亂雪縈風〞句，
描寫舞者婉轉低迴之姿。此舞圖頗符合
該詩句意境。

中唐　莫180　南壁

67　傾身低頭的柔曼巾舞

舞伎立於方毯上，傾身低頭，舒展雙臂
而舞。長巾曼捲拂垂，舞姿柔曼，動勢
舒緩。

中唐　莫201　北壁

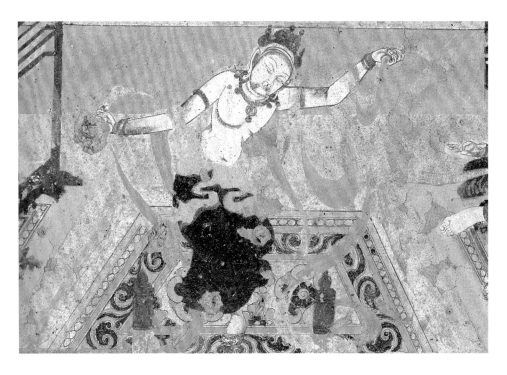

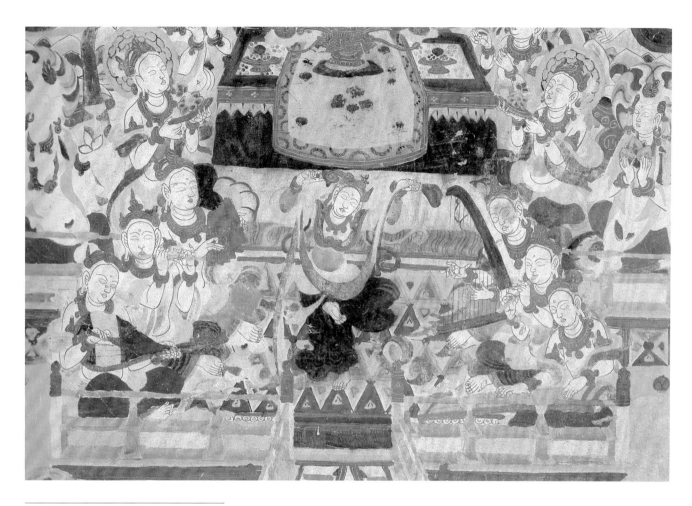

68　西域樂韻伴巾舞

舞伎在用圍欄構成的表演區內，微微傾
身，雙手舉巾而舞。兩旁的六個樂人，
用琵琶、橫笛、拍板和琴、篳篥、箜篌
伴奏。樂隊中的琵琶、橫笛、篳篥、箜
篌均為龜茲樂器，只有拍板和琴是中原
樂器。在這中西混合樂隊的伴奏下，舞
伎執巾而舞，中原傳統舞與西域樂這種
組合形式，在唐代敦煌壁畫中屢見不
鮮。

中唐　莫358　南壁

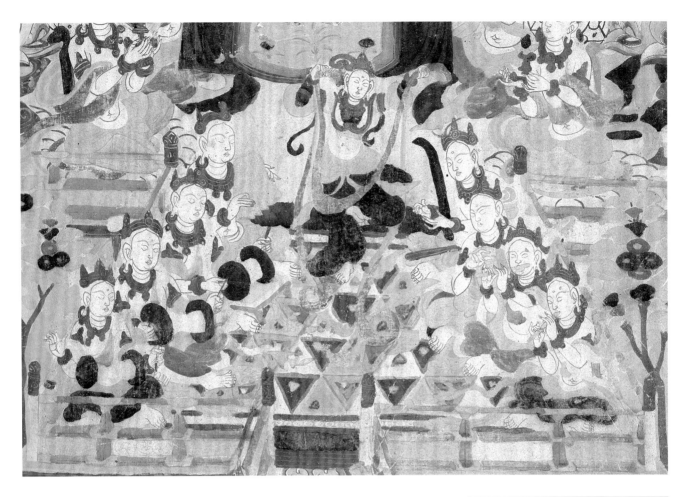

69 急鼓催巾舞

舞伎舞姿與上圖358窟舞伎大致相同,只
是上身更挺拔端正。伴奏的樂器配制比
較特別,除常用的管、弦等樂器外,有
三人排在一起擊鼓。

中唐 莫358 北壁

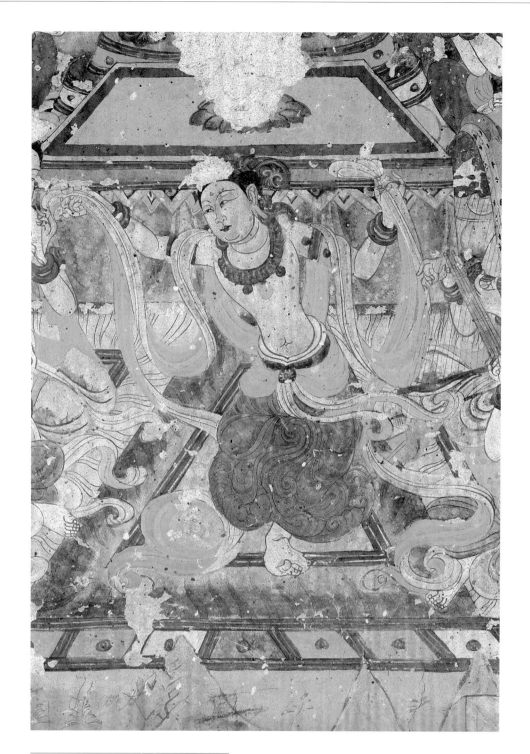

70 舉步急行飛巾舞

舞伎細腰寬胸，雙臂搭巾平展，雙手執
巾；左腿立姿，右腿後掖，有一種欲舉
步前行的動姿。現在表演《長綢舞》
時，常採用這種長綢搭臂，急步出場，
然後揮巾起舞的藝術處理。

中唐 莫112 南壁

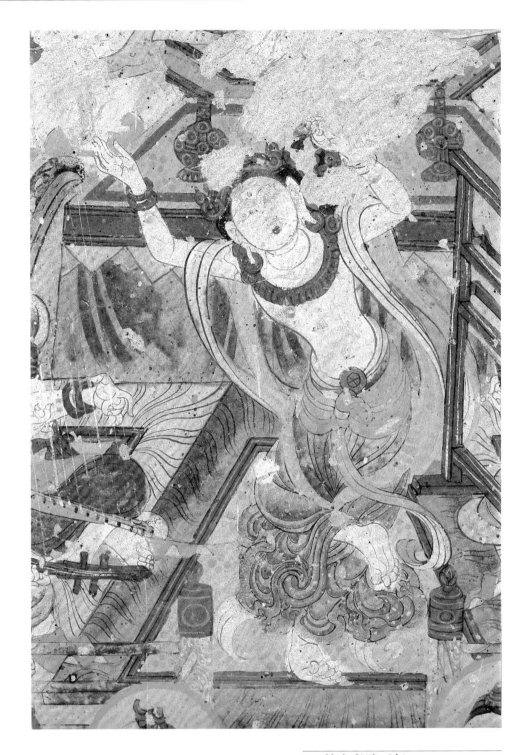

71 披巾舉臂而舞

舞伎披巾不執，舉雙臂、有向左右晃動
的動勢。
中唐　莫112　北壁

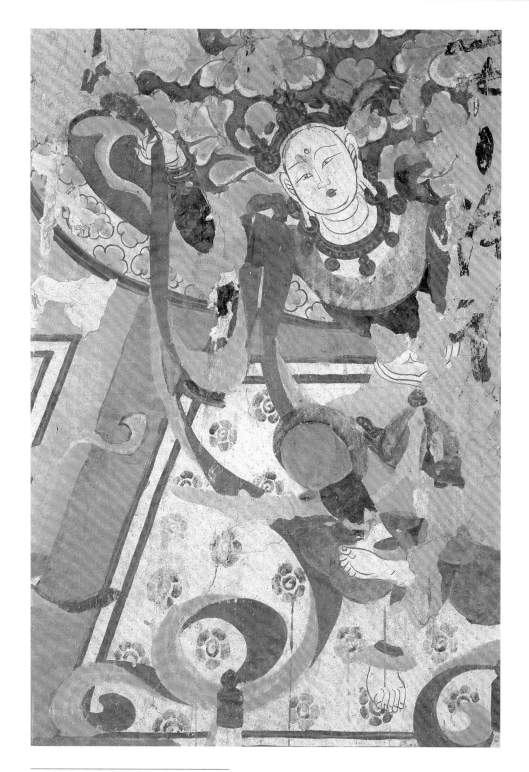

72 長巾翻捲舞蹁躚

舞伎在方毯上執巾起舞，巾紋翻捲，似
為舞巾動勢造成的綢花。舞圖左半身
殘，但豐腴的面部卻十分清晰，既富有
唐代標準美人之豐滿，又具有吐蕃民族
所欣賞的健壯。

中唐 莫286 南壁

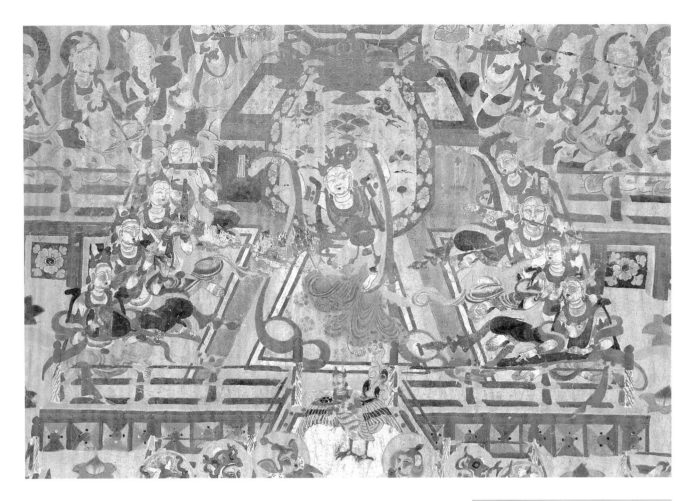

73　迦陵頻伽伴巾舞

八個樂人兩邊排列奏樂伴舞，中一舞
伎，雙手舉巾而舞。舞伎的前方是一身
起舞的迦陵頻伽。迦陵頻伽人首鳥身，
又稱美音鳥，被認為是佛國極樂淨土之
鳥，在敦煌壁畫中多以樂舞形象出現。
中唐　莫386　北壁

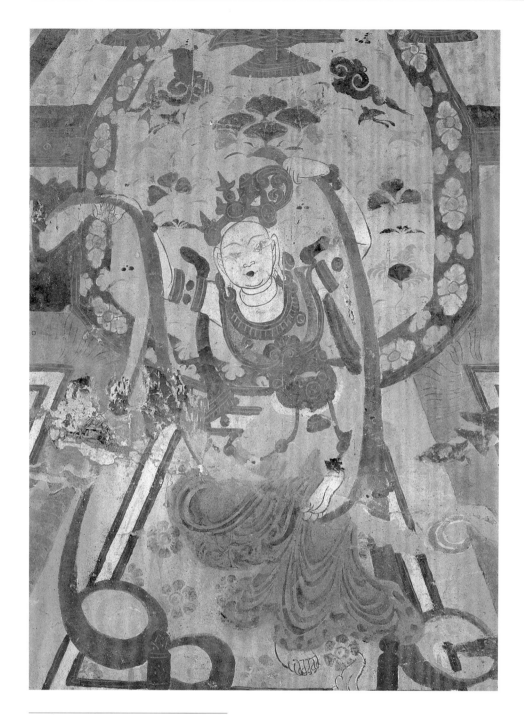

74 舞伎特寫

中唐 莫386 北壁

75 長巾裊繞的舞伎

舞者雙手執巾，右手臂曲於胸前，左手
舉至頭頂，長巾裊繞，動感強烈。

中唐 莫159 西壁佛龕南側

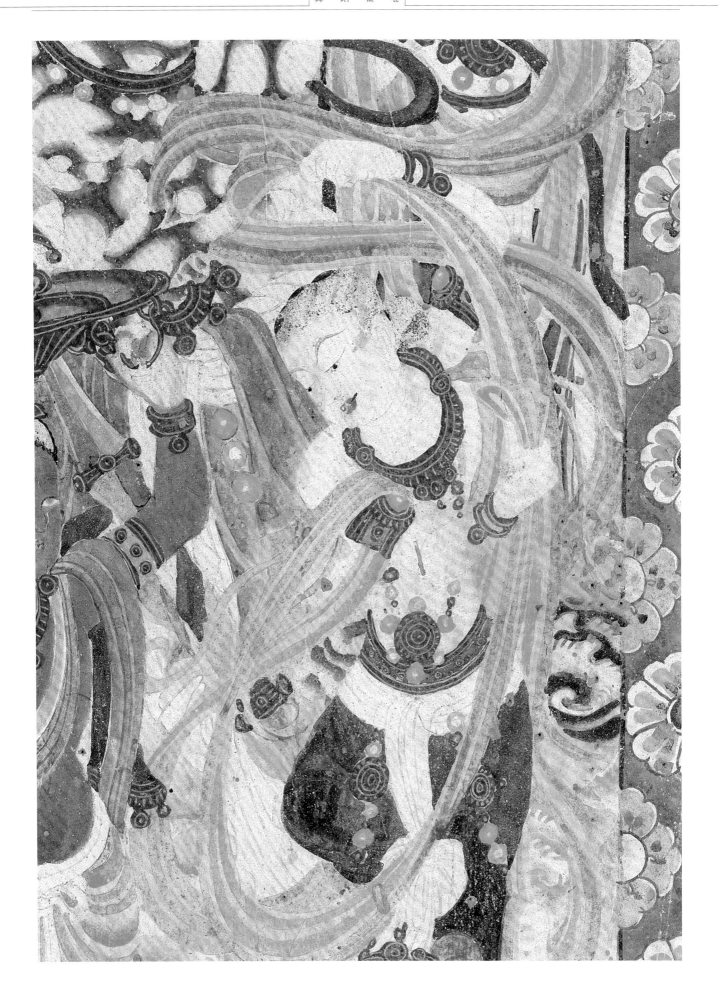

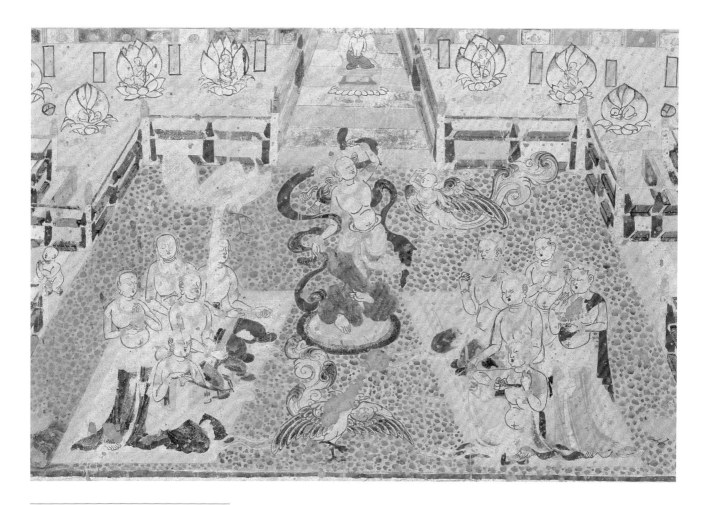

76 半裸上身的巾舞舞伎

舞伎赤裸上身，立於中間小圓毯上，在
兩旁十人樂隊的伴奏下，揮巾起舞。唐
代經變畫伎樂中的舞伎大都赤裸上身，
與當時生活中真實舞伎不同。作為佛教
藝術中的形象，赤裸上身，可能是畫工
為表現佛國世界的聖潔美好而特意創造
的。

中唐 莫197 北壁

77 舞伎特寫

舉臂抬頭，舞姿灑脱，情態昂揚。
中唐 莫197 北壁

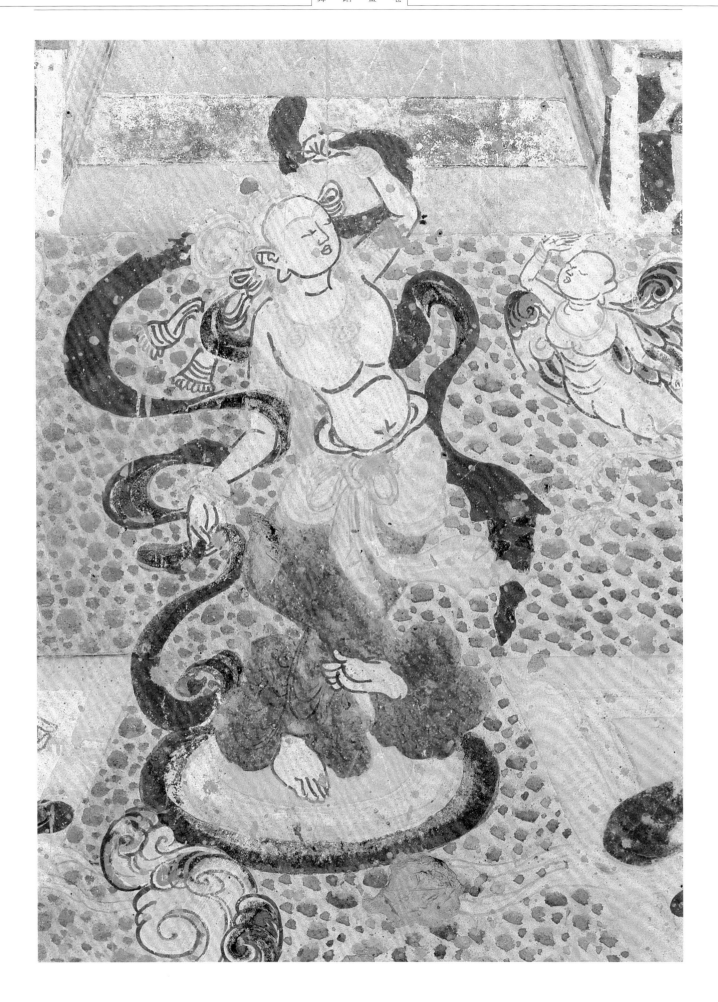

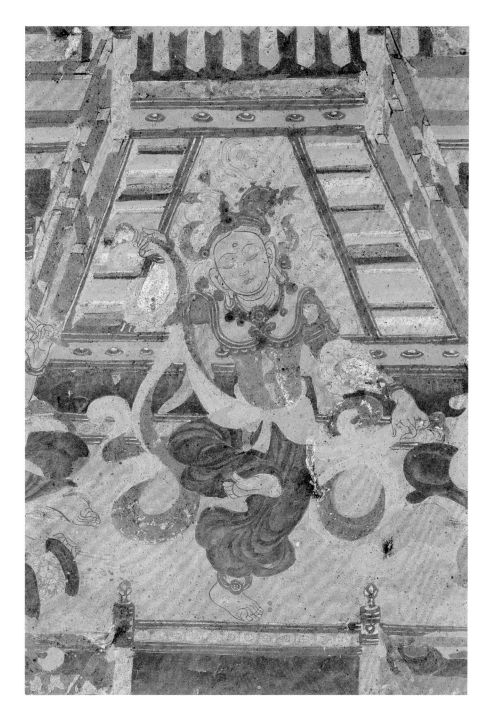

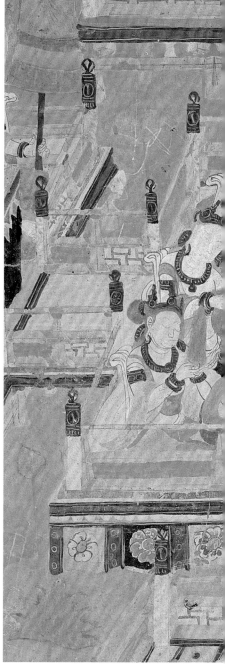

78　類順風旗姿巾舞

舞伎身材稍矮且壯，手執長巾，兩手作
類 "順風旗" 姿。左腿微曲而立，右腿
盤跨，是敦煌舞圖常見的立姿。

中唐　莫231　北壁

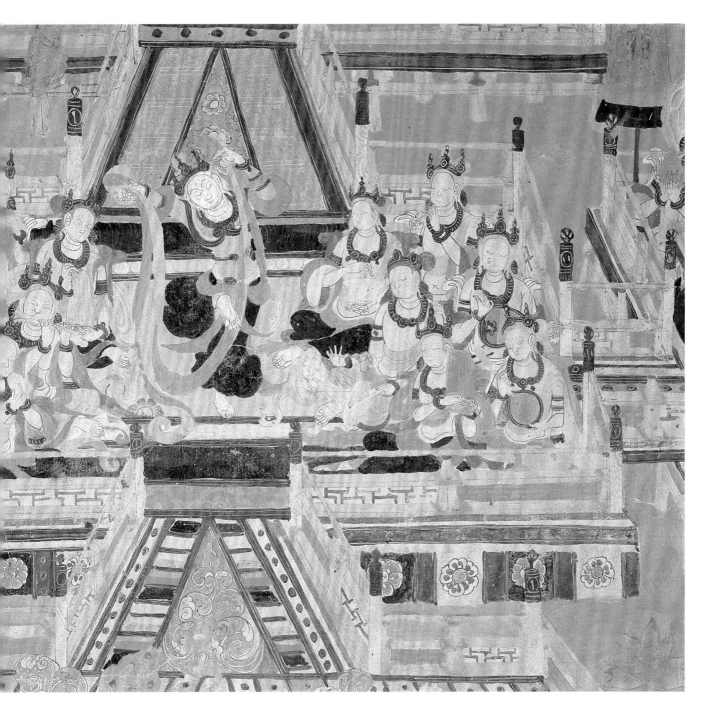

79　作順風旗姿舞巾

12個樂伎分列兩旁，中一舞伎，雙手握巾，作"順風旗"姿而舞。立姿與上圖相似。

中唐　莫360　南壁

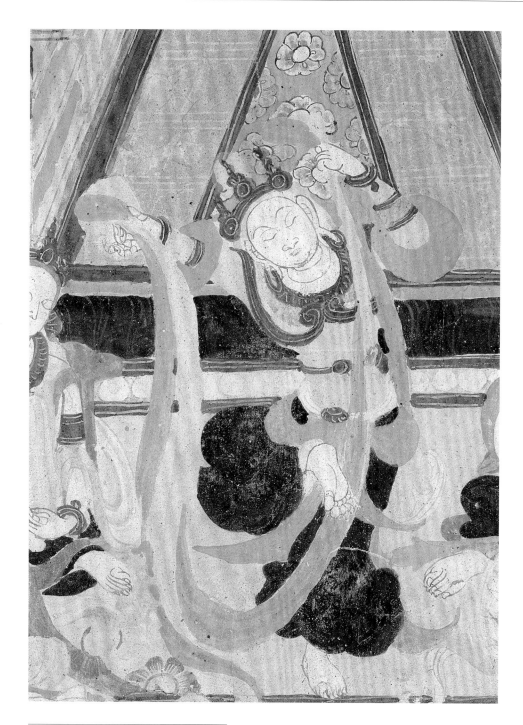

80 順風旗舞姿特寫
中唐 莫360 南壁

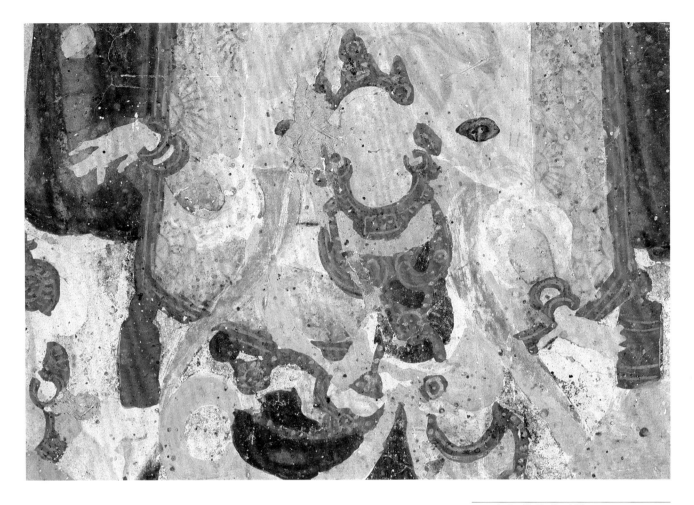

81　巾舞的蘭花手姿

舞伎肩披繞臂長巾，右手的蘭花手姿，
引人注目。至今中國古典舞中，女舞者
仍常用此種手姿。在此清晰可見中原舞
風沁潤着敦煌舞圖。

中唐　莫200　北壁

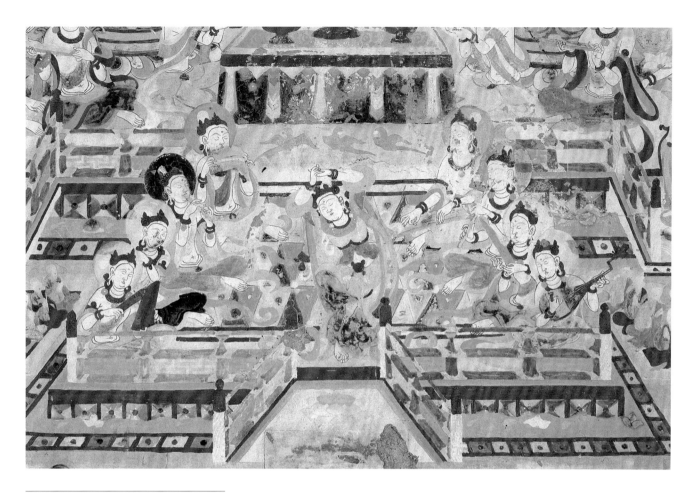

82 披巾"彈指"舞

在長方形表演區內，舞伎雙手高舉頭
頂，十指交叉，似正在"彈指"。至今
中國新疆及中亞一帶的民族民間舞中，
在舞至激烈時，仍常常雙手交叉彈撥手
指以烘托氣氛。

中唐 莫359 南壁

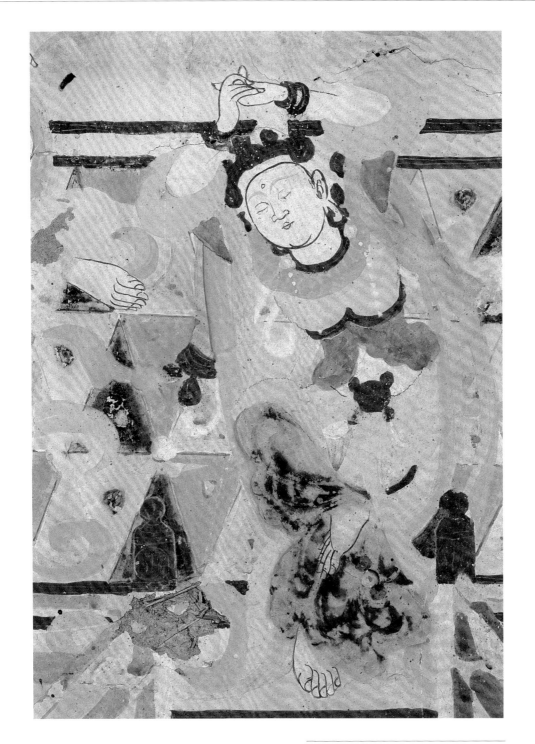

83 披巾"彈指"舞姿特寫

中唐 莫359 南壁

84 巾舞中獨特的手部動勢 見下頁 ▶

舞伎面部及髮式，十分清晰。舞伎跨腿
傾身而立，長巾搭肩，右臂側舉手執
巾，手心向前，左臂向下斜張，手心後
撐。這一手部動勢，至今仍保存在許多
民族民間舞蹈中。

中唐 莫359 北壁

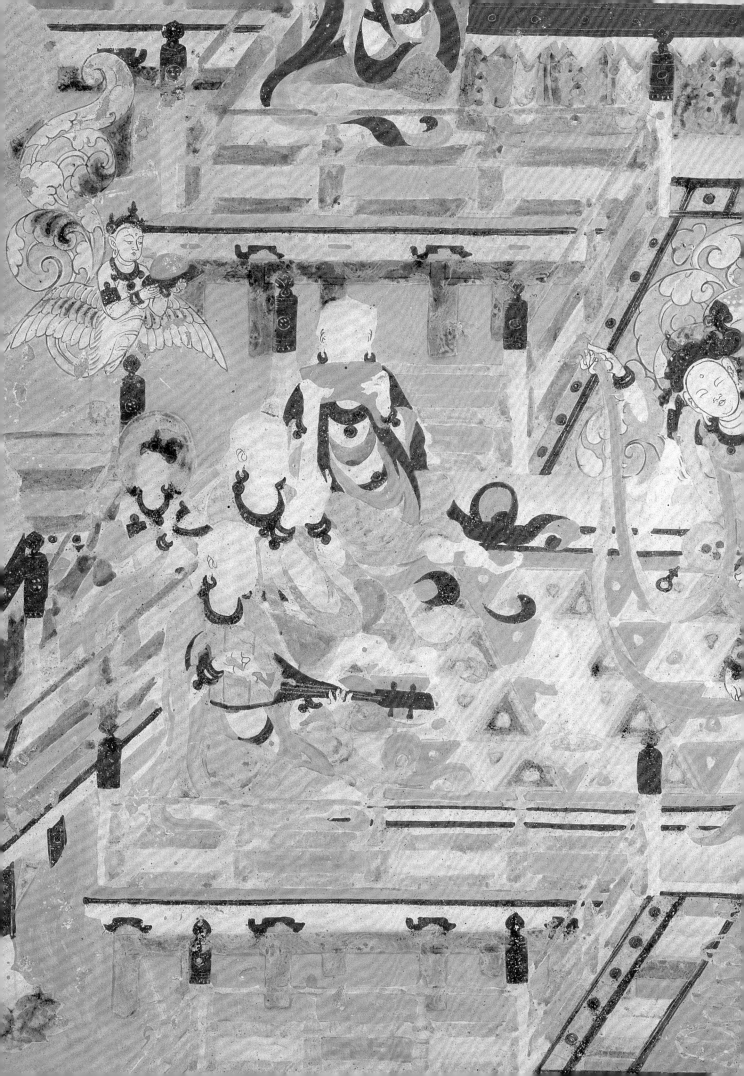

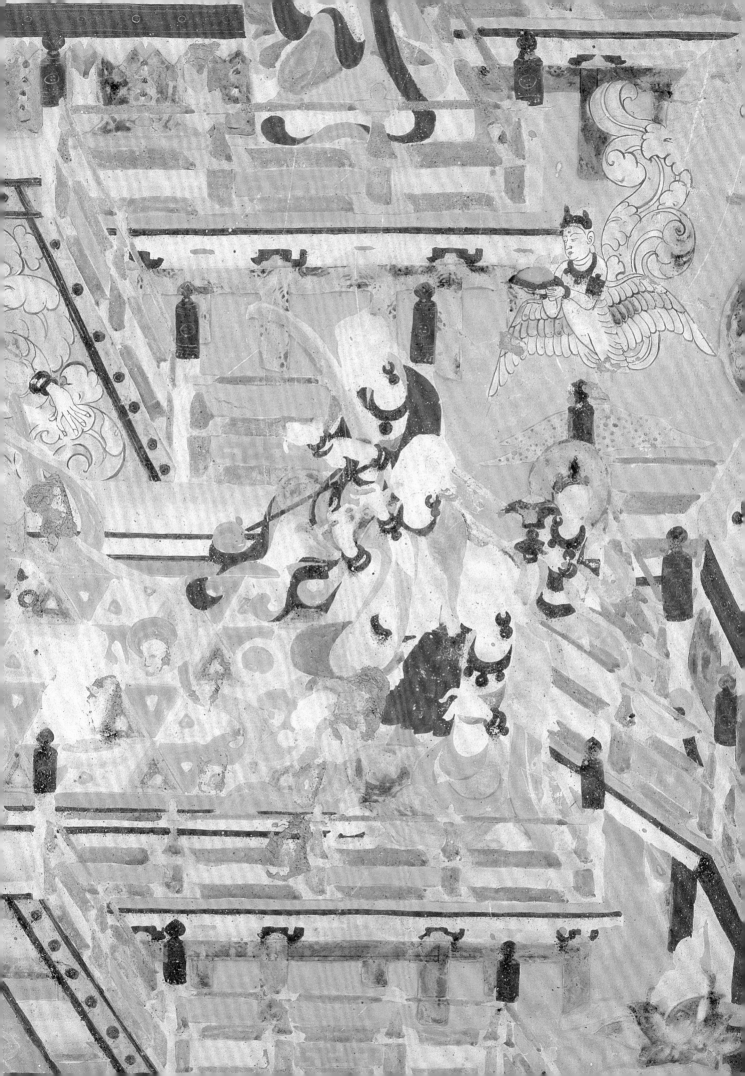

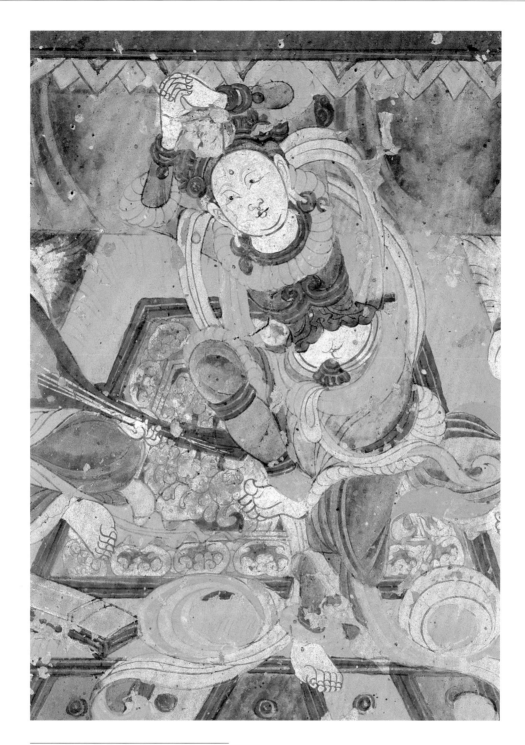

85 巾舞的停頓造型

舞者長巾環繞全身,高抬右膝,十指交
叉,高舉頭頂,可能是舞巾旋轉後的一
個停頓造型。舞伎面部豐滿,體態較粗
壯。

中唐 莫112 北壁

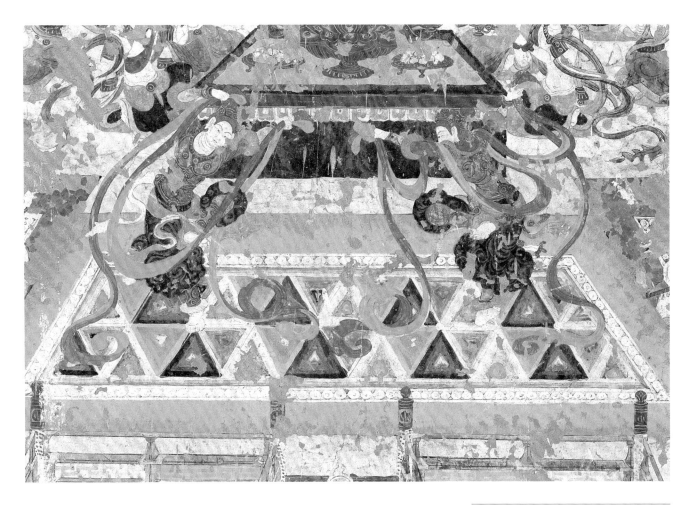

86 相互呼應雙人巾舞

二舞伎，一正，一背，均一腿盤跨，向
前傾身，雙臂舉巾而舞；動作姿態相互
呼應，彼此配合。

中唐 莫159 南壁

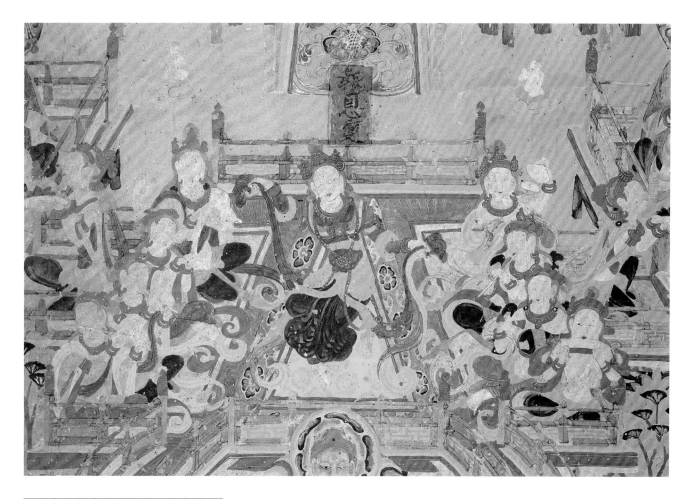

87 披巾後垂的巾舞

舞伎斜張雙臂，執巾起舞。舞伎所披綢
帶似稍短，低垂於身後，與長巾飛揚或
長巾環繞不同。綢帶的動勢，反映出舞
姿舒緩沉穩。

晚唐 莫12 東壁

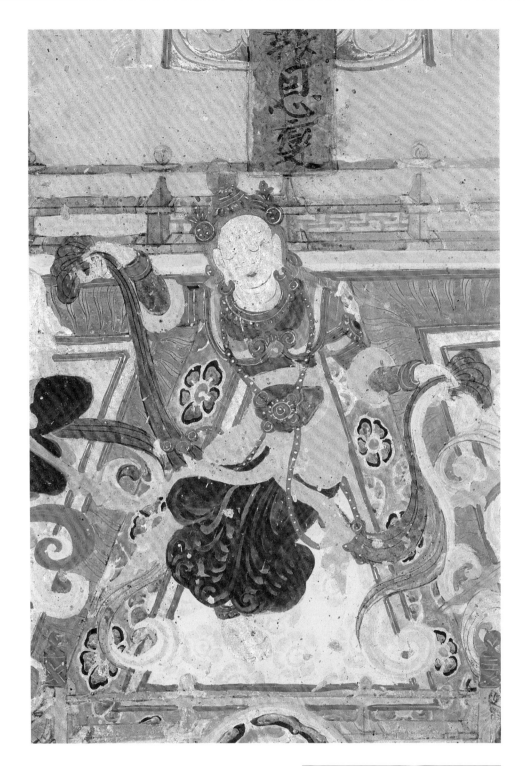

88　舞伎特寫
晚唐　莫12　東壁

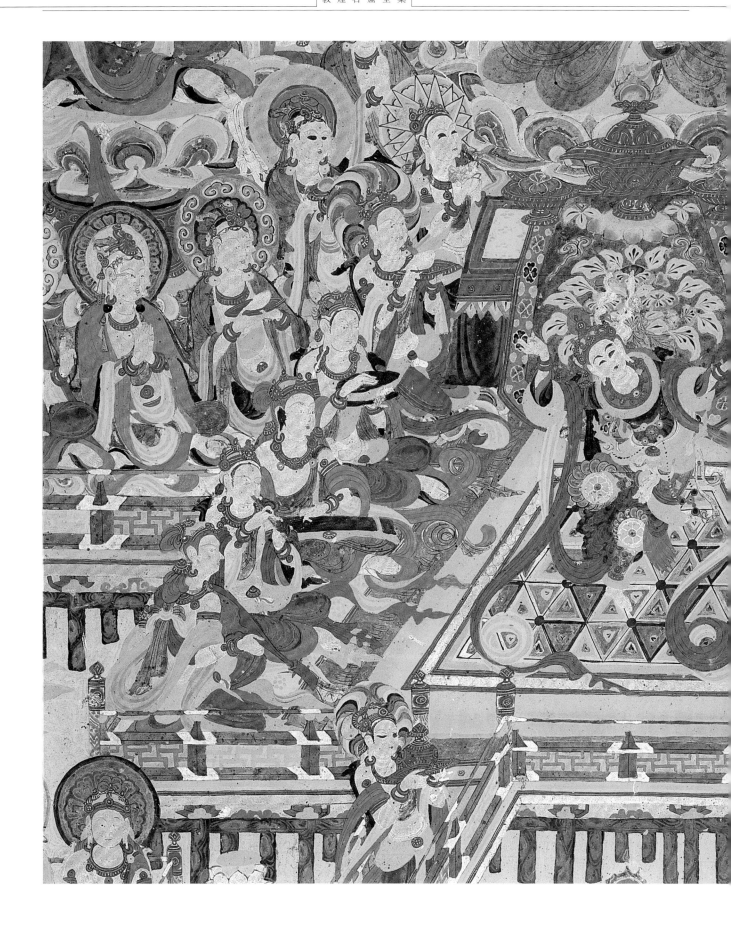

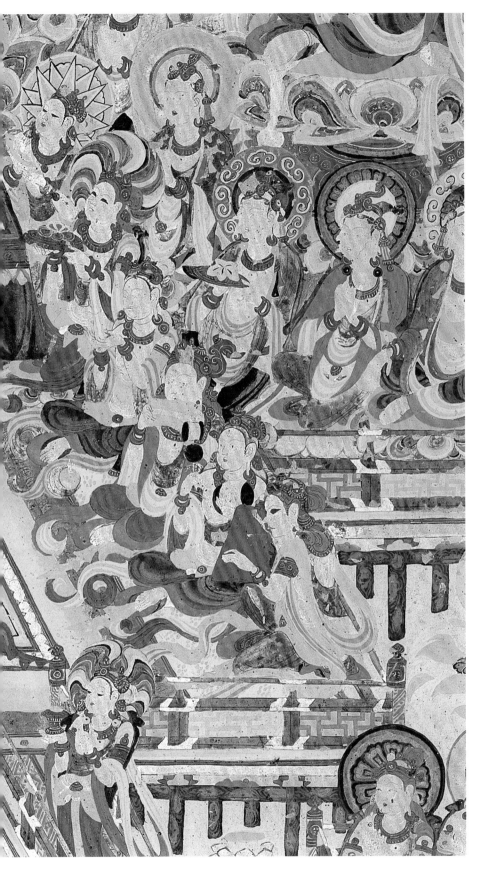

89 攤掌類順風旗舞姿

八個樂伎分列兩旁，舞伎雙臂長巾裊繞，雙手“攤掌”，並作類“順風旗”姿而舞。舞伎頭部後畫面，是一供桌上的繁花錦筵。

晚唐 莫12 南壁

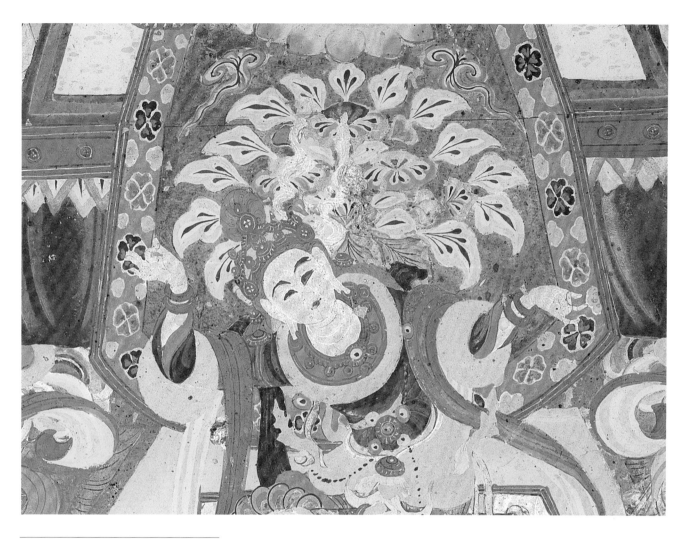

90 攤掌類順風旗舞姿特寫

晚唐 莫12 南壁

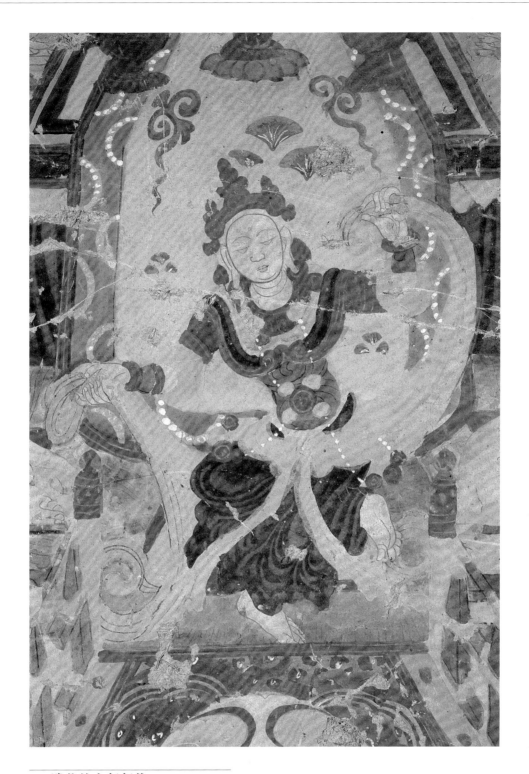

91 端莊的巾舞舞伎

舞伎頭飾成"山"字形狀，服裝突出其
寬肩細腰的窈窕身姿。左腿曲立，右腿
盤跨，雙手執巾而舞，舞態端莊、沉
穩。

晚唐 莫14 中心柱

92 大樂隊伴奏的巾舞獨舞 見下頁▶

在十六個樂伎組成的較大樂隊伴奏下，
一舞伎立於中間方舞毯上翩然起舞。唐
代許多大型宮廷樂舞，奏樂起舞者甚至
多達幾百人。敦煌壁畫中所出現的十餘
人的樂舞組合是唐代宮廷大型樂舞的縮
影。

晚唐 莫85 南壁

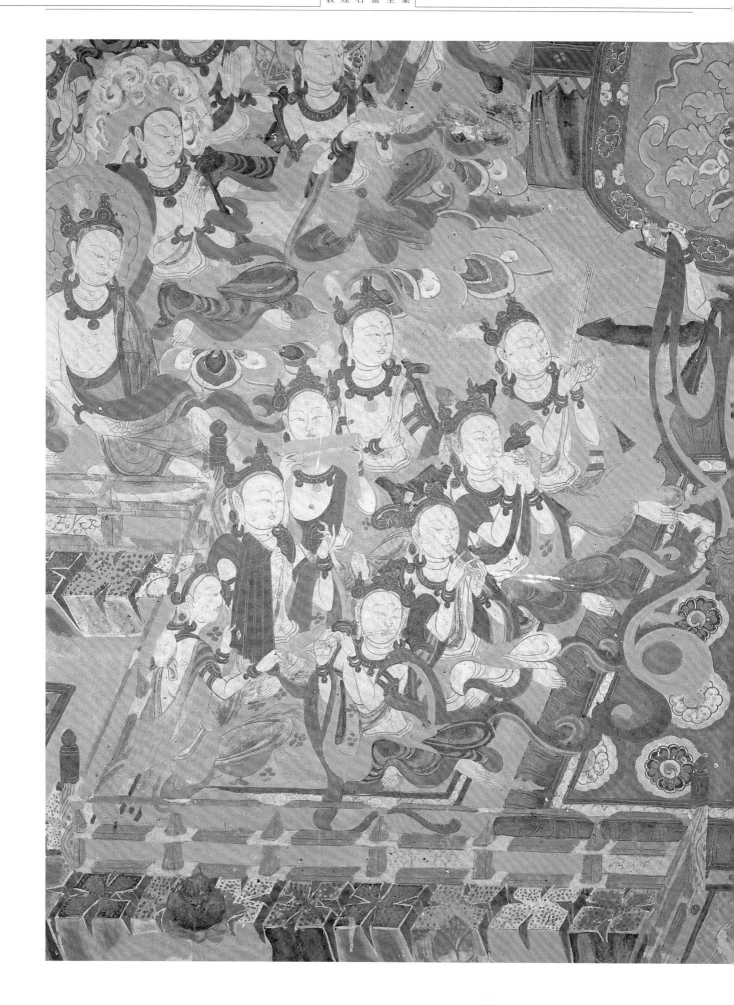

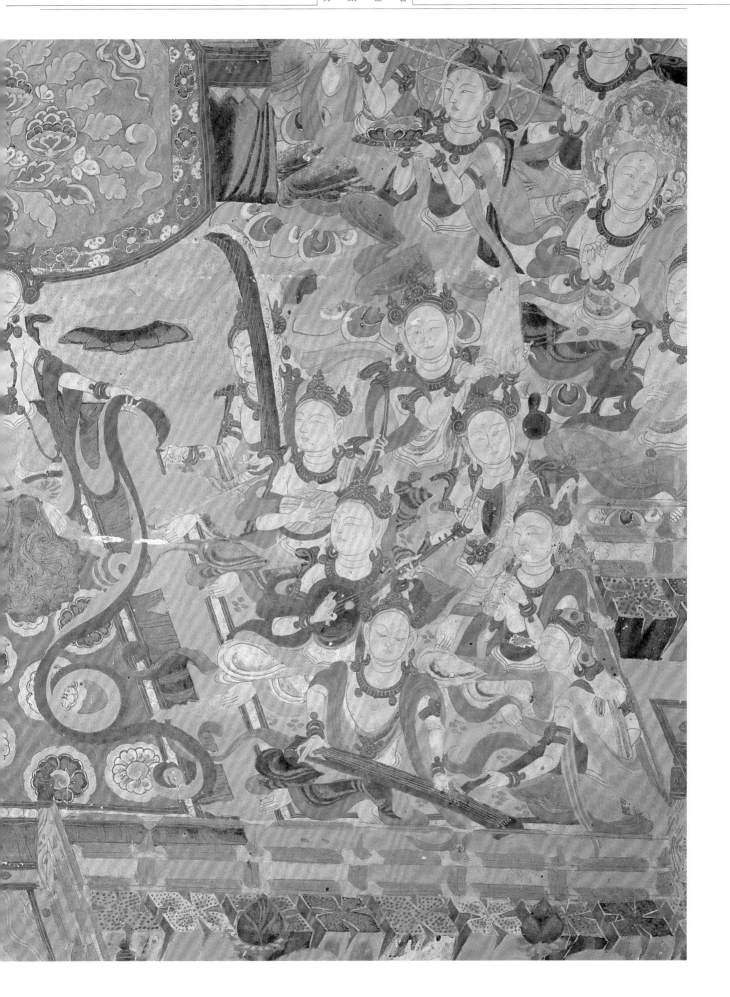

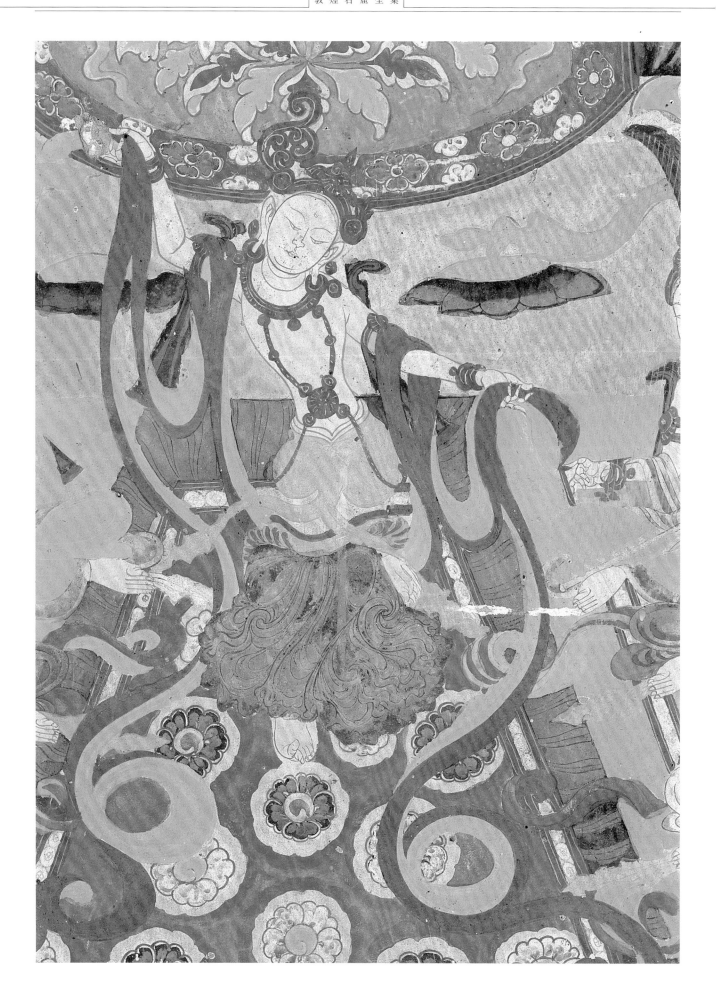

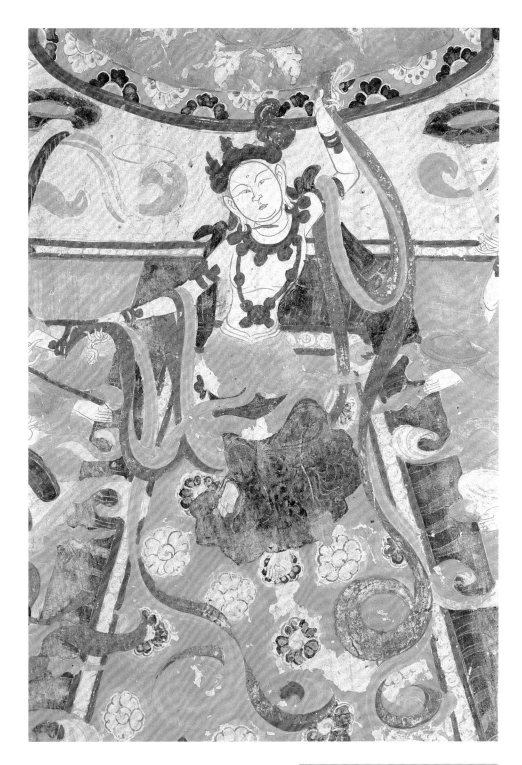

94 巾舞舞伎

舞伎服裝、頭飾及舞姿與上圖同,方向相反。兩圖同位於85窟,一南一北,亦可能有相互呼應之意。

晚唐 莫85 北壁

93 巾舞舞伎特寫

舞伎雙臂挽搭長巾,右臂舉,左臂展。微低頭,稍傾身扭腰,其右高左低的頭飾,更清晰地襯托出"S"形體態,增加了扭、傾的動勢。舞伎視線向下,更添典麗情態。

晚唐 莫85 南壁

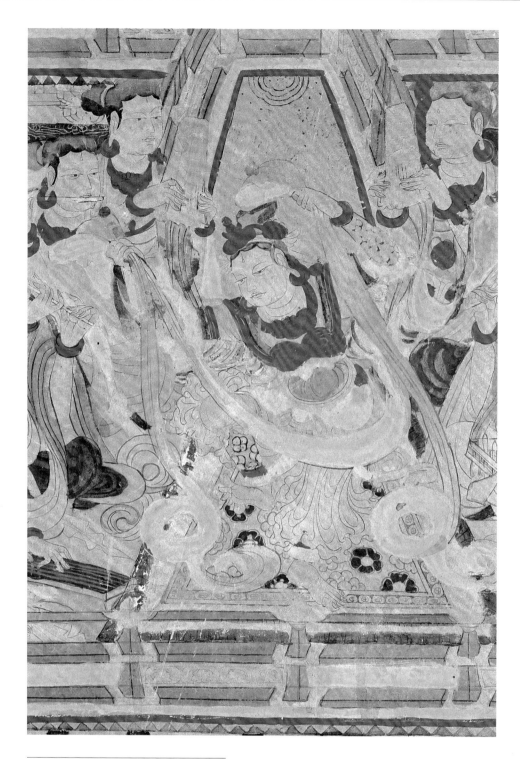

95 舉巾舞伎

舞伎上身前傾，右腿曲膝抬提，雙手高
舉，執巾而舞

晚唐 莫108 南壁

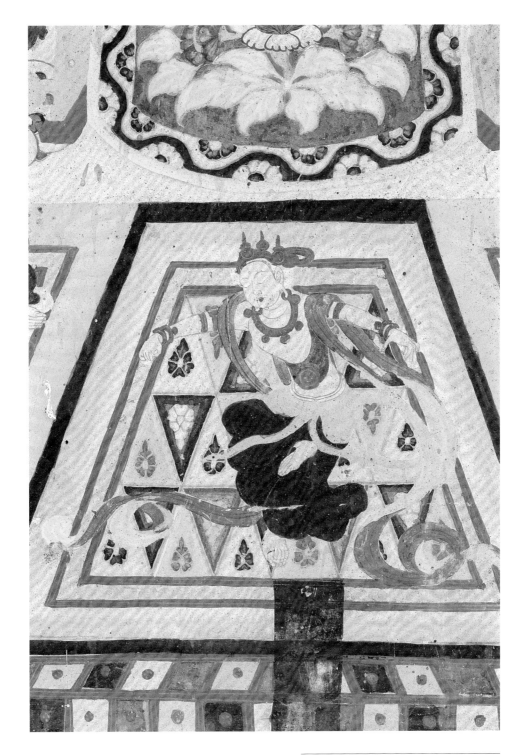

96 剛柔兼具舞長巾

舞伎立於方舞毯上，右腿盤跨於左腿膝
上，長巾繞肩，舒捲下垂。雙臂大開平
張，舞姿柔中帶剛。

晚唐 莫156 南壁

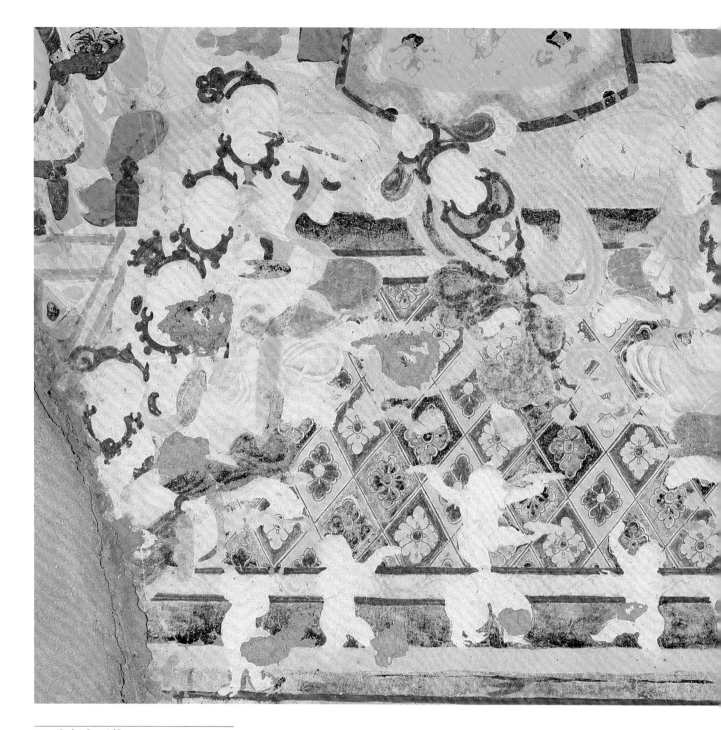

97 巾舞與百戲

在一大方毯上，由八個樂人伴奏，中一
舞伎，雙手相握（或合十，或彈指），
高舉至頭頂，傾身勁舞；長巾繞身，向
左飄拂。樂舞畫面下，是六個耍盤、下
腰演"百戲"的童子。"百戲"是包括
音樂、舞蹈、雜技、武術、魔術等多種
民間技藝的綜合性演出形式。漢代許多
舞蹈都有技藝並重的特點，這與百戲這
種多種技藝綜合串演，相互影響演出的
形式有關。

晚唐 莫361 南壁

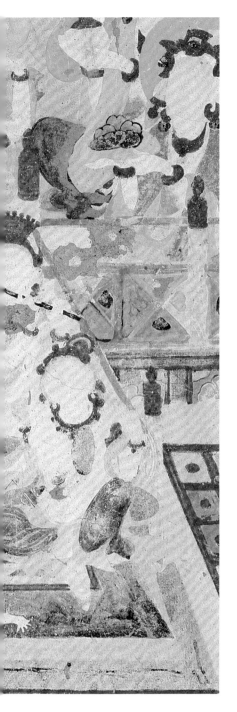

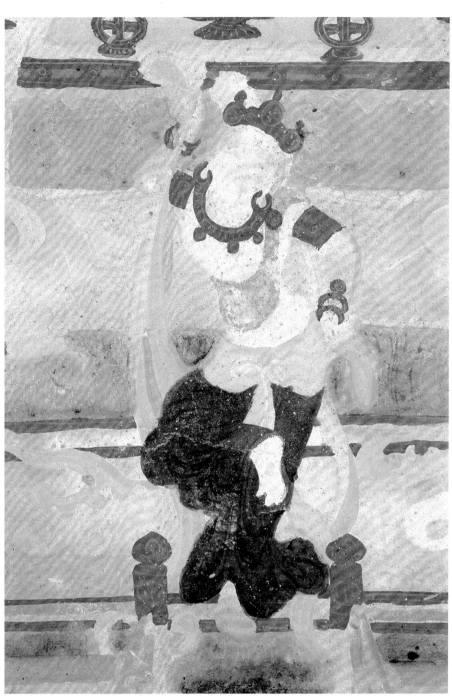

98 典型的"S"型舞姿

舞伎豐胸細腰，巾帶繞肩下垂，右手
"托掌"，左手作"提襟"姿；頭部左
傾，向右前挺胸，胯及臀部向左側突
出。全身線條呈"S"形，充分體現出
"三道彎"的妙曼舞姿。

晚唐 莫370 北壁

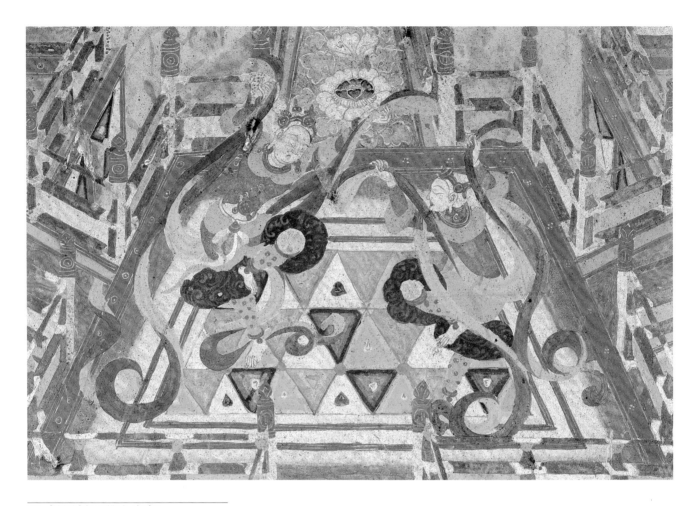

99 揚眉低目雙人巾舞

二舞伎成斜線立於方毯兩角，一正一背，二伎均執巾高舉雙臂，長巾蔓捲。左上角舞伎揚眉開朗，右下角舞伎低眉含蓄。

晚唐 莫156 南壁

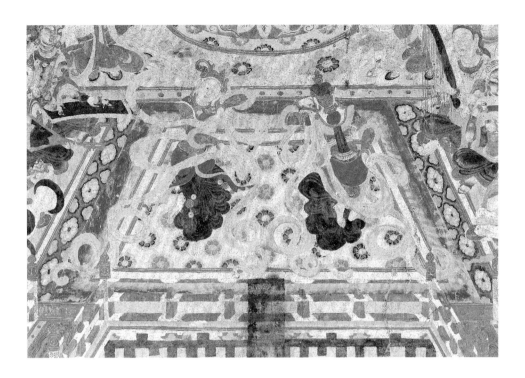

100 雙人巾舞的 "8" 字綢花

二舞伎頭飾、服飾、舞姿各異。左一舞
伎正面,左臂提肘,手腕置於腮邊,右
手向左下方揮巾舞 "8" 字綢花;右腿直
立,左腿後掀。右一舞伎背身,左手舉
至耳邊,右手背於身後;右腿直立,左
腿後掀。二伎均傾身向內,舞韻柔婉。
舞姿畫面既協調,又有變化。
晚唐 莫156 北壁

101 亦步亦趨雙人巾舞

二舞伎相對舞巾,左一舞伎正面,似正
欲向前。右一舞伎側面,正對左一舞
伎,似正追隨其舞步,長巾向後飄拂,
更襯托出輕急的步態。
晚唐 莫156 北壁

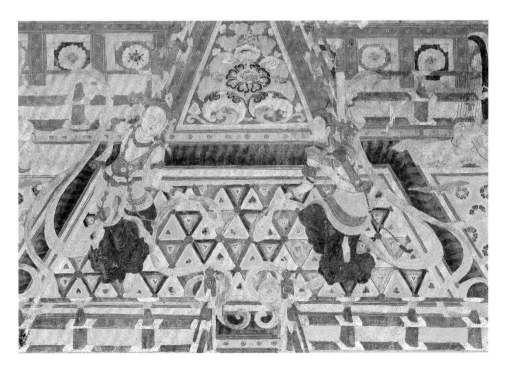

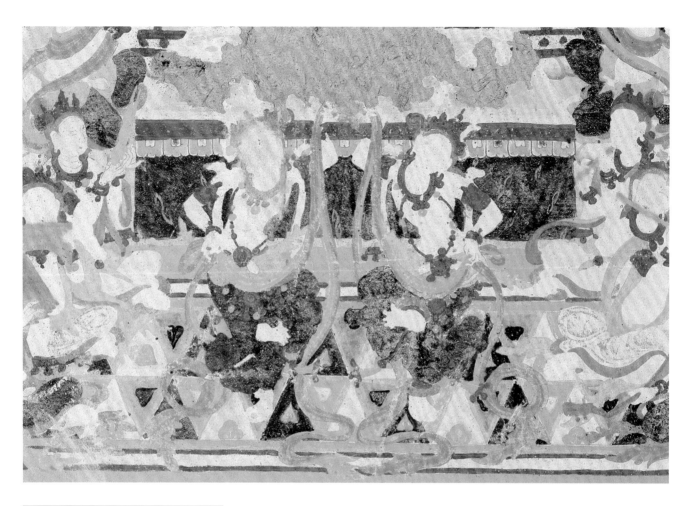

102 西域風格雙人巾舞

六個樂人，分列兩旁，二舞伎執巾對稱
起舞，手姿身態完全一致；傾頭、出
胯、跨腿，形成明顯的"三道彎"體
態，有較濃厚的西域舞風。

晚唐 莫361 北壁

第三節　經變畫上的天宮樂舞——腰鼓舞和琵琶舞

不同的舞具，往往是形成不同舞蹈形式和風格、韻律的決定性因素。古有"不舞不授器"之說，執舞具而舞是中國固有的傳統舞蹈形式。在唐代敦煌經變畫中的天宮樂舞，大多執舞具而舞。除了最常見的巾舞之外，還有腰鼓舞和琵琶舞。腰鼓和琵琶均為傳自少數民族的樂器，以這兩種樂器為舞具的舞蹈形式在唐代史籍中鮮見記載，但在壁畫中卻頻繁出現，這是畫工獨具匠心的藝術創造，也反映出當時敦煌，乃至整個唐代中西樂舞交流的情況。

擊腰鼓而舞

"腰鼓舞"之名在目前所見到的古文獻中尚未見記載。在唐代，腰鼓多作為樂器。如《舊唐書·音樂志》載：隋唐時代著名的宮廷宴樂——《九部樂》、《十部樂》中的《西涼樂》、《高麗樂》、《疏勒樂》、《高昌樂》，都用腰鼓作為伴奏樂器。在墓室舞俑、舞蹈壁畫等目前所見到的唐代文物中，也未發現拍擊腰鼓而舞的形象。但在敦煌經變畫的天宮樂舞中，"腰鼓舞"形象卻十分多。伎樂天所佩帶的腰鼓兩端大，中間鼓腰細，與今天民間舞《腰鼓舞》所用的形如冬瓜的腰鼓不同，稱為細腰鼓更確切。細腰鼓作為舞鼓，可能有十分悠久的歷史。青海省民和縣出土的彩陶鼓，是新石器時代的文物，距今已有5000年左右的歷史。鼓中部較細，一端較大，一端稍小。兩端鼓身部位，各有一環孔，明顯是用來繫繩掛身上的。這種鼓便於一面拍擊，一面舞蹈，至今仍被中國部分少數民族所沿用。

壁畫中的腰鼓舞伎樂天所用腰鼓大小不一，有的掛在腰間或腹前，也有的高掛胸前。舞伎姿態大多是立腿微曲，一腿曲抬，膝與腰齊作"端腿"姿；腳拇指用力翹起；雙臂平展，奮張手指，作用力擊鼓狀。特別是榆林窟中唐第25窟南壁觀無量壽經變中央有一樂舞場面，舞者一人上身裸露，戴項圈、瓔珞、臂釧、手鐲，手挽長巾，在方形"舞筵"上起舞。肩上掛腰鼓，伸展雙臂張開五指作擊鼓狀；吸提左腿作騰跳之勢；長巾隨節奏回轉流動；舞姿矯捷健美，富有動感。與兩側奏樂者相配合，整個畫面生動和諧，雖為娛佛形象，卻是真實樂舞的生動反映。

第158窟的"涅槃經變""外道謗佛"的畫面中，在歡呼跳躍的人羣中有一拍擊腰鼓起舞的人，生活氣息濃厚。擊鼓而舞的舞蹈形式至今流傳在中國的各地民間舞中，如山西的"花鼓"、藏族的"熱巴鼓舞"、陝西安塞的"腰鼓"、朝鮮族"長鼓"等。可見唐代的"腰鼓舞"雖不見文獻記載，卻是當時流行的一種舞蹈形式，而且一直演變、發展，流傳至今。

彈琵琶而舞

琵琶是由西域傳入中原的一種樂器，與秦漢時代中原的彈撥樂器弦鼗(後稱阮、秦琵琶) 一起不斷被改造，演奏技法不斷完善。到唐宋時代，琵琶在眾多的樂器中佔有獨特地位，是既能獨奏，又能伴奏的重要樂器。在敦煌壁畫天宮樂舞的場景中，出現了許多執琵琶而舞的形象。如盛唐第172窟、中唐第231窟、360窟、112窟及晚唐第12窟等都有琵琶舞，特別是第112窟的反彈琵琶圖更是聞名於世。

在壁畫的天宮琵琶樂舞中，舞伎大多反彈琵琶而舞。其舞姿多為：上身微向前傾，琵琶反背於頸後，左臂伸直握弦，右臂曲於音箱，一腿微曲，一腿曲抬，作"端腿"姿。反彈琵琶舞造型獨特，舞姿優美，深受人們喜愛，因而頻繁出現在天宮樂舞中。唐代表演性舞蹈中雖未見有彈琵琶起舞的文獻記載，但

在唐人王建《賽神曲》中有："男抱琵琶女作舞，主人再拜聽神語……但願牛羊滿家宅，十月報賽南山神……"的詩句，這反映出當時巫師在驅魔祈願時，確實有使用琵琶的習俗。此外在敦煌壁畫表現民間風俗的畫面中，多處出現女巫彈琵琶作舞的場面，可知當時生活中確有邊彈奏琵琶邊舞蹈的情況。敦煌壁畫中反彈琵琶而舞的形象，在中唐以後大量出現，很可能與吐蕃統治敦煌時期有關。西藏定日地區至今還有反彈四弦琴舞蹈的形式，吐蕃佔領敦煌後，可能將這獨特的舞蹈帶到了敦煌。

需要指出的是，琵琶如果作為樂器，反彈的姿態是不便於演奏的。琵琶作為舞具，其奏樂的功能大大削弱了。然而舞者反彈琵琶的舞姿，既是一種獨特的舞蹈造型，又可顯示出舞者高超的技藝，別有一番風韻。

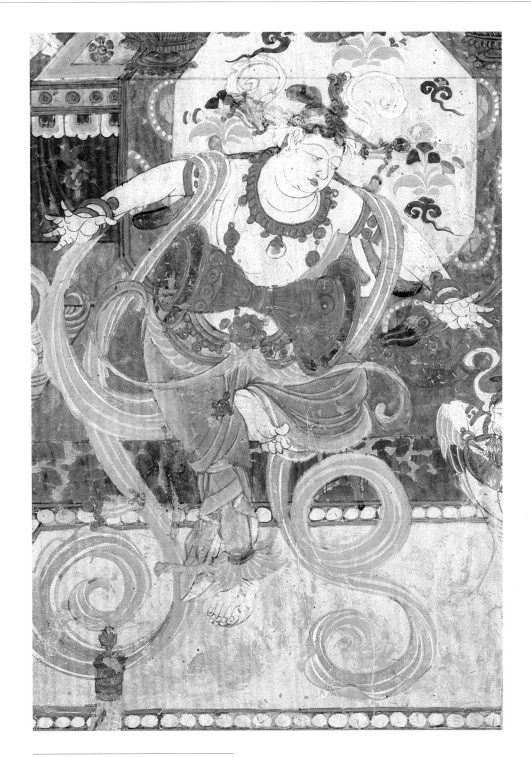

103 腰鼓舞特寫

舞伎披巾,向左傾身,雙臂平展,十指
大張,正欲拍擊掛在腰間的形制較大的
腰鼓;左腿曲盤,腳姆指都用力翹起,
似乎正集中全身的力氣擊鼓。
中唐 榆25 南壁

104 剛健有力的腰鼓舞　見下頁 ▶

一身材粗壯的舞伎立於方毯上,在八個
樂伎的伴奏下,正擊鼓而舞。整個畫面
十分鮮艷、清晰。
中唐 榆25 南壁

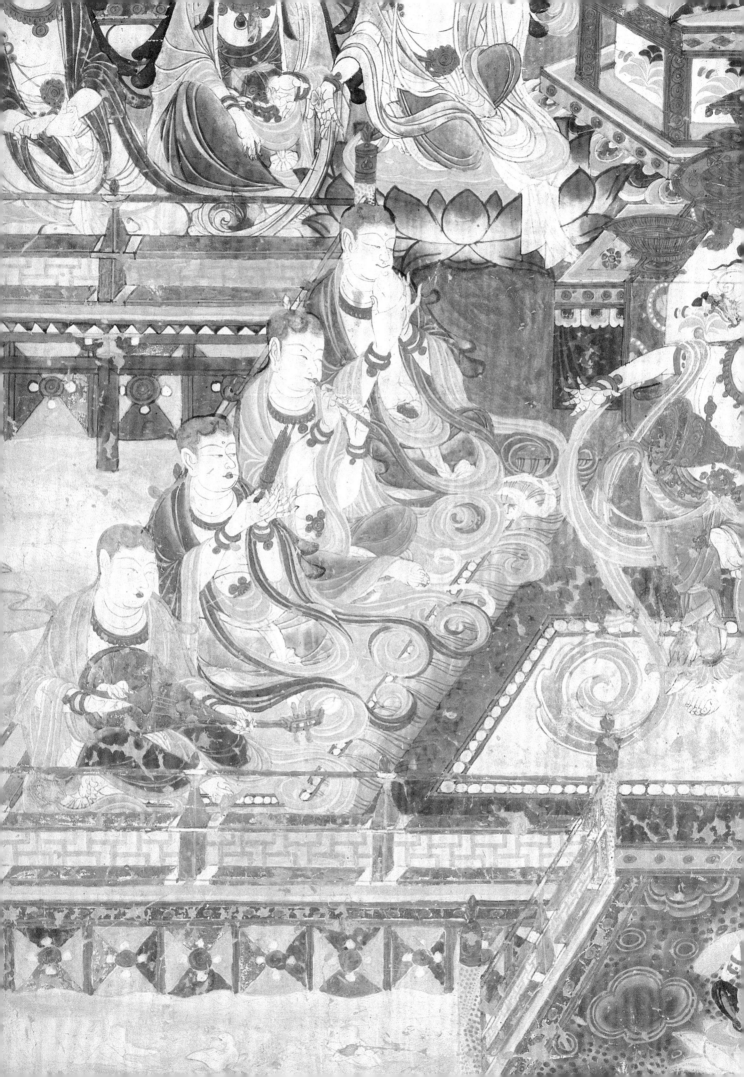

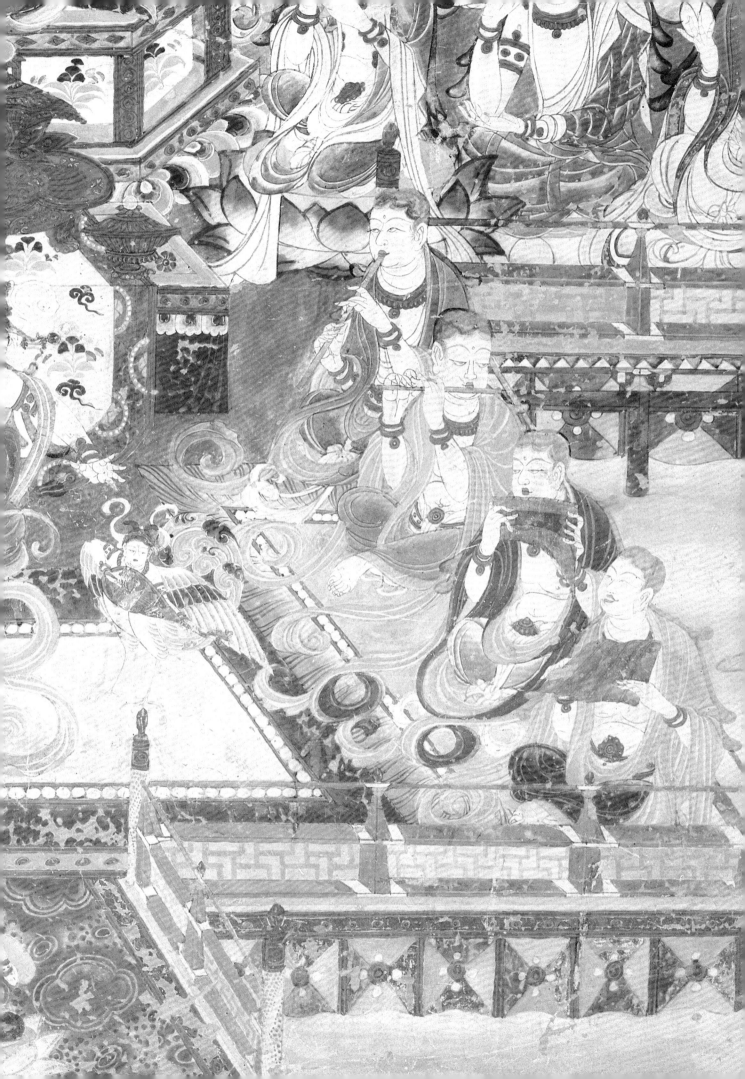

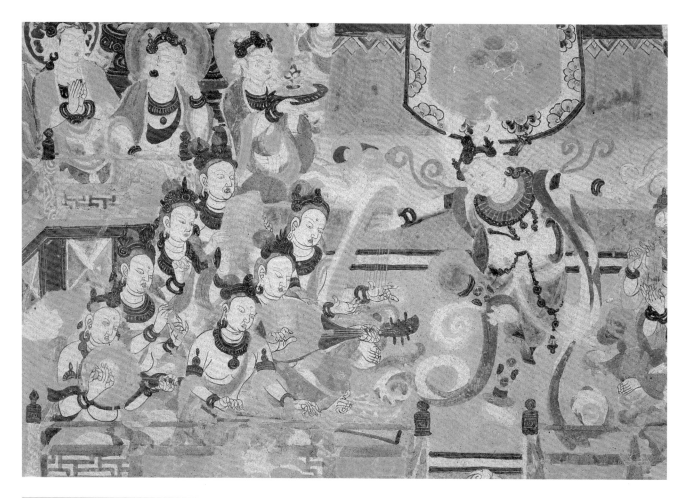

105 披巾擊鼓而舞

一舞伎披巾，腰間掛腰鼓，欲擊鼓而
舞。腰鼓是西域樂器，故壁畫中的腰鼓
舞多剛健有力，帶有西域舞風，不同的
是，唐代西域多穿靴而舞，而壁畫中的
舞者均赤足起舞，反映出佛教藝術與現
實生活的差異。

中唐 莫360 北壁

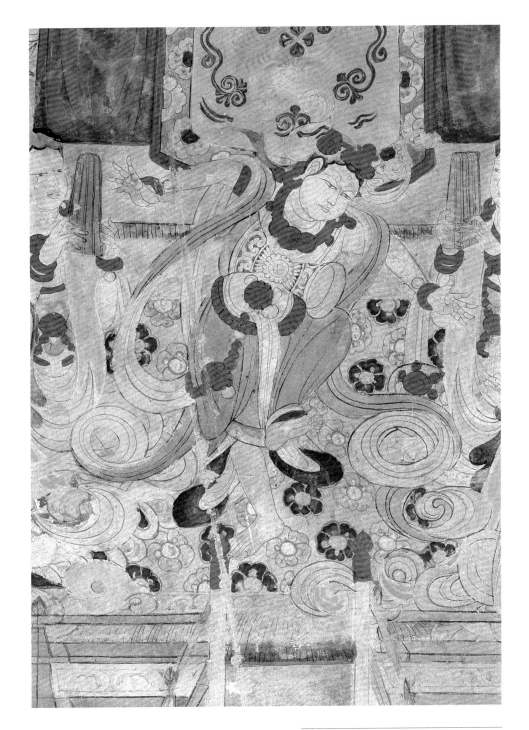

106 胸鼓舞

舞伎披巾、展臂、張手指、曲膝高提等
姿，與其他腰鼓舞圖無異。不同之處是舞
伎氣質剛健；鼓形稍大，紋飾清晰，掛鼓
位置向上至胸前，有如今山西花鼓舞胸前
掛鼓的樣式。

晚唐 莫108 南壁

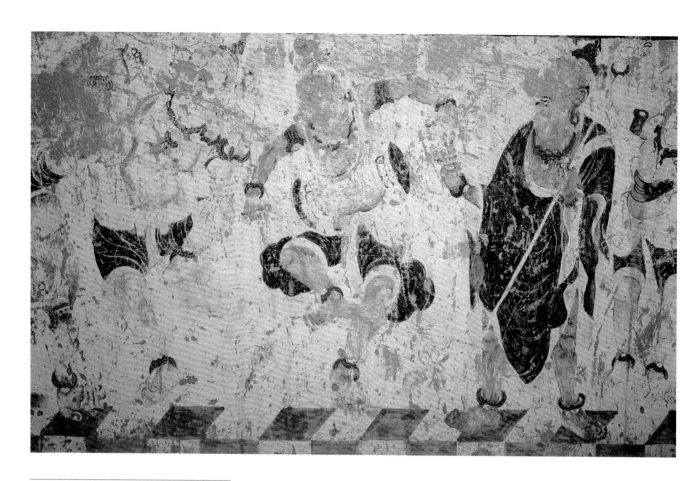

107 "外道謗佛"中的腰鼓舞

外道欣聞佛涅槃,興奮得手舞足蹈,那
張臂抬腿奮擊腰鼓的姿態,當是生活中
可見的舞姿。與經變畫中的腰鼓舞十分
相似,反映出這一舞蹈形式源自現實舞
蹈生活。

中唐 莫158 佛壇下面右側

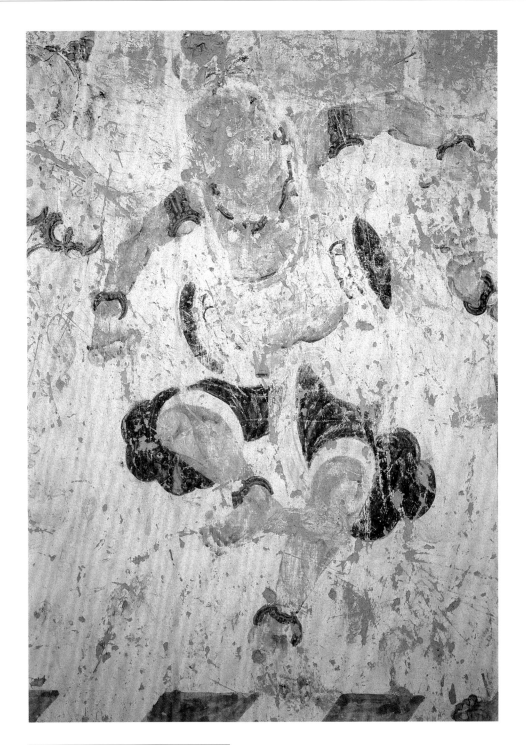

108 腰鼓舞姿特寫

中唐 莫158 佛壇下面右側

109 反彈琵琶舞姿 見下頁 ▶

這是唐代敦煌最著名的一幅反彈琵琶舞
蹈場面。六個樂伎，分列兩旁，中一舞
伎，上身向右前傾；左腿曲立，右腿曲
膝，高提大腿，腳部上勾，姆指用力翹
起；肩披長巾，反背琵琶於腦後，左手
按弦，右手曲於音箱後撥弦。舞姿矯捷
俊美。反彈琵琶可能是藏族特有的舞蹈
形式，在中唐敦煌壁畫中出現，可能與
這一時期吐蕃統治敦煌有關。

中唐 莫112 南壁

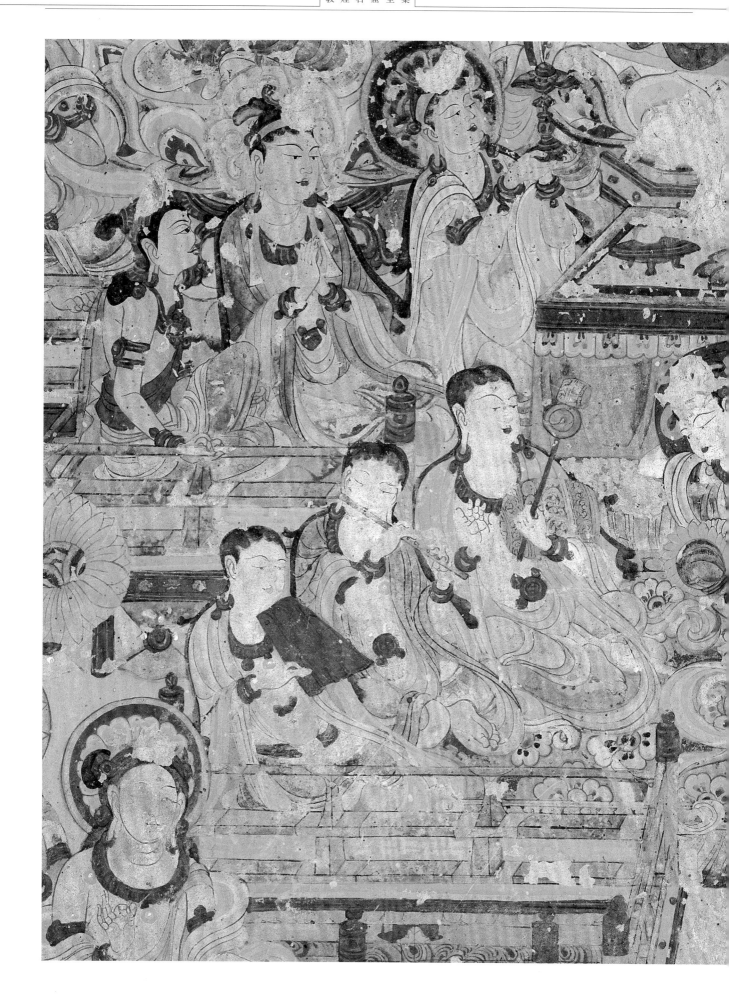

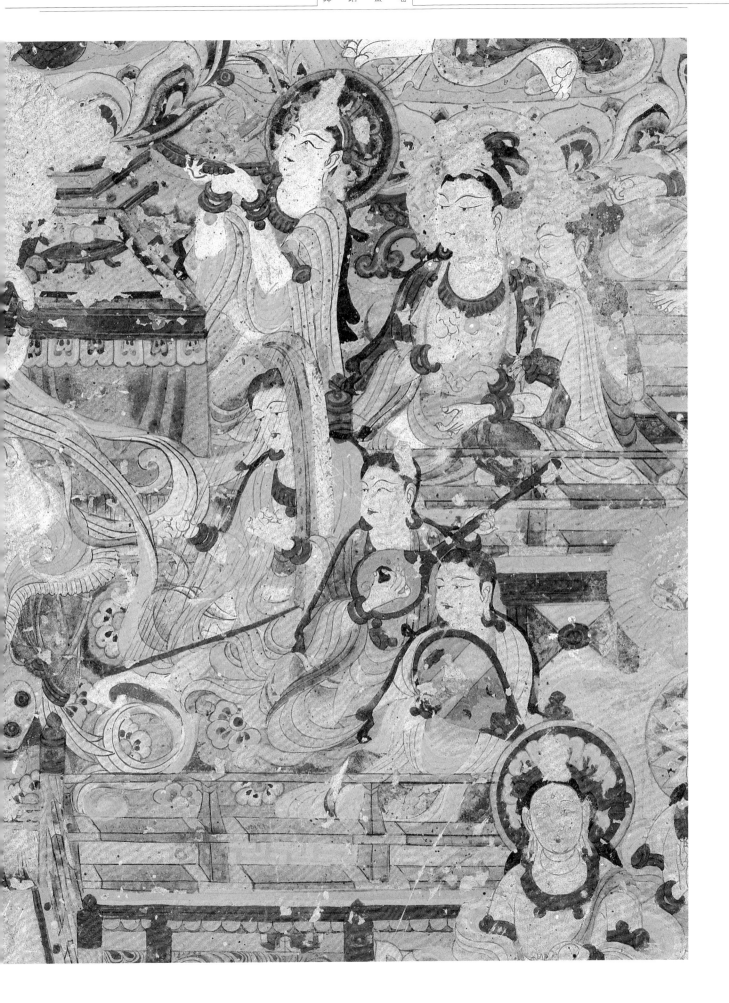

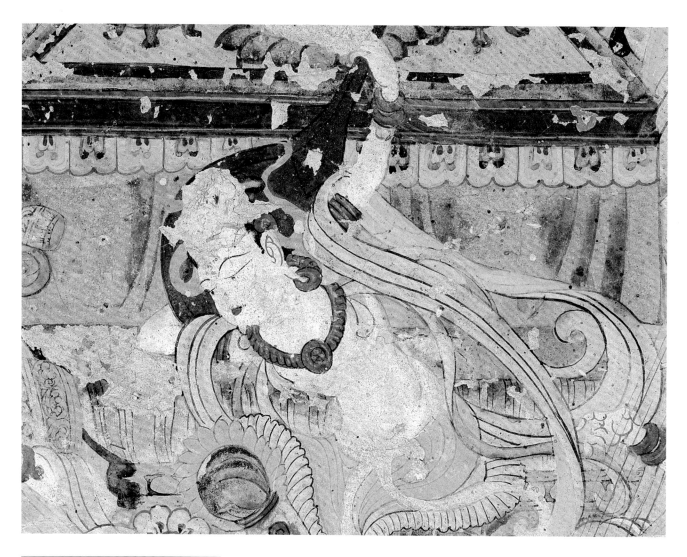

110 舞伎反彈琵琶特寫

圖中舞伎高髻雲鬢的髮式、豐腴的面部
和溫婉柔和的表情是典型唐代婦女的特
徵。

中唐 莫112 南壁

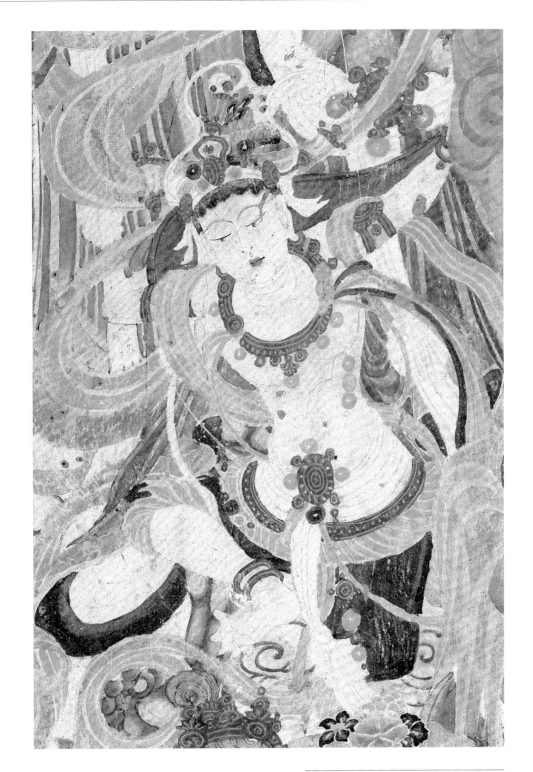

111 盛裝的反彈琵琶舞伎

舞伎寬胸細腰，面部豐滿秀麗，盛妝打
扮，頭飾、項圈、臂環、腰飾、腳環齊
全華麗。右腿曲膝高抬，反背琵琶於腦
後，作彈撥狀。長巾捲曲飛揚於全身上
下，不是舞巾流動的紋飾，而是一種表
現飄逸意境的裝飾花紋。

中唐 莫159 西壁佛龕北側

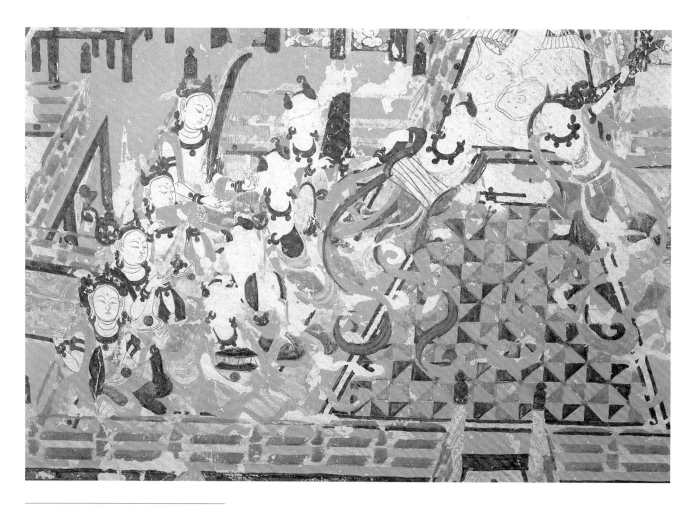

112 擊長鼓與反彈琵琶對舞

在樂隊伴奏下，二舞伎，一反彈琵琶，
一擊大腰鼓，相對起舞。鼓形可堪注
意，鼓身長，大形鼓皮用繩拉緊，與今
朝鮮族《長鼓舞》所用鼓相似。

晚唐 莫85 南壁

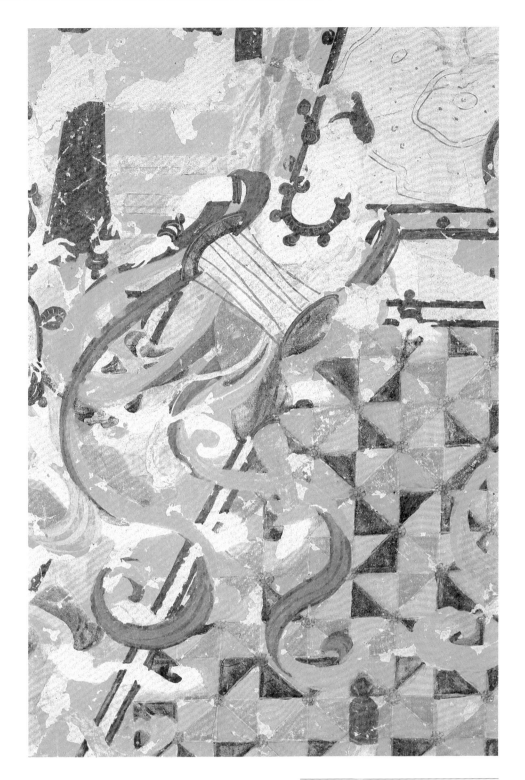

113　擊長鼓舞伎特寫
晚唐　莫85　南壁

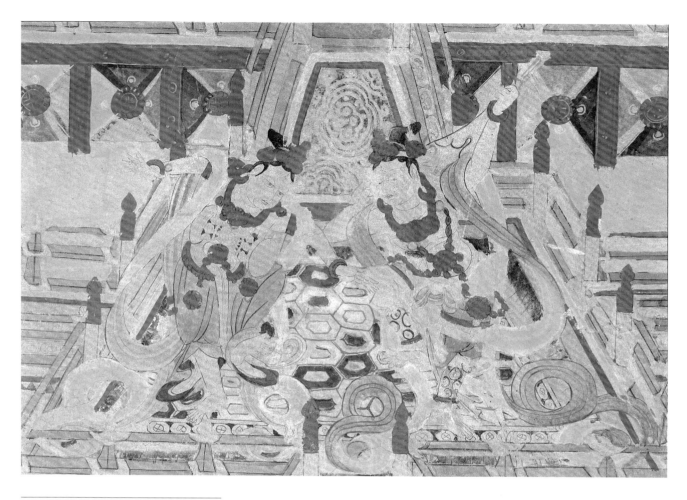

114 擊腰鼓與反彈琵琶對舞

舞伎身材較矮壯，腰鼓形制較大，高掛
胸部。身披捲揚長巾，並非用於舞蹈，
只是增添仙意。

晚唐 莫108 南壁

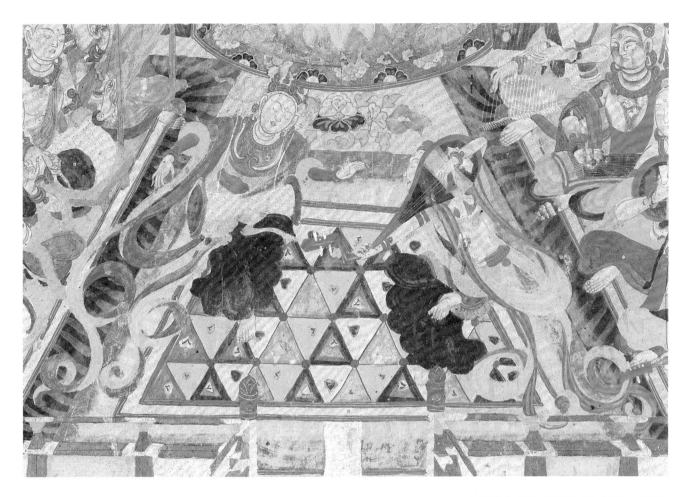

115 擊長鼓與彈琵琶對舞

左一舞伎披巾，掛大腰鼓於腰間。雙臂
舒展，手姿秀美，正欲拍鼓；右腿微曲
而立，左腳掩在長裙下，可能作“掖
腿”或“踏步”姿；低頭傾身，表情溫
婉。鼓身長度，似與今朝鮮族的《長鼓
舞》的鼓相近。右一舞伎作半蹲身姿，
倒執琵琶半遮面，似乎正合着悠揚的樂
聲，十分投入地舞蹈。

晚唐 莫156 南壁

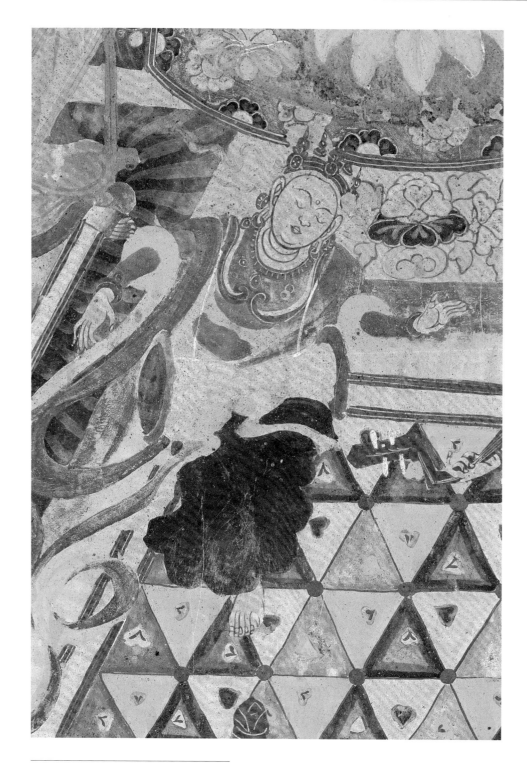

116 擊長鼓舞伎特寫

晚唐 莫156 南壁

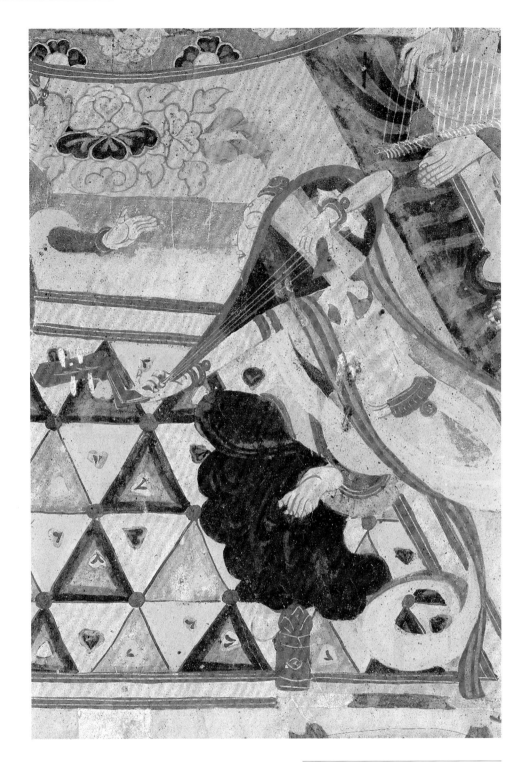

117　彈琵琶舞伎特寫

晚唐　莫156　南壁

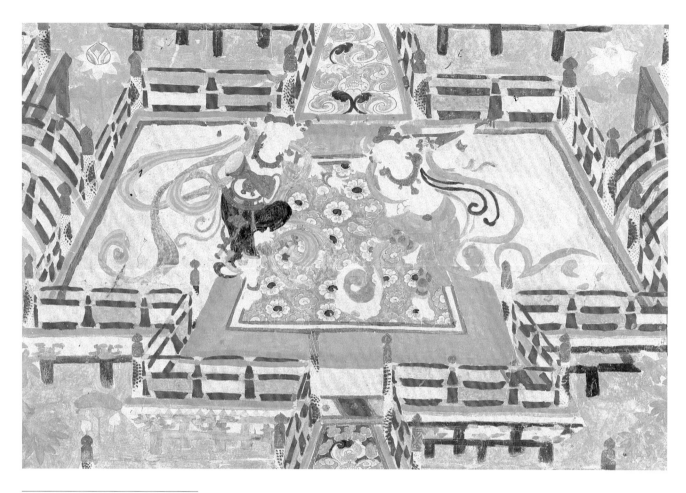

118 擊腰鼓與反彈琵琶對舞

晚唐 莫196 北壁

第四節　折射世俗生活的舞蹈壁畫

　　唐代敦煌壁畫、雕塑是為了宣傳佛教、弘揚佛法而創作的。然而，這些反映佛國世界的壁畫，其創作素材無一不來自人間現實生活，因而在敦煌壁畫中有大量反映世俗生活和民情風俗的舞蹈場景，大多為民間生活小景，主要出現於某幾種大幅經變畫或佛傳故事畫中，此外還有出行圖中的供養人樂舞。

經變畫及佛傳故事畫中的民俗舞場面

　　隋唐時期出現的大鋪經變畫中，除有體現佛國世界歡樂祥和的天宮樂舞之外，還有一些繪有故事情節的樂舞圖像。這些樂舞場面比較零散，規模不大，形式多為兩人或三人表演的小型民間歌舞，多似日常生活中的即興舞蹈；舞人服飾多為窄長袖，圓領羅衫，束腰帶，比較真實地反映出當時民間舞蹈表演的情況。從唐代敦煌經變畫及佛傳故事畫中的民俗舞場面看，大致可分為宴會嫁娶及民間宴飲樂舞、宗教祭祀舞蹈等。

（一）宴會嫁娶及民間宴飲樂舞

　　十六國時期後秦僧人鳩摩羅什譯《彌勒下生經》稱，在彌勒的世界裏，人的壽命是8萬4千歲，"女人年五百歲，爾乃行嫁"。敦煌壁畫所繪的彌勒經變畫中有反映此內容的畫面。據統計敦煌壁畫中共繪有46幅婚嫁圖，唐代是這一題材壁畫最多的時期，有35幅。這些描寫臆想佛國世界500歲女子出嫁的壁畫，不僅是當時社會婚嫁習俗的真實再現，也是研究古代民間舞蹈的珍貴資料。

　　盛唐第445窟的婚嫁場面中的樂舞極具代表性。這幅嫁娶圖民間生活氣息濃厚，對研究當時的民俗有很高的學術價值，故一向為學者所重視。畫面上的婚禮場面盛大：青廬帳前正舉行婚禮，新娘盛裝站立，新郎正在跪拜，賀客數人圍坐宴飲，還有樂舞助興。在五人伴奏下，一着袍舞者，側身背向觀眾，一手在上一手在下，一足正在欲踏未踏之間，舞姿優美和諧。其服飾和舞姿風格與南唐名畫《韓熙載夜宴圖》中，王屋山舞《六么》（即唐代軟舞《綠腰》）的形態十分相似。《韓熙載夜宴圖》中舞者穿袖管狹長的天藍色舞衣，背對觀眾，從右肩上側過半邊臉來，微微抬起右腳正要踏下去。舞者做完"攪袖"的動作後，將雙手背在身後，接着好像正要從下向兩邊分開，使她的長袖飄舞起來。舞者表情含蓄嫵媚。《韓熙載夜宴圖》是一幅紀實畫，也是目前唯一一份標明時代、特定環境、舞名、舞人的舞蹈形象史料，可稱得上是舞蹈研究中的信史。第445窟嫁娶圖中舞者的服飾與舞姿風格與它如此相似，可見這個佛國世界的舞蹈形象原本也是來自當時的社會生活。

　　在敦煌壁畫中還有許多直接描寫民間生活的題材，主要繪於小幅屏風畫

上，或穿插於大幅經變畫中，多為維摩
詰經變中表現維摩詰出入酒肆、妓院、
集市，深入民間的內容，雖是佛教故
事，卻可供一窺當時的民間習俗。唐代
歌舞伎人在酒肆獻歌獻舞，為客侑酒的
風氣很盛。那情景，正如清代茶館酒樓
有說唱、戲曲等表演一樣，是民間文化
娛樂生活的一部分。中唐第360窟東壁南
側維摩詰變下屏風畫"方便品"中的宴飲
俗舞反映的正是這種藝人着常服，在酒
肆舞蹈的世俗生活。

（二）宗教祭祀舞蹈

　　舞蹈藝術高度發展的唐代，舞蹈滲
透在當時社會生活的各個層面，宗教祭
祀中的舞蹈活動也十分興盛，並逐漸向
藝術化、娛神兼娛人的方向發展。寺院
既是舉行宗教活動的場所，也是羣眾娛
樂的地方，社會各階層都可到寺院敬佛
或看戲。遺憾的是就目前所掌握的資
料，還無法斷定寺院歌舞有哪些具體節
目，但可以確定的是這些歌舞雖然帶有
宗教性質，也開始大量吸收世俗舞蹈。
《舊唐書・曹確傳》記載，唐代宮廷伶官
李可及所編大型女子隊舞——《菩薩蠻隊
舞》，在為安國寺落成而舉行的盛大迎
佛典禮上表演時，數百名宮女優美的舞
姿"如佛降生"，似仙女下凡。在敦煌遺
書中也有寺院舉行佛事活動時表演舞蹈
的記載，《董保德等建造蘭若功德頌文》
中有："白鶴沐玉毫之舞，菓唇凝笑，

演花勾於花台"等句。《鶴舞》是模擬飛
鳥的舞蹈，為中國傳統舞蹈；《花舞》本
唐代舞種之一，所謂"演花勾於花台"，
當是寺院演《花舞》禮佛、娛人。

　　在敦煌莫高窟也有一些反映宗教生
活的舞蹈場面。盛唐第23窟的法華經變
壁畫中，畫工根據方便品裏的"若使人
作樂，擊鼓吹角貝，乃至童子戲，聚沙
成寶塔"等句，繪一人於塔前翩翩起
舞，六人各執樂器席地而坐為舞者伴
舞。舞者後面是四個胖胖的兒童在齊心
協力地堆沙。這個畫面反映的可能是佛
教中所宣揚的幾種供養中的"起塔供
養"。

　　隨着整個舞蹈藝術水平的提高，唐
代民間祭祀中的舞蹈活動也開始向世俗
化方向發展。巫舞是中國民間舞蹈中歷
史最悠久，流傳最廣泛的祭祀舞。巫術
起源於原始社會早期，商周時期已設有
掌管占卜的專職官員巫師；自漢魏以後
逐漸流行於民間，並成為一種行業，出
現以此謀生的巫師，女曰巫，男曰覡。
歌舞是巫術活動的重要組成部分之一，
《靈異記》中有"於檐外結壇場，致酒
脯，呼嘯歌舞，彈胡琴"的記載。巫舞
在中國有非常久遠的歷史，且具有濃厚
的神秘色彩。到唐代，隨着舞蹈藝術的
高度發展，巫舞的神秘色彩日趨淡薄，
更加講究形式美。唐代敦煌壁畫中出現
許多巫師在治病、驅鬼、祈賽等巫術活

動中的歌舞場面。

這些巫舞場面雖然反映的是當時民間巫術活動的情況，卻也保留了豐富的民間舞蹈形象。壁畫中的女巫，頭戴花，身着唐朝服飾，手抱琵琶，隨樂起舞，似有急促旋轉或者快步舞進的動作。唐代琵琶除了是樂舞中的主要樂器外，也是祭神活動的重要樂器。巫人彈奏琵琶，有一種特殊的風格和韻味。據《樂府雜錄》載：唐代著名琵琶手段善本，在聽了康昆侖彈奏琵琶後說："本領何雜？兼帶邪聲？"昆侖驚曰："段師神人也！臣少年初學藝時，偶於鄰舍女巫授一品弦調，後乃易數師。段師精鑒如此玄妙也。"所謂"邪聲"當是巫人彈奏琵琶所帶有的獨特風格。敦煌壁畫巫舞場面中多次出現的彈奏琵琶起舞女巫，舞姿、服飾都頗有唐朝特色，可見與唐代民間巫舞有密切聯繫。

距敦煌地區很近的古涼州（今甘肅武威），巫舞賽神也頗流行。王維《涼州郊外遊望》一詩寫道：

　　野老才三戶，村邊少四鄰。

　　婆娑依里社，簫鼓賽田神。

　　灑酒澆芻狗，焚香拜木人。

　　女巫紛屢舞，羅襪自生塵。

雖然佛教是反對巫術的，但王維的詩句反映出離佛教聖地敦煌不遠的涼州，卻巫風盛行。

（三）劍舞

盛唐第154窟反映《金剛經·忍辱波羅蜜》內容的經變畫中，繪有一幅文士舞劍圖。"波羅蜜"即達到彼岸之意。此經文宣揚的是為達到彼岸，一心唸佛，任憑別人揮劍欲刺或揮拳相擊，仍忍辱專心誦經。此圖反映的雖是佛經內容，但生活氣息濃郁，其中的舞劍形象則應來源於當時真實的舞蹈生活。

中國舞劍的傳統歷史悠久。劍本是古代隨身佩帶的武器，目前發現最早的劍屬於商代，流行於西周初年，盛行於東周、漢、唐，並流傳至今。人們在用劍操練擊刺技術時，創造了多種劍術技法。其中，既有用於實戰的劍術，也有展示舞劍英姿的劍術。早在春秋戰國時代，就有子路戎裝見孔子，拔劍起舞的史實。《史記·項羽本記》也記載了劉邦、項羽宴於鴻門，項莊舞劍的史實。可知兩千多年前，劍既是武器，也是舞具。東漢以後，由於騎兵的發展，劍逐漸被刀所取代，軍事上的作用減弱，作為舞具的作用則日益顯著。隋、唐時期，劍的形制精緻華麗，成為將軍、貴族、文士青睞的佩帶飾品。劍舞在唐代風行一時，裴斐將軍善舞劍，被譽為唐代三絕之一。唐代著名民間舞蹈家公孫大娘繼承前代劍術，吸收當時舞劍技法，創作表演的《劍器舞》氣勢磅礴，膾炙人口。杜甫在《觀公孫大娘弟子舞劍器行》一詩中，用"昔有佳人公孫氏，一舞劍器動四方。觀者如山色沮喪，天地為之久低昂"的詩句生動地描述了公孫大娘舞劍器的情況。

值得一提的是，唐代在中原傳統舞劍基礎上發展起來的《劍器舞》中，還帶有西域民間風俗舞《渾脫舞》的一些音樂和舞蹈動作，反映出唐代中西樂舞的大融合。

供養人樂舞

在敦煌壁畫中除佛教題材的內容外，還有一些當時出資造窟者為求福祈願，在所建窟內彩繪的功德主（窟主）及其家屬的畫像及出行圖。在唐代的敦煌壁畫中有《張議潮出行圖》、《宋國夫人出行圖》等大型供養人壁畫；也有人數不多的供養人畫像。它們規模有大有小，但描繪的人和事皆以現實生活為藍本，其中的樂舞場面直接來自當時當地人們的音樂舞蹈生活，是研究唐代敦煌地方舞蹈難得的材料。

敦煌莫高窟第156窟是張議潮的侄子張淮深為頌揚張議潮的功德而建的。洞窟南北兩壁下部的《張議潮出行圖》和《宋國夫人出行圖》真實地描繪了唐代權貴出行時那豪華壯觀的宏偉場面。《張議潮出行圖》畫面上的主要人物形體高大，地位顯著。張議潮騎在白色的高頭大馬上，氣宇軒昂。隊伍最前面的騎兵排列整齊，旌旗飛揚 ，傳令聯絡的騎士，飛奔隊側。中部為一隊舞樂，排列形式如下：

箜篌	拍板	大鼓	舞	舞	舞	舞	銅角大鼓騎兵
笙	橫笛						
雞婁鼓	篳篥						
腰鼓	琵琶	大鼓	舞	舞	舞	舞	銅角大鼓騎兵

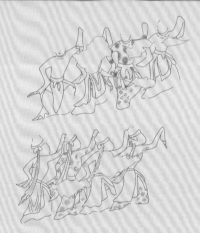

張議潮出行圖中的舞蹈場面

圖中八個舞人，分列兩行，四人一排甩長袖相向而舞。舞者斜張雙臂，頓足踏舞的姿態，頗具藏舞風韻，與今藏族舞蹈《鍋莊》舞姿相似。"鍋莊"意為圓圈舞，羌族、藏族均有類似的舞蹈。舞者邊唱邊舞，同時甩袖應節踏步，舞蹈動作有力，舞姿矯健奔放。

與"張議潮出行圖"相對的是其夫人宋氏的《宋國夫人出行圖》。其中的樂舞、百戲儀仗，隊式排列如下：

	舞	笙	拍板
戴竿	舞	橫笛	鼓
橫笛	拍板	舞	琵琶
大鼓	舞	簫	腰鼓

（原壁畫剝落不清，樂器按摹本定，個別可能不太準確）

　　女舞伎四人，身穿裙襦，披巾，着雲頭鞋，是典型的唐代中原服裝。舞者分站四方，長裙逶地，舉袖抬足而舞，舞姿優美。既含中原長袖舞的特點，又帶西藏《弦子舞》風韻。《弦子舞》是藏族代表性舞蹈之一，相傳是文成公主入藏時帶去的，至今仍是西藏地區廣為流傳的民族舞蹈。其特點是飛舞長袖，踏足張臂，舞姿舒緩，典雅優美，此舞可能是漢、藏樂舞藝術融合的結晶。在藏族先人——吐蕃統治敦煌時期，此舞在當地或有流傳，其後乃反映在壁畫上。

　　舞隊前的戴竿男藝人，張開雙臂，頭頂長竿，四個裸身少年，穿牛犢鼻褲，在竿上表演單臂掛、撐等各種驚險動作，這屬於唐代散樂。各民族樂舞文化相互交流、融合的歷史史實，在這裏又一次得到印證。

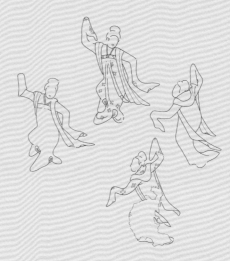

宋國夫人出行圖中的舞蹈場面

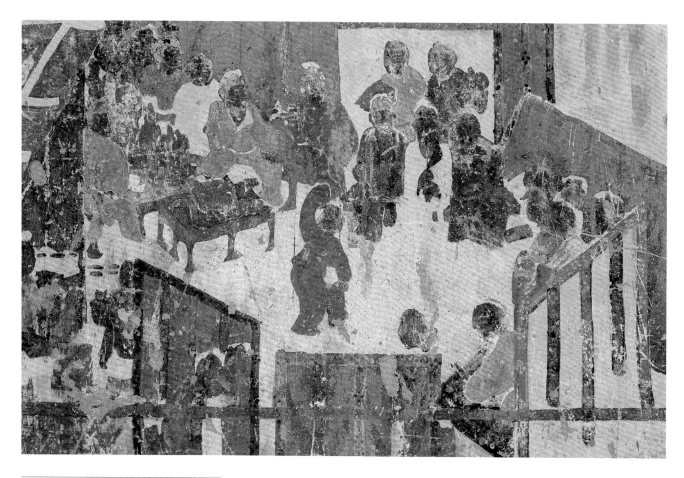

119 婚宴舞

這幅婚宴舞圖，真實地反映了當時當地
的風俗：結婚要在屋外庭院搭設帳篷，
婚禮在此帳內舉行。畫面的左上部，是
在宴席上端坐的賓主。右中上部是五個
樂人。一吹簫、一拍板、一擊鈸、一拍
掌擊節，另一人未持樂器。右側緊挨帷
帳內是拜堂行禮的新郎新娘。屏風外是
向帳內窺視的人。右後方是圓頂青廬，
即新郎新娘的洞房，青廬之俗源於西北
遊牧民族。至今印度結婚亦有在屋外搭
帳篷的風俗。此俗由來已久，且是多民
族習俗交流融合的結果。畫面正中，是
合樂獨舞的女伎。

盛唐 莫445 北壁

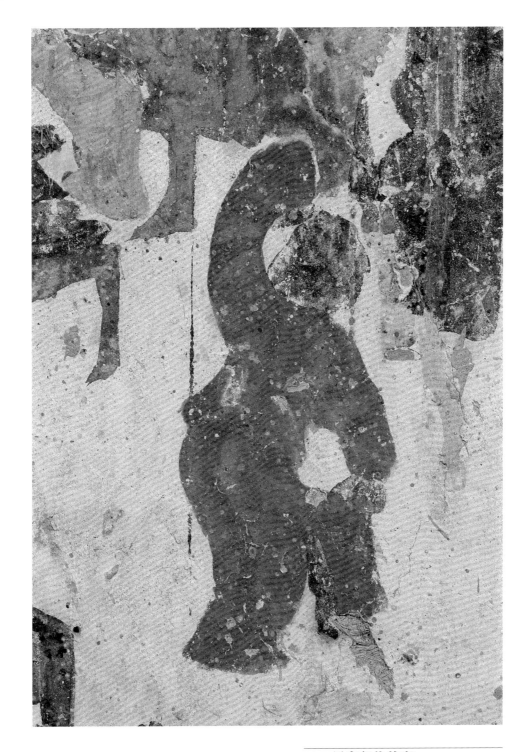

120 婚宴舞伎特寫

舞伎揚袖抬足,舞姿柔美。其"慢態不
能窮"的舞蹈韻律風格及服飾與《韓熙
載夜宴圖》中王屋山舞《六么》(即唐
代軟舞《綠腰》)十分相似。

盛唐 莫445 北壁

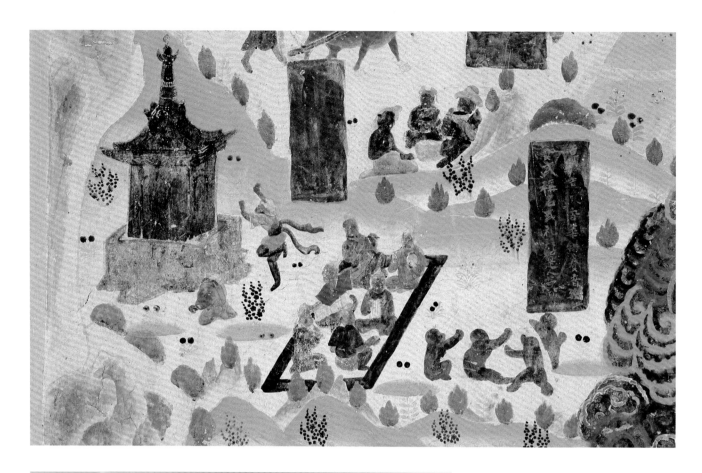

121 拜塔起舞

一男舞者着常服,雙臂高舉,昂首仰視面前的塔,他右腿直立,左腿曲吸,似正虔誠而又全身心地投入拜塔起舞。舞者身後有一個管弦、打擊樂器齊全的六人小樂隊,坐在毯上演奏。這充滿生活氣息的畫面,生動地展示了唐代民間佛事活動的樂舞場面。畫面右側,是玩聚沙遊戲的兒童。那充滿稚氣的神形,十分可愛。這正是形象地闡釋佛經,禮拜佛塔,固然是功德,連兒童聚沙築塔,也是積功德。兩幅畫面緊聯一起,更能一目瞭然佛經內容。

盛唐 莫23 北壁

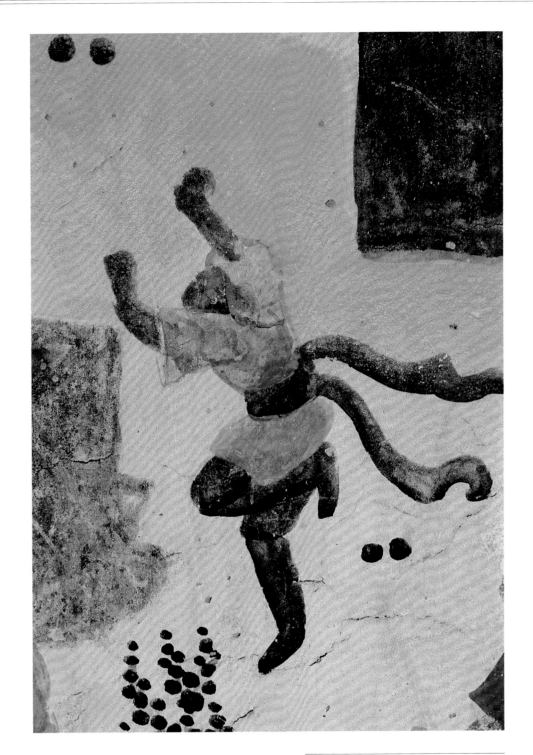

122 塔前起舞舞人特寫

盛唐 莫23 北壁

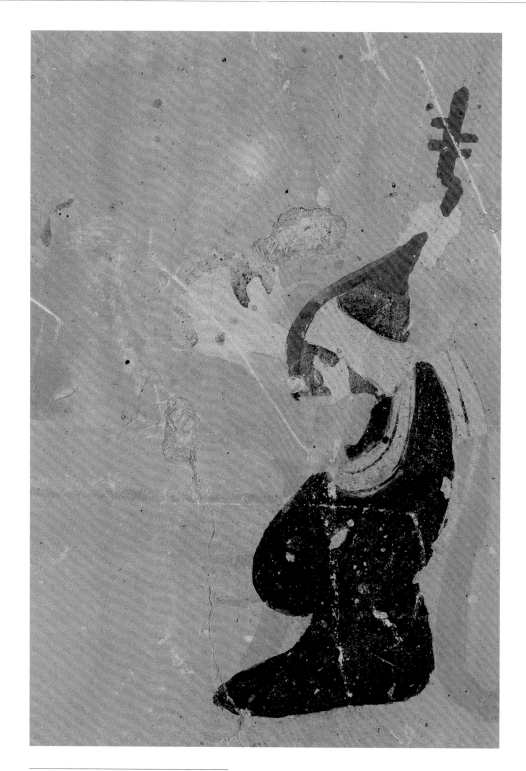

123 巫舞

這個身姿優美的女巫,在神壇前,懷抱
琵琶,邊歌邊舞求神,為人治病。畫的
右下部是病人和侍候者,左部面對女巫
的是神壇。女巫歌舞賽神或治病等,為
唐代風俗。
晚唐 莫12 北壁

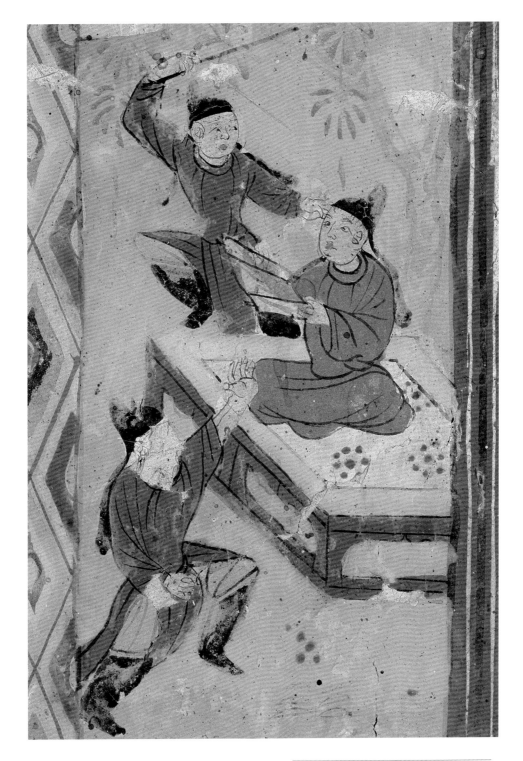

124 劍舞

這是一幅生活氣息濃郁的壁畫。圖中三
人均着文士裝，一人端坐榻上，手執經
卷，專心唸誦。榻後上方，一人執劍欲
擊，在榻前下方一人徒手，腳踏“弓箭
步”，揮拳相擊。此二人真實反映了當
時流行的“劍舞”和武術姿態，舞姿豪
健，栩栩如生，有呼之欲出之感。

盛唐 莫154 東壁

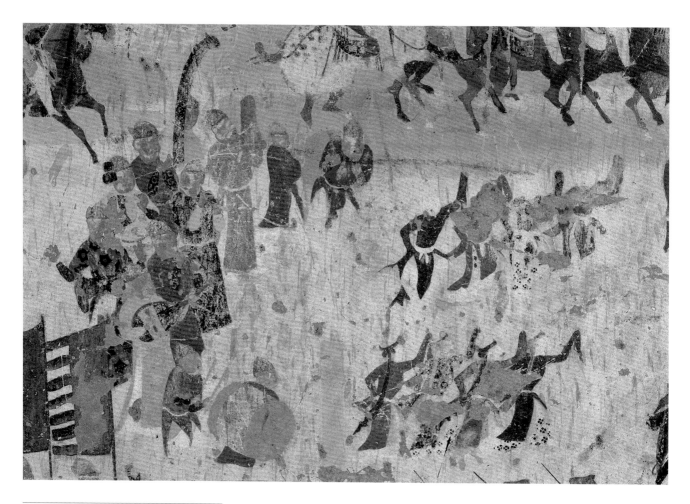

125 張議潮出行圖中樂舞場面

出行圖中的樂工均戴縟花帽，穿團花
袍、白褲，與唐代鼓吹樂工服裝相同。
舞伎分兩行，一行頭戴幞頭，另一行束
雙髻，繒采絡額垂於背後，揮舞長袖，
舞姿具今藏舞風。
晚唐 莫156 南壁下部

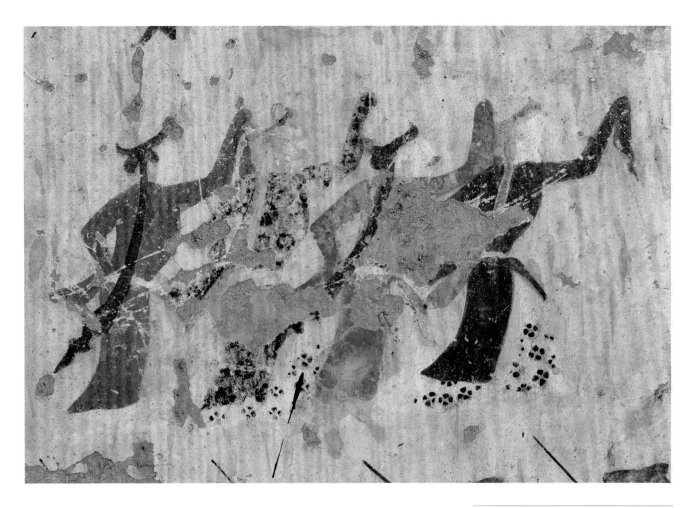

126　舞人特寫

晚唐　莫156　南壁下部

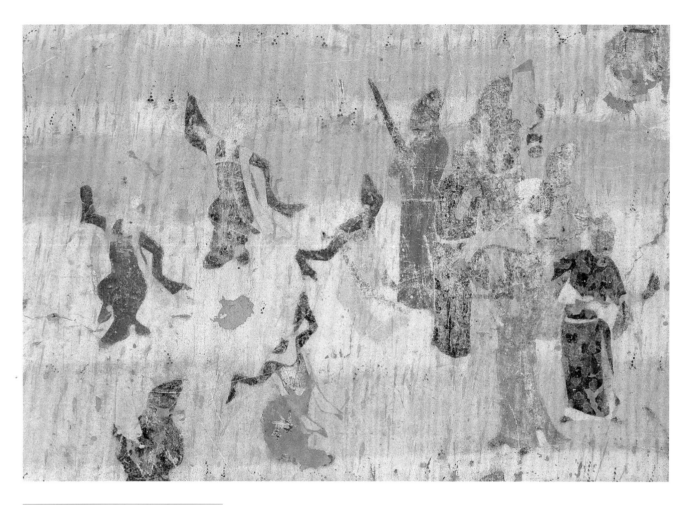

127 宋國夫人出行圖中樂舞場面

圖中舞女四人,高髻、裙襦、帔巾、笏
頭履。四人圍成方陣,揮動長袖,翩翩
起舞。與唐詩中所說:"妙手輕回拂長
袖,高歌浩翰發清商"的中原舞風相
近,又有今藏族《弦子舞》拂長袖而舞
的舞態。

晚唐 莫156 北壁下部

第五節　生動活潑的兒童舞蹈

兒童樂舞是唐代舞蹈重要的組成部分，著名的《屈柘枝》、《解紅舞》就是由兒童表演的歌舞。在唐代敦煌壁畫中出現了許多別開生面、富有情趣的兒童樂舞場面，這也是唐代敦煌壁畫中舞蹈日益世俗化的一個反映。

蓮花童子舞

蓮花有出污泥而不染的高貴品格，它端莊美麗的形象為人喜愛。佛教以蓮花象徵淨土與西方極樂世界，故佛坐蓮花座上，佛殿有蓮池。佛教有極樂化生之說，即指虔誠的信徒，功德圓滿，死後往生極樂淨土，化生於蓮花中，均作童子態。根據這一佛教題材，唐代敦煌壁畫出現一些形象十分可愛且富於舞蹈美感的化生童子和兒童雜技圖。如初唐第329窟中四童子舞，或立於蓮花中，或立於蓮蓬上，有的手托蓮花，有的手持蓮苞，活潑可愛。又如晚唐第173窟中一童子着靴踏於蓮花上，雙手持長帶當空而舞，另一童子雙手抱拳，飄帶在頭頂上飛舞，舞姿健美，富於童趣。蓮花除具有佛教象徵意義外，還是唐代舞蹈常用舞具。舞蹈《屈柘枝》的特徵即用大型的蓮花置於表演場中。《樂苑》記載，此舞"用二女童，帽施金鈴，抃轉有聲，其來也於二蓮花中藏，花坼而後見，對舞相占，實舞中雅妙者也"。即兩女童從蓮花中出，相對起舞。可見壁畫所描繪的佛國世界中的化生童子形象，也是真實舞蹈的反映。

兒童嬉戲舞

唐代敦煌的經變畫，出現了一些民間兒童歌舞場景，極富生活氣息。這些兒童舞蹈形象，大多取材於現實生活，顯得天真無邪，活潑可愛，富有生命力。他們身着民間服裝，從畫面中看似多為日常生活中的即興舞蹈。

大鋪的法華經變畫的"火宅喻"圖根據佛經內容，有時繪有在熊熊烈火包圍的房子裏，孩子們忘情歌舞的歡樂場面。

壁畫中"火宅"舞圖宣揚的是佛教的出世思想，但畫師的筆下生動反映的卻是不同時代的兒童舞蹈發展情況。盛唐第154窟"火宅"圖中畫的是一位青年舞者，身着西域少數民族服裝，其時正是胡樂胡舞盛行之時。其他多幅兒童樂舞場面，舞者的頭飾、裝束都是當時生活中兒童的式樣。所跳舞蹈多為當時流行的兒童舞，如長袖舞等。

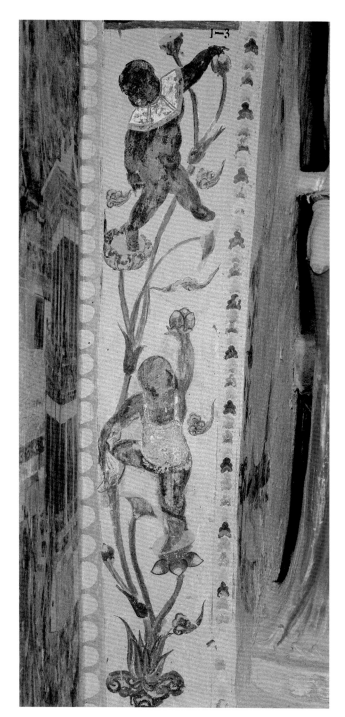
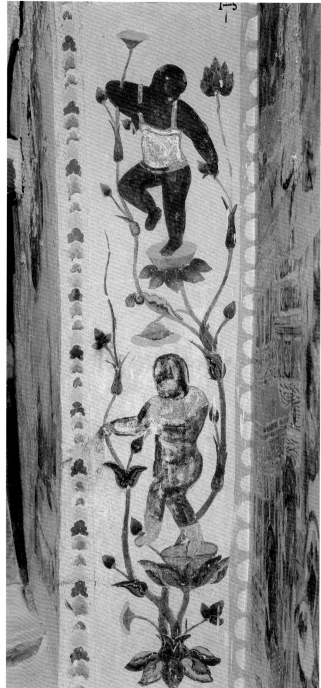

128 蓮花童子舞姿

腳踏蓮花的化生童子，形象十分可愛。
他們裸露胖胖的身體，或戴肚兜，或繫
圍咀，一腿立在蓮花上，另一腿或踢或
抬，或踏步欲前。雙手或托蓮苞，或舉
蓮花，或斜身撫蓮蕾。那多變的身姿手
態，既富於動感，又具舞蹈美。

初唐 莫329 佛龕左右兩側

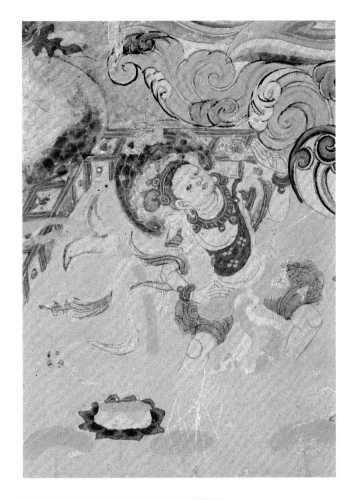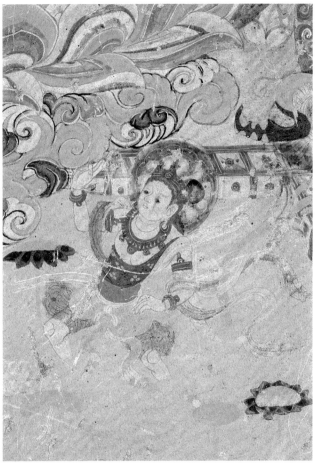

129　蓮池童子

蓮池中左右二童子，身披帛帶，戴項
圈、臂環，穿短褲；舞姿對稱，相向揚
頭，一手叉腰，一手托掌，腳踏"登弓
步"。舞姿矯捷豪放。

晚唐　莫14　南壁

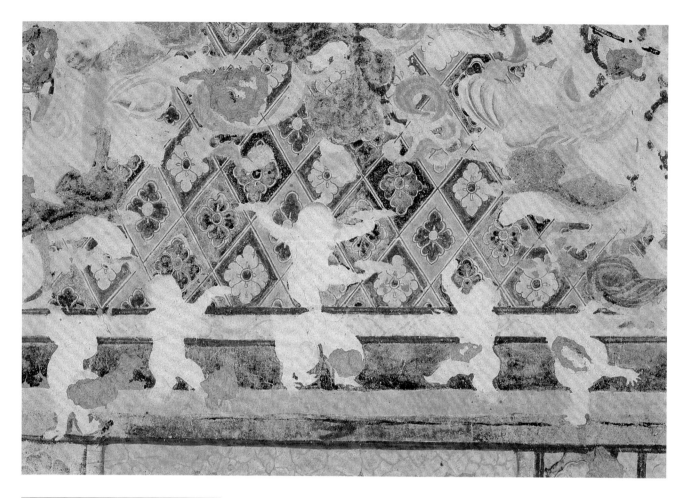

130 百戲童子

六個兒童正在表演"百戲"。中下一人
手、腳觸地,作"下腰"姿,腹上站一
童子,單腿而立,雙手及一腳均在轉盤
子,與今雜技中的"耍盤子"幾無二
致。左右各兩個童子,似正興奮地為同
伴的精彩表演喝彩助威。

晚唐 莫361 南壁

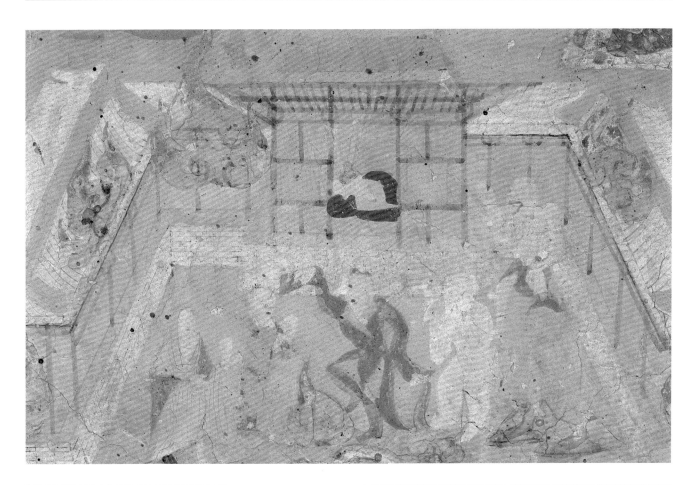

131 火宅中的胡人舞者

法華經中有火宅喻,謂世人如只顧玩樂
的孩子,不知身處險境。因此,敦煌壁
畫反映火宅喻的樂舞場面,多為兒童舞
蹈場景。但154窟火宅喻中的舞人卻為一
青年胡人舞者形象。畫面上房屋四周烈
火熊熊,屋中胡裝舞人,神態自若地揮
袖提足而舞,全不覺火勢迫人。身後幾
個樂人畫面較模糊。

盛唐 莫154 南壁

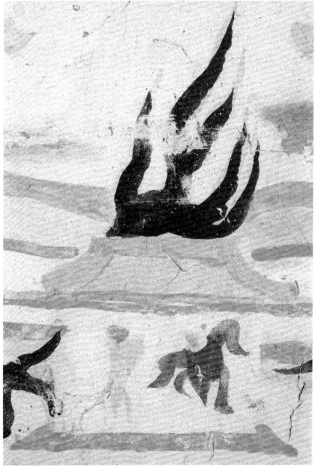

132 火宅童子舞

屋頂火焰沖天,屋內一小兒騰跳舞袖,
騰跳、蹲、跪等舞姿頗似胡騰舞的某些
舞蹈動作。唐代史籍記載,當時中亞的
石國有大量善舞胡騰舞者入中原,故中
原有不少石國少兒精於此舞。

中唐 莫449 南壁

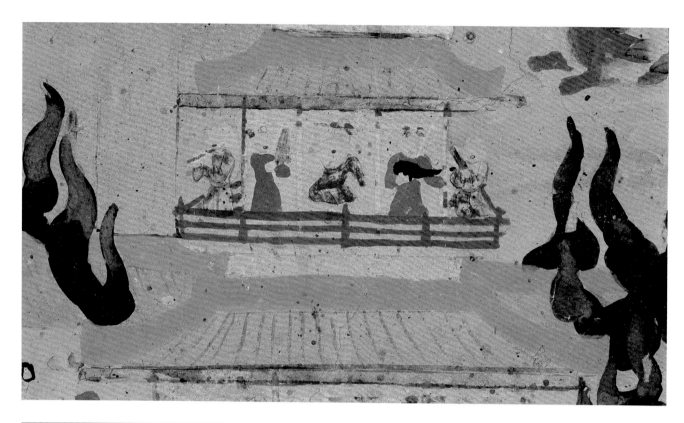

133 火宅童子樂舞

前層屋頂火焰繚繞，後屋四兒童，彈琵
琶，擊拍板，吹似簫的管樂，中右兒童
似跪蹲舞蹈。

晚唐 莫12 南壁

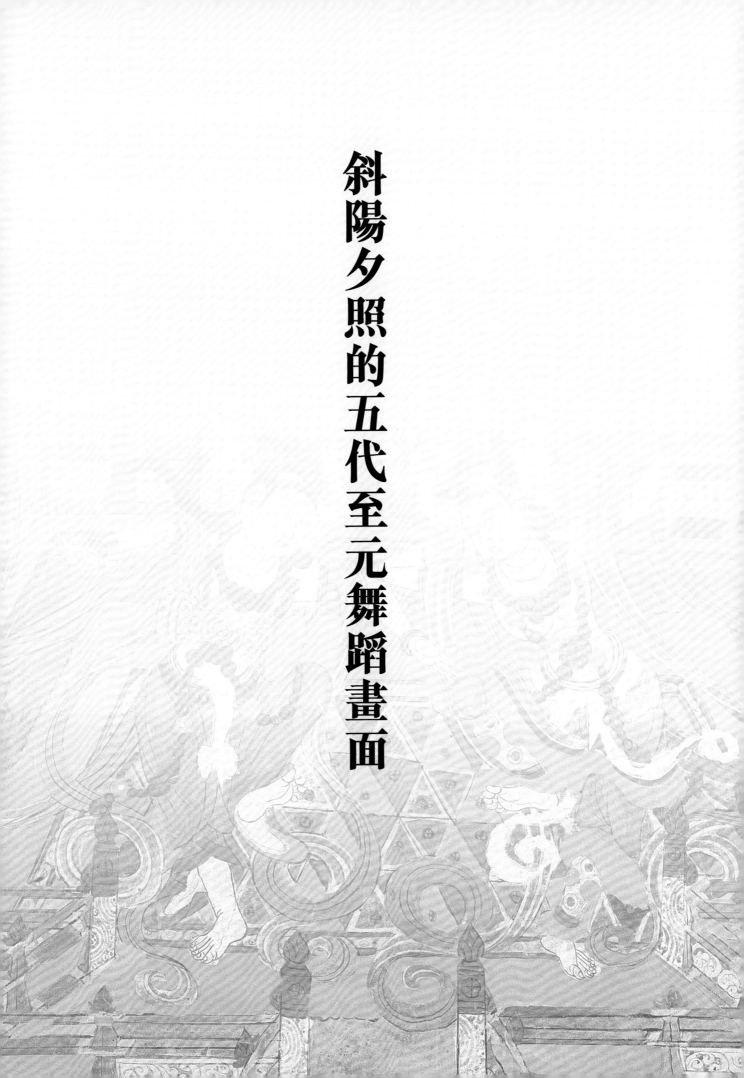

斜陽夕照的五代至元舞蹈畫面

　　五代十國是唐末藩鎮割據戰亂局面的延續和發展，是一個動盪不安的年代。但這一時期，在曹氏歸義軍控制下的敦煌地區卻相對地政治穩定、經濟繁榮，特別是佛教文化與藝術形成了地區性的發展高潮。在中國古代舞蹈發展的進程中，五代是承唐傳宋的歷史時期。敦煌的許多石窟都是五代與宋交叉相繼開鑿的。此時，敦煌壁畫中的舞姿承襲晚唐傳統，發展變化不大，仍保持唐代餘韻，宋代舞蹈姿態、舞者神韻則日趨呆板，遠不如唐代生動。西夏時期，敦煌地區所開鑿的石窟為數眾多。這些石窟壁畫中的舞蹈形象風格獨特，既有接近唐、宋風格的舞姿，也有反映少數民族獨特審美情趣的民族舞蹈形象，但總體上仍以反映中原舞蹈風格為主。元代的敦煌藝術深受西藏佛教的影響，其敦煌壁畫中的舞蹈形象一改唐、宋風格，從服飾到舞姿均自成體系，體現出一種民族風情。

　　晚期的敦煌石窟舞蹈壁畫中，不乏一些頗有價值的代表作，但總的來說，其藝術成就不能與隋唐時期相比。

第一節　承傳唐舞餘韻的五代宋舞蹈壁畫

五代、北宋時期敦煌地區為歸義軍首領瓜沙曹氏家族控制，政治相對穩定。作為佛教聖地的莫高窟，官民僧俗仍然開窟不止，造像不絕。據統計，五代時期在莫高窟開鑿的洞窟有 26 個，北宋開窟 15 個。

多承襲、少創新

在曹氏統治沙州地區的一百多年間（公元 914 年～1037 年），河西地區政治穩定、經濟繁榮，為開窟造像，興建寺院，提供了有利條件。曹氏政權還仿效中原建立畫院，集中了一批畫師，形成了院派特色。這些畫師中可能包括唐代末年的一些畫家。五代敦煌壁畫的大鋪經變畫中所繪樂舞場面與唐代壁畫如此相似，可能與此有關。

五代壁畫中的舞蹈形象，在舞姿、服飾、舞具運用上均秉承唐朝風範，舞蹈內容也與唐相似，有長綢（巾）舞、腰鼓舞及執琵琶而舞等。引人注目的是在五代壁畫中出現一些舞袖形象。"長袖善舞"本是中國固有傳統，數千年間傳承不衰，從西周、春秋戰國經漢唐，直至明清，有關長袖舞的記載史不絕書。但在敦煌、榆林經變畫中的長袖舞則是在五代才出現的。它表明佛教藝術漢化進程加快，中原舞蹈文化對敦煌石窟佛教藝術的影響在逐漸加深。

五代時期的敦煌壁畫是在唐代基礎上發展起來的，但其所表現的舞姿造型、風格韻律及舞蹈動感不及唐代生動，特別是壁畫中那些描繪人體運動的線條所包含的內在舞勁、舞韻更是難以從壁畫中體現。舞蹈動作的描繪趨於粉本摹繪，創新不多。到宋代，中國逐漸步入封建社會後期，當時佔統治地位的程、朱理學，日漸成為束縛人們思想的桎梏。呆板、端正的站、坐姿態為人們推崇。宋代敦煌壁畫中的舞姿圖，不可避免受到這種社會風尚的影響。故壁畫中的舞蹈形象上身多呈平直、端正之姿，較少大幅度地扭腰出胯。造型變化多在雙臂和雙腿，較少描繪頭、胸、肋、腰、背、胯等人體重要部位的動感，使得宋代經變畫舞圖顯得呆板，缺乏動人的舞蹈美感。因此，多摹仿，少創造，是五代、宋敦煌舞蹈壁畫比較顯著的缺點。

經變伎樂

五代以後經變畫中的伎樂天形象，大都承襲晚唐風格，排列形式均為樂隊列兩側，舞人在中間。一鋪經變畫中有時是一個樂舞場景，有時是上、下兩層兩個樂舞場景，既有獨舞也有雙人舞。和唐代一樣，舞者大都執舞具，有巾、鼓、琵琶等。個別經變畫中出現了徒手舞袖的舞蹈場面。

五代、宋經變畫中的舞蹈雖明顯地

繼承了前代傳統，大多照摹粉本，但也
有所變化。如敦煌與榆林五代壁畫中，
有多幅腰鼓獨舞畫面，舞姿大都相近，
但鼓形有粗大者，也有細小者。有的掛
腰間，有的掛胸前，其擊法與舞姿均有
不同。在五代、宋的敦煌壁畫中，執長
巾而舞的伎樂天數量最多，其舞巾紋飾
沒有唐代那麼複雜，較多的是曼捲垂
拂，動感不強。與唐代相同的是，無論
舞者手執何種舞具，肩臂都披繞長巾，
以增添飄逸仙氣。反彈琵琶舞是中唐壁
畫中常見的舞蹈形象，到五代以後，就
較少出現這種獨特別致的舞姿了。

　　在唐代的世俗舞畫面中，有舞者揮
袖而舞的形象，但在天宮樂舞中卻不曾
出現過舞袖形象。到五代、宋時，敦煌
經變畫的獨舞與雙人舞場面中開始出現
了甩舞雙袖的伎樂天。其袖式與舞姿均
與當今古典舞中的舞袖形象十分相似，

應當是當時生活中可見的舞蹈形象在宗
教畫中的反映。

　　本節所展示的佛國世界的天宮樂舞
計有以下幾種：

一、　揮巾舞袖單人舞

二、　擊腰鼓獨舞

三、　多樣組合雙人舞

四、　迦陵頻伽與蓮花童子

　　這一時期的經變、佛傳故事畫中，
出現了一些生活氣息濃厚的民俗舞場
面。如佛傳故事畫中的"後宮娛樂圖"，
是為阻止太子出家而舉行的樂舞表演。
其他還有酒宴俗舞及婚宴舞蹈圖等，都
像是生活舞蹈場景的寫真。就連表現佛
經故事的"雲端生化童子舞圖"，也充滿
濃郁的生活氣息。那腳踏雲朵、跳舞奏
樂的兒童，其服飾、頭飾及舞姿天真可
愛。畫家所描繪的正是人間孩童的樂舞
場面。

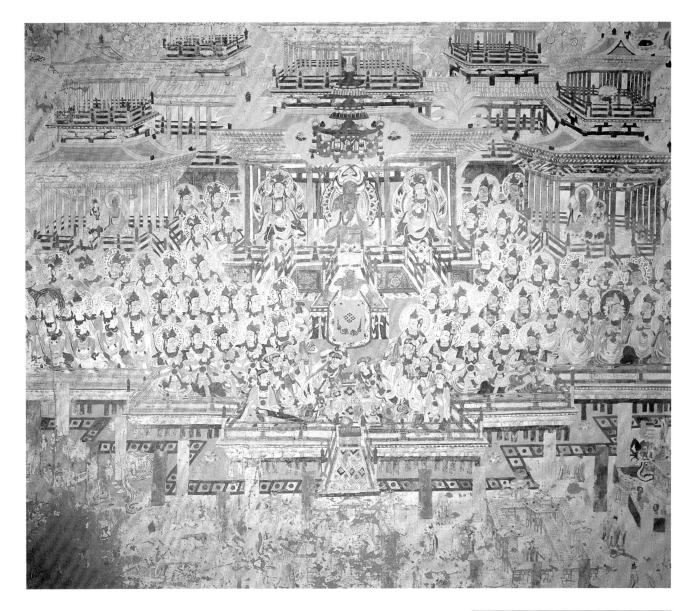

134 報恩經變

人數眾多的經變場面中，樂舞場面不
大，但佔了畫面前部正中位置。
五代 榆16 南壁

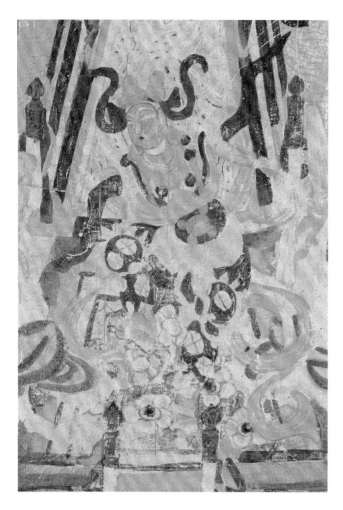

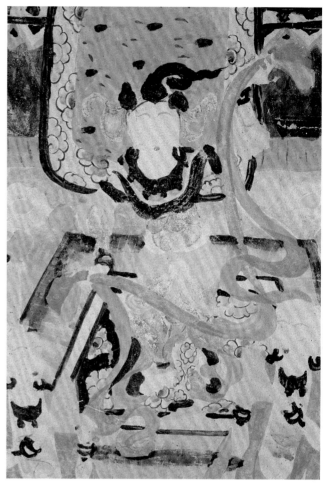

135 單人長袖舞

"長袖善舞"在中國有十分悠久的歷史。公元前11世紀立國的西周,《六小舞》之一的《人舞》,就有徒手舞袖。從春秋戰國直至清代,描寫舞袖美姿的詩文,不絕於書。出土文物中,各代舞蹈文物的舞袖形象,更是屢見不鮮。但是,在敦煌、榆林的經變畫伎樂天舞袖的畫面卻比較罕見。這幅揮舞長袖的舞姿圖,舞伎身着長袖舞衣,左臂揮袖上揚,右臂拂袖斜垂,顯得十分瀟灑、明快。頗有"拂水低回舞袖翻"的韻味。

五代 榆33 北壁

136 揮巾舞"8"字

舞伎梳髮式別致,披類雲肩裝飾。右手握巾側垂。長巾曲折繚繞,表現出握巾之手左右繞轉的動勢。這種類似"8字花"的舞巾動作,至今仍是長綢舞的常用動作。

五代 莫7 南壁

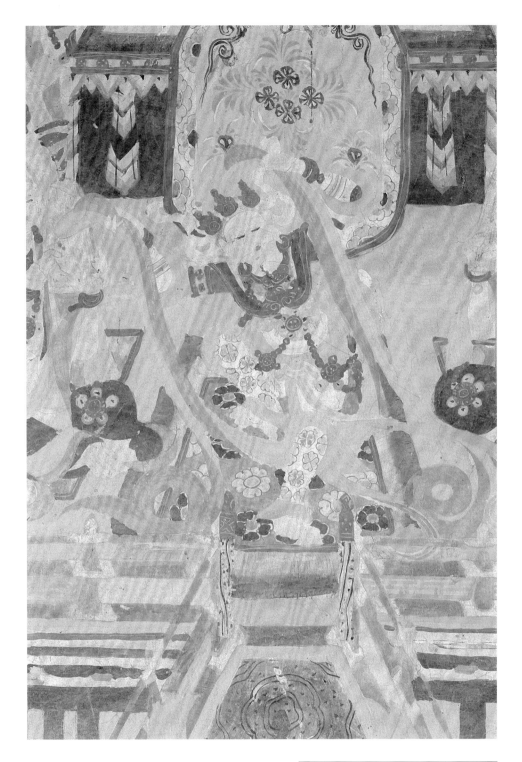

137 緩舞長巾舞姿

舞伎雙手舉巾而舞。左腿曲立，稍向右
側傾身，右腿曲膝高提至腰部。長綢垂
捲，呈緩舞長巾之勢。舞姿摹仿唐代的
痕迹十分明顯。
五代 莫100 北壁

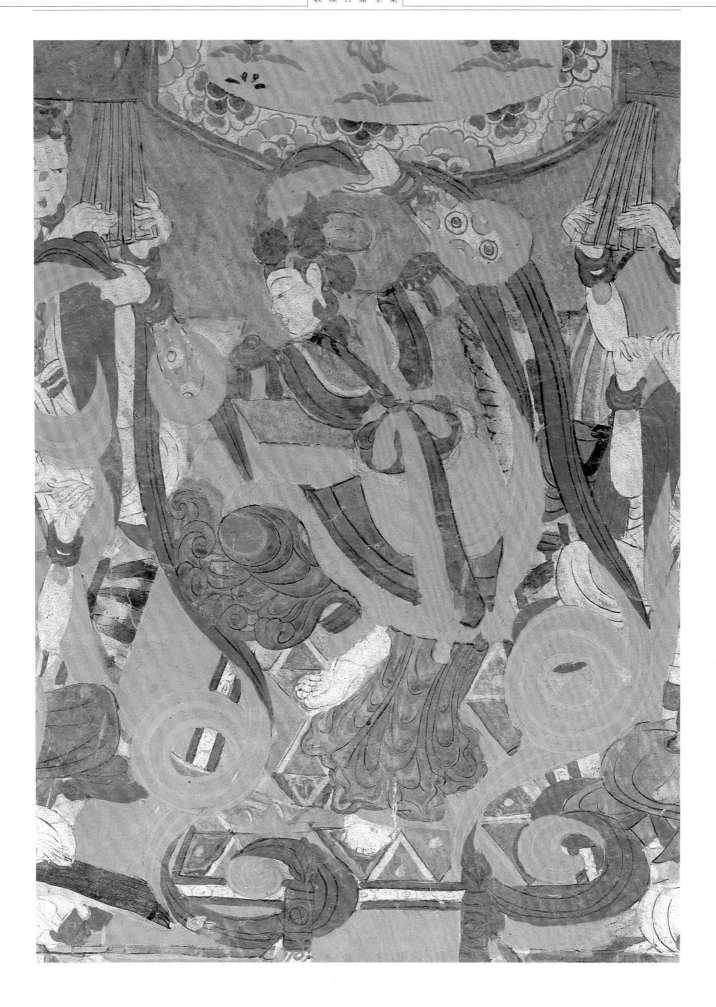

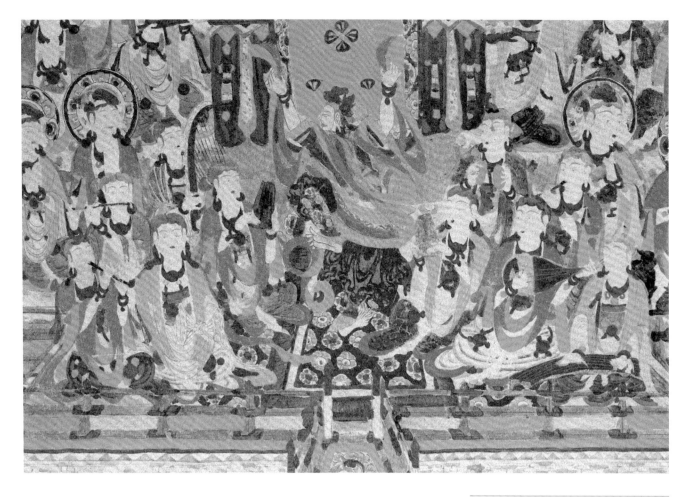

139 背身舞巾

10人樂隊排列兩邊，中間一舞伎背身側
立，左腿曲膝高抬至腰胸間。雙臂上揚
高舉長巾。身背後，長巾曲折環繞，向
後飄拂，動感強烈，舞姿挺拔、明快。
五代 莫61 北壁

138 背身舞巾

舞伎身着華麗舞服，背身而立，右腿曲
立，左腿曲抬，傾身側面，感覺向下。
雙臂高舉，執巾曼舞，動勢舒緩。
五代 莫98 北壁

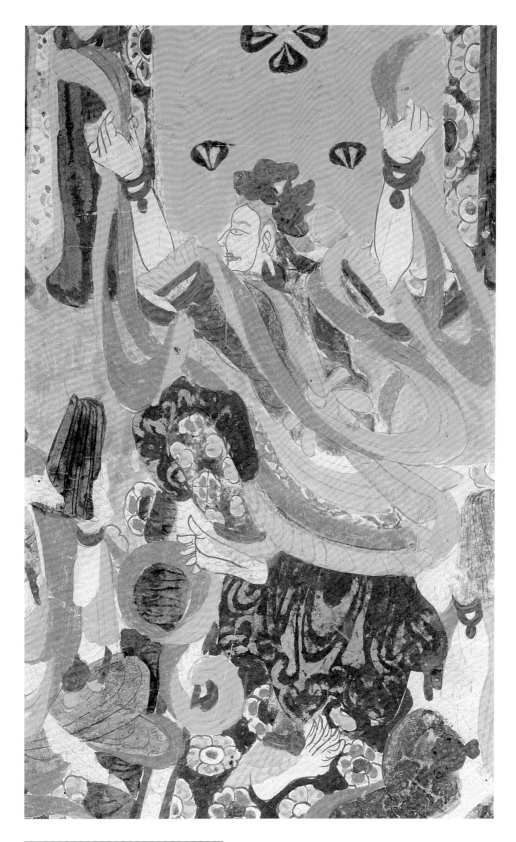

140 **舞伎特寫**

五代 莫61 北壁

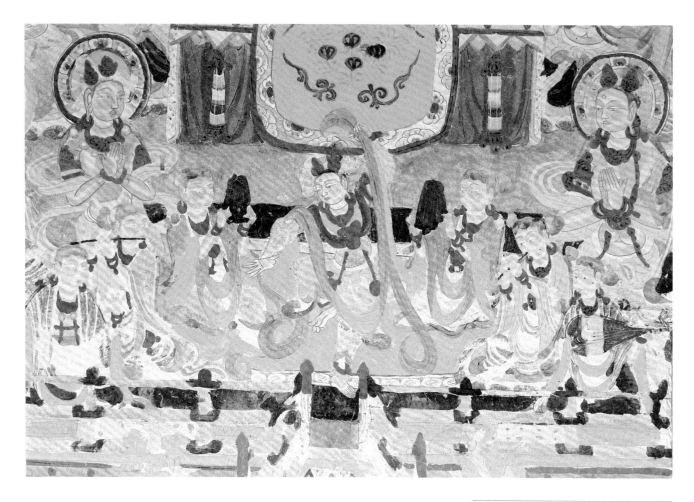

141 剛勁巾舞

六樂人分列兩旁，中間一舞伎執巾起
舞。舞伎左手高舉長巾，右手五指大
張，與唐代壁畫擊腰鼓舞伎手姿相同。
此舞伎並未佩掛腰鼓，手姿如是描繪，
可表現舞姿的剛勁有力，但與巾舞風格
不大協調。近千年後的今天，舞伎面部
及身姿畫面仍十分清晰，實屬罕見。
五代 莫61 北壁

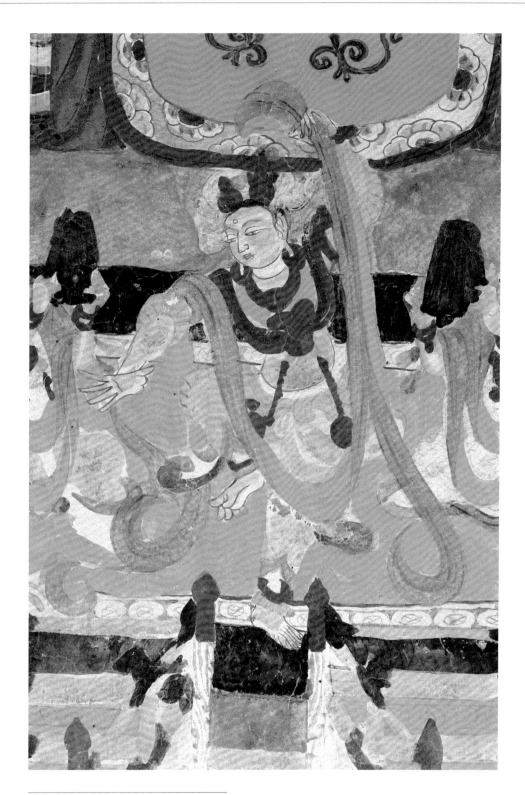

142 **舞伎特寫**

五代 莫61 北壁

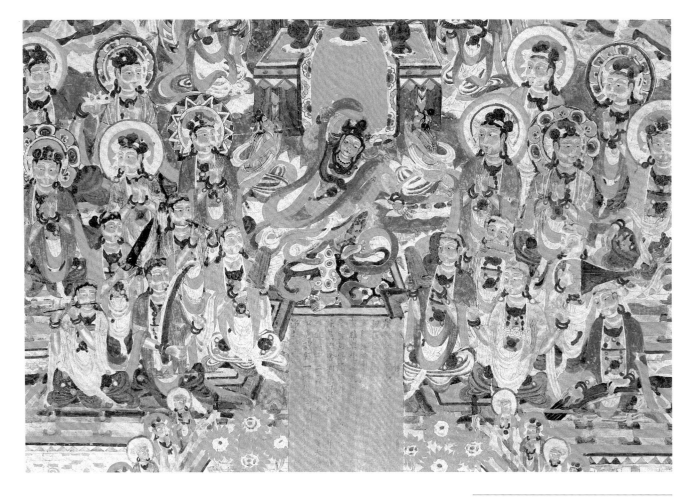

143 剛勁巾舞

這一阿彌陀經變的舞伎右手舉巾，左手
五指張開。其舞姿與同窟北壁密嚴經變
舞伎相同，只是左右相反，形成南北兩
壁對稱之勢。

五代 莫61 南壁

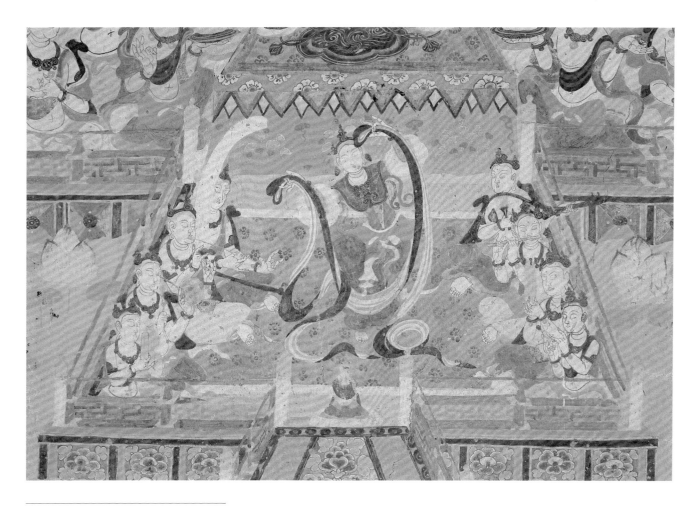

144 巾舞的順風旗姿

六樂人分列兩旁伴奏，獨舞者居中起
舞。舞伎雙手執巾，作類似"順風旗"
姿，長巾成弧形下垂曼捲，襯托出舞姿
的柔婉。

五代 莫379 南壁

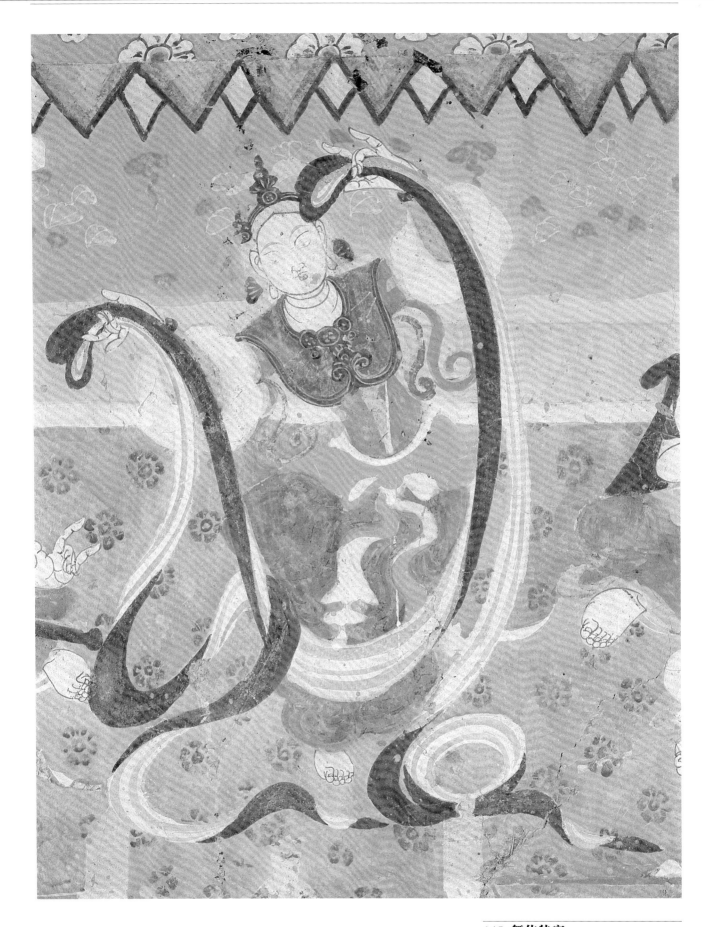

145 **舞伎特寫**

五代 莫379 南壁

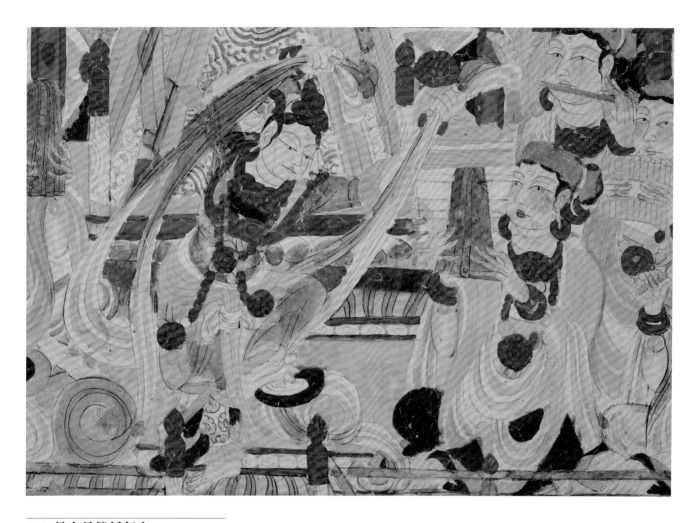

146 長巾曼捲緩舞巾

舞伎與擊拍板的樂人相對，雙手高舉長
巾，左腿曲抬，上身向左側傾身，目光
低視。長巾曼捲，舞動舒緩。

五代 榆16 南壁

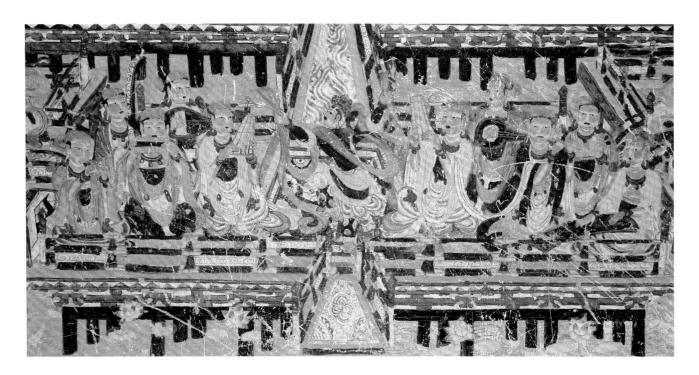

147 側身展臂舞巾

十樂人分列兩側，舞伎側身背向，雙臂
平展，長巾繞肩搭背，揚頭挺胸而舞，
舞姿豪健奔放。

五代　榆19　南壁

148 天池台上的大型樂舞

這個規模宏大的樂舞場面，巧妙地安排
在天池中搭起的平台和向兩邊延伸的橋
面上，富麗堂煌，井然有序。兩邊橋台
上是一支龐大的樂隊，緊連中間平台的
小橋上，是人首鳥身的妙音鳥迦陵頻
伽。中間菱形平台上，是一對執長巾起
舞的舞伎。

五代　莫61　北壁

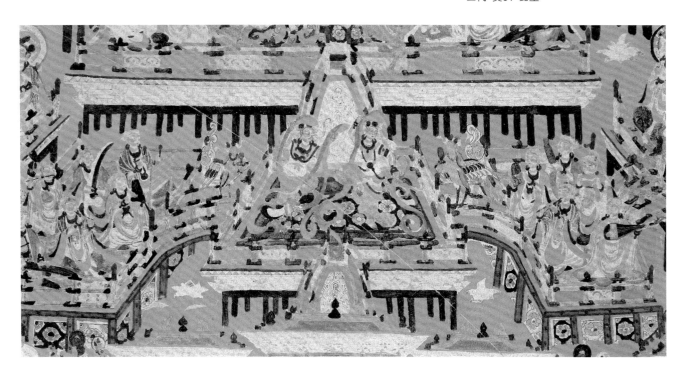

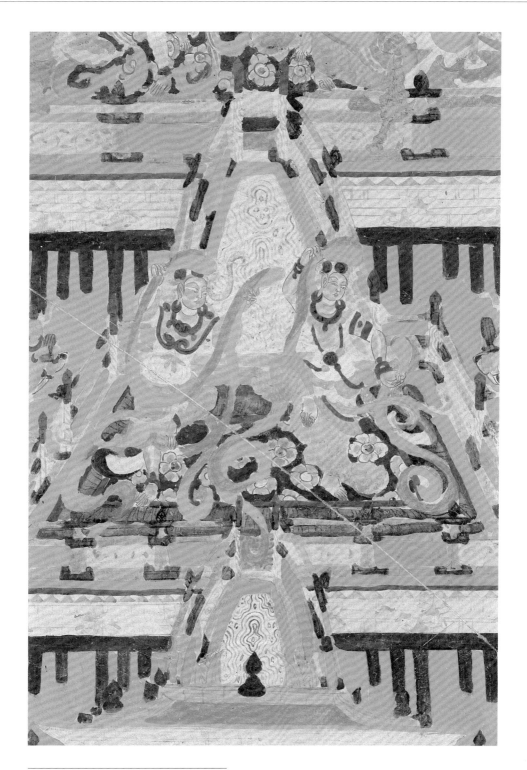

149 雙人巾舞舞伎特寫

她們舞姿各異，左一舞伎雙手高舉長
巾；右一舞伎，向左側出胯，右手舉
巾，左手側垂。二伎身姿窈窕，眉目清
秀，體態優美，似正在表演一段富於抒
情的巾舞。

五代 莫61 北壁

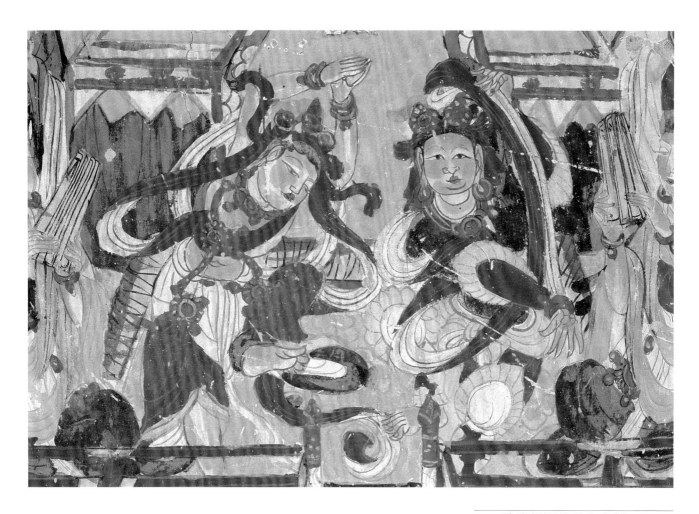

150 造型新穎的雙人巾舞

二舞伎身披肩繞長巾,左一舞伎,雙手
合十高舉頭頂;右一舞伎左手執巾舉至
頭側,右手向身左側垂。二舞伎身材矮
壯,舞姿組合造型較新穎。

五代 榆19 南壁

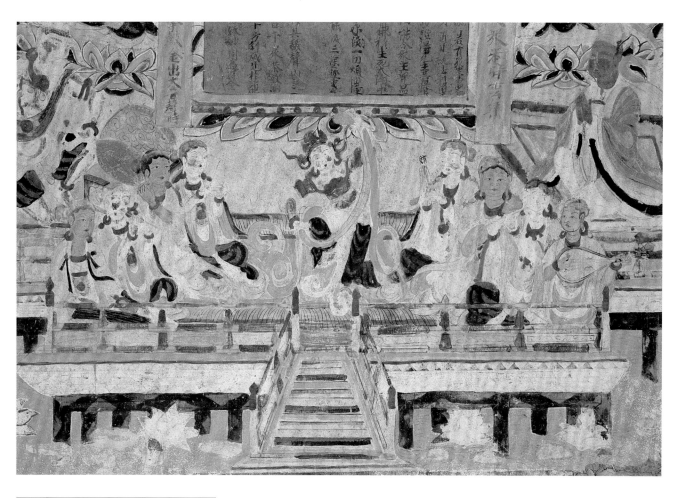

151 巾舞中的按掌、托掌姿

舞伎在8人樂隊的伴奏下，執巾起舞。左
手似"托掌"姿，右手似"按掌"式。
長巾垂繞，傾身向前，有緩舞慢轉之
勢。

宋 莫55 東壁

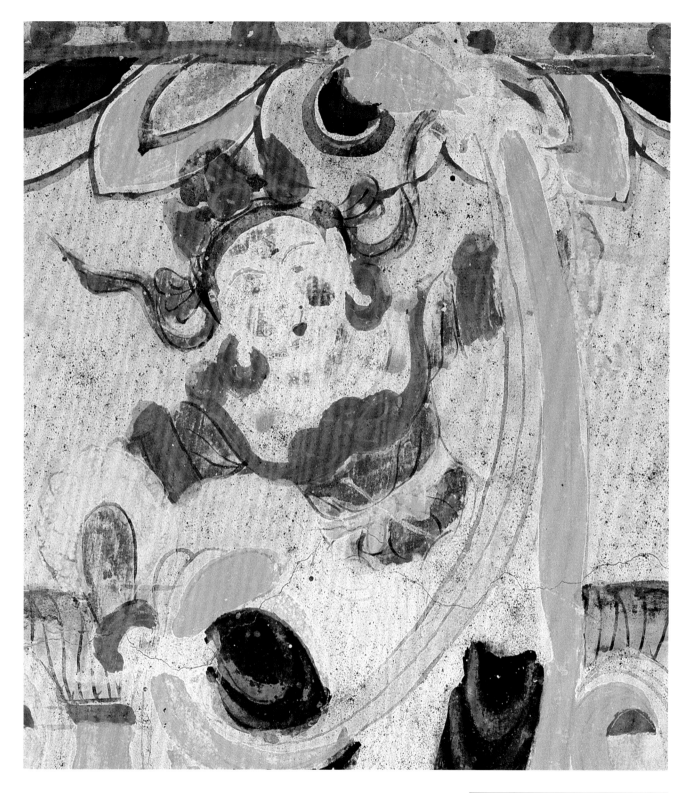

152 按、托掌特寫
宋 莫55 東壁

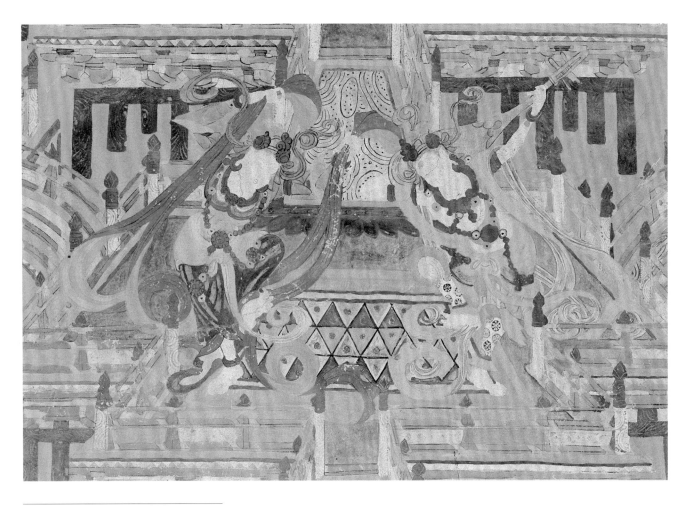

153 巾舞與反彈琵琶對舞

二舞伎相對傾身，對稱起舞。舞姿搭配
協調，動作相互呼應。

五代 莫98 南壁

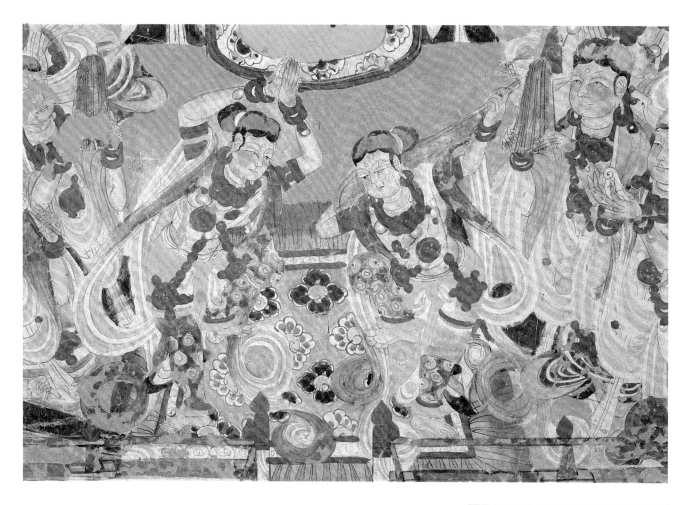

154　巾舞與反彈琵琶對舞

二舞伎面目豐腴,裝飾華麗,向內傾
身,相向而舞。左一舞伎肩披臂繞長
巾,雙手合十舉至頭頂;右一舞伎反彈
琵琶起舞。

五代　榆16　南壁

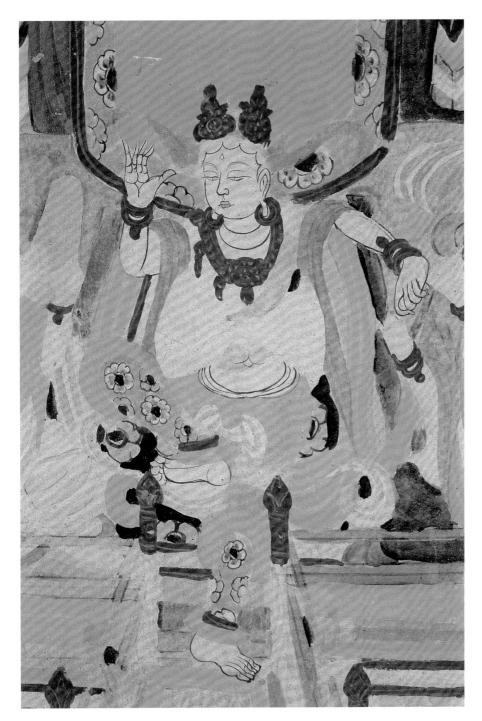

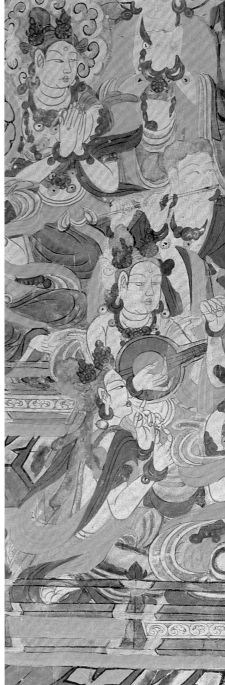

155 鼓舞拉山膀舞姿

舞伎頭梳雙髻，身披長巾，左腿微曲而
立，右腿曲膝高抬。腰間掛一大型細腰
鼓。右臂曲舉，張掌欲單手拍擊腰鼓，
左臂提肘翻掌，其手姿與今古典舞中之
"拉山膀"十分相似。戲曲古典舞繼承
前代傳統的線索，在這裏呈現得十分清
晰。此圖畫面非常清晰，是難得的珍
品。

五代 莫5 北壁

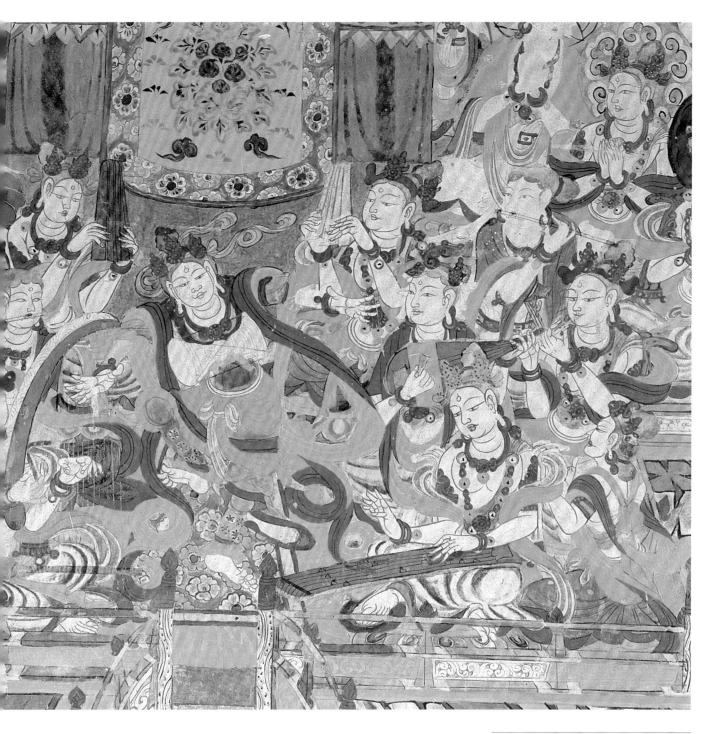

156 胸鼓獨舞與樂隊

十人樂隊，分坐兩旁。一舞伎胸前掛細
腰鼓，肩、臂環繞長巾，右腿曲抬，雙
臂平展，大張五指，奮力擊鼓。舞姿剛
健有力，具有唐代"健舞"風韻。五代
壁畫中出現了大量將腰鼓高掛胸前的舞
蹈形象。這種繫胸鼓舞蹈的形式，至今
仍流傳在中國山西等地民間。
五代 莫98 南壁

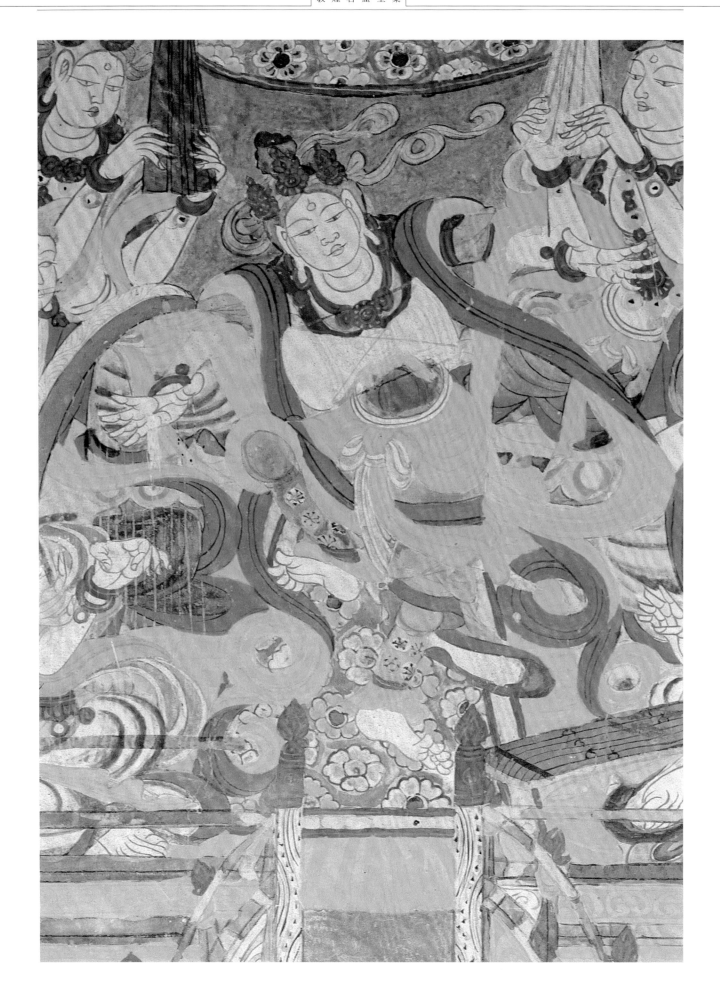

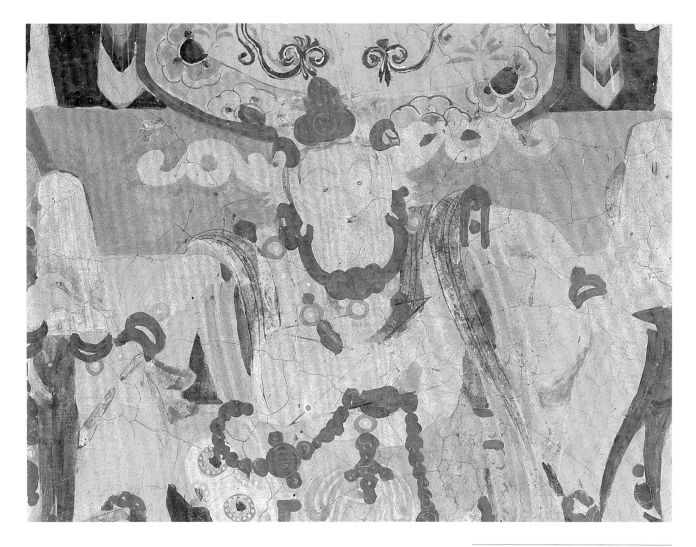

158 腰鼓獨舞提肘擊鼓舞姿

舞伎披巾，胸腰間掛細腰鼓。雙臂平
展、提肘，正欲拍擊腰鼓。今中國古典
舞，做雙臂平展姿，必須提肘才符合
圓、曲的審美要求，亦能顯示豪健的精
神氣質。千年前壁畫中的舞姿，竟使我
們感到如此親切，可見中國傳統舞蹈源
遠流長。舞伎較平直的體態，是唐以後
舞蹈壁畫的常見姿態。與當時的社會風
氣及審美情趣有關。

五代　莫100　南壁

157 胸鼓獨舞舞伎

五代　莫98　南壁

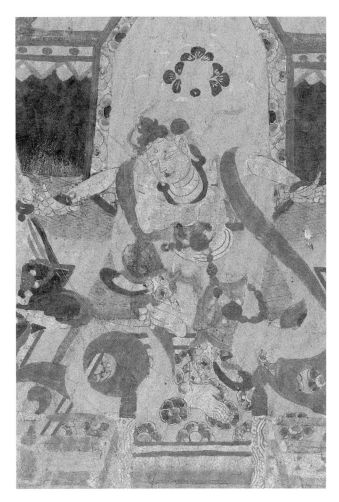

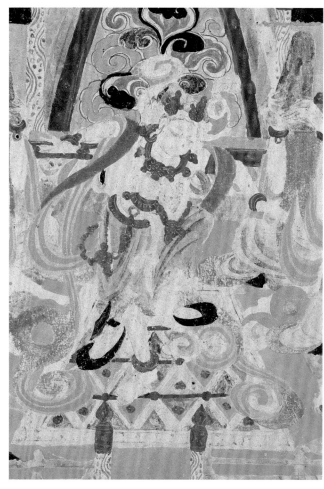

159 胸掛大型腰鼓獨舞

舞伎身披長巾，將較大形細腰鼓高掛胸前，平展雙臂，用力大張五指，正欲拍擊腰鼓起舞。舞伎臉型豐腴，眉目清晰，有唐代遺風。但身姿韻味，不及唐代舞蹈壁畫生動。

五代 莫100 南壁

160 胸掛大型腰鼓獨舞

此圖舞姿與上圖幾乎完全一樣，只是傾身方向相反。上圖舞伎上身向右傾，此圖舞伎上身向左傾。由此可證，此一時期舞圖多有粉本流傳，摹仿多於創新。

五代 莫6 南壁

161 胸掛大型細腰鼓獨舞

此圖舞姿與上圖完全相同，畫面清晰。舞伎面部及髮式、頭上所飾飄帶、服裝及胸前所掛細腰鼓和鼓身紋飾等畫面均十分清晰。對研究五代舞者的頭飾、服裝、化妝等，有極高的參考價值。

五代 榆34 北壁

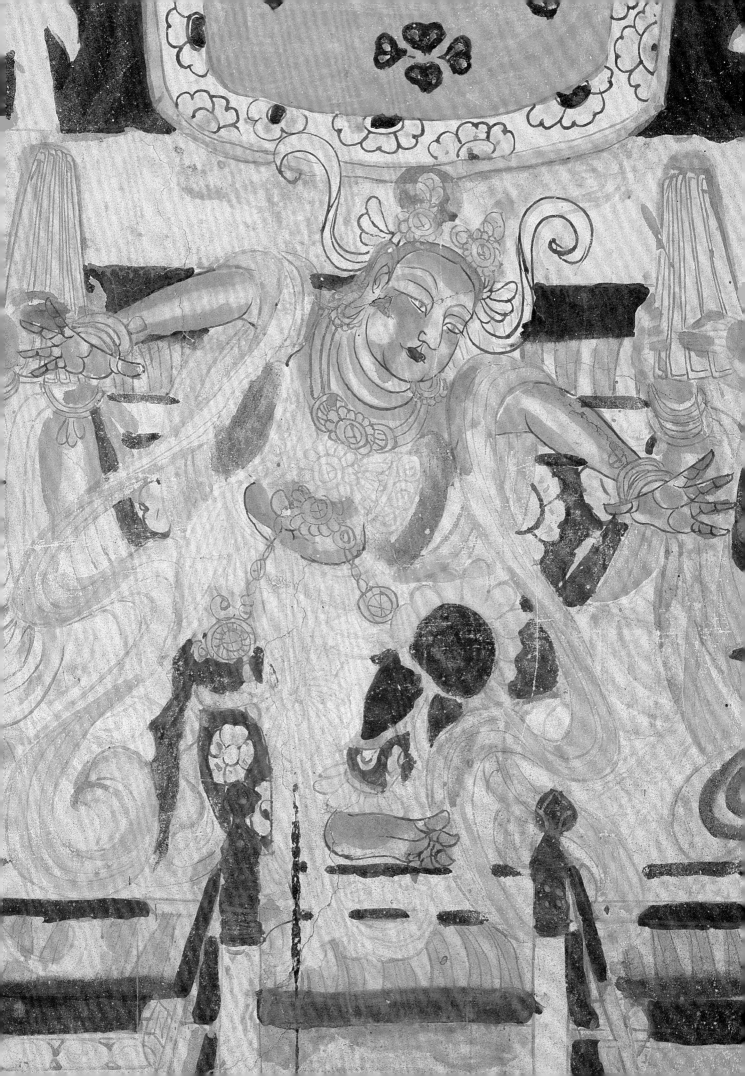

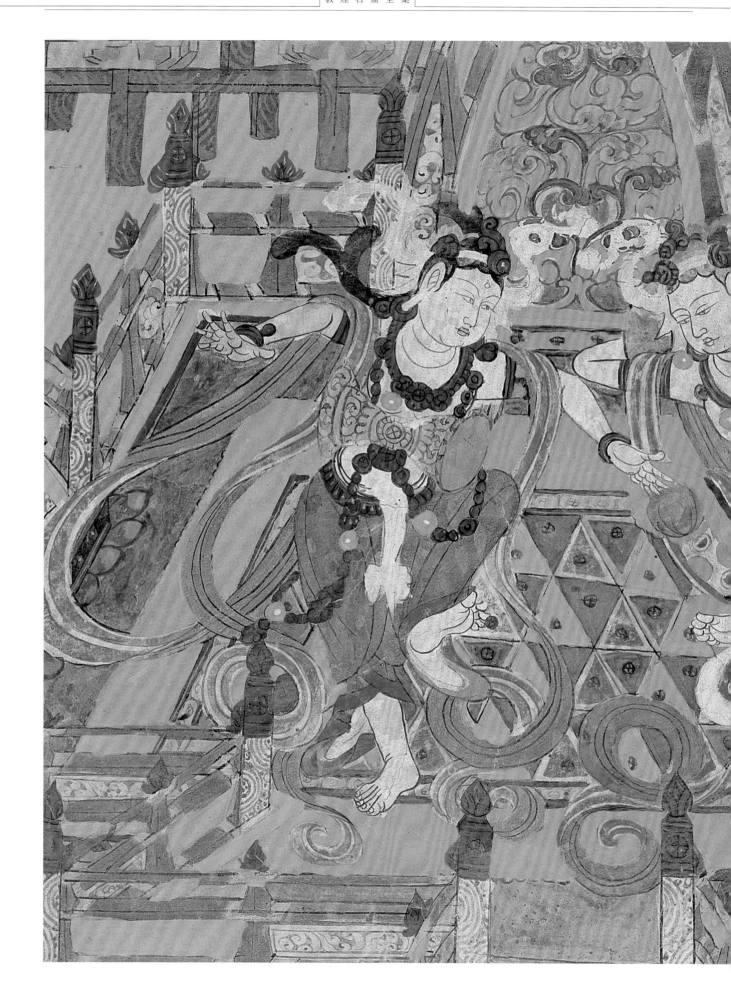

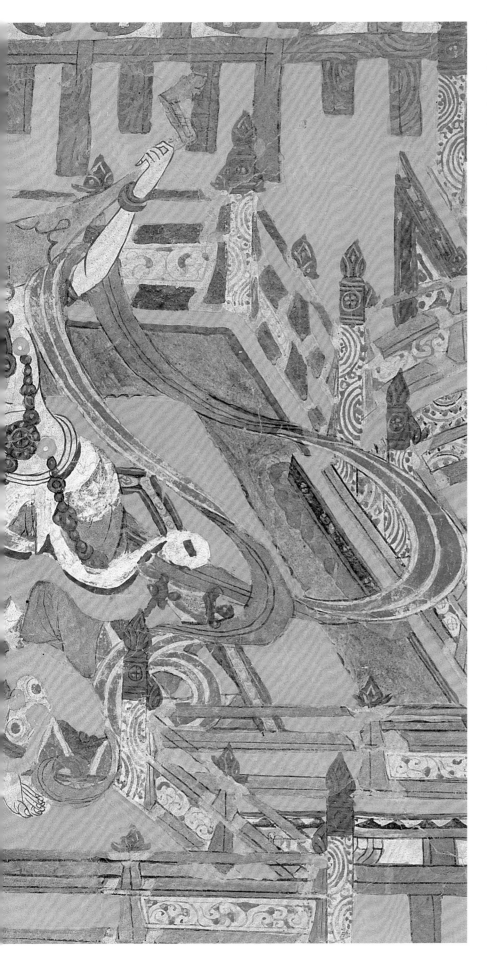

162 腰鼓與反彈琵琶對舞

二舞伎，傾身相對而舞。左一舞伎張臂
提肘，拍擊細腰鼓；右一舞伎反彈琵琶
起舞。此舞圖畫面清晰，舞者面部、服
飾、舞具紋飾等均十分清楚。

五代 莫98 北壁

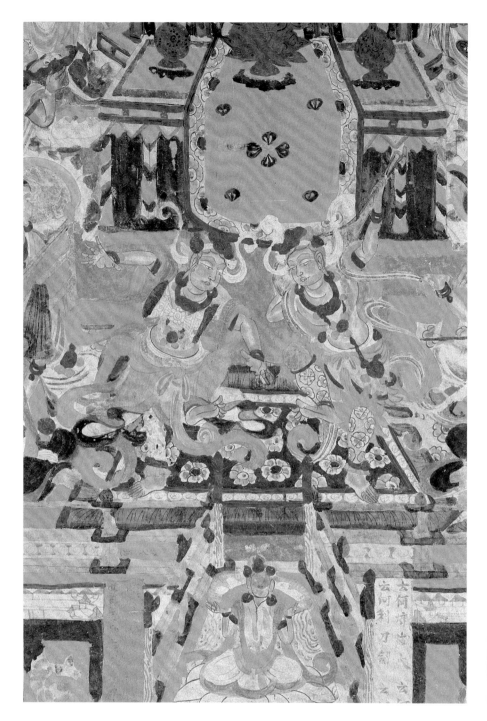

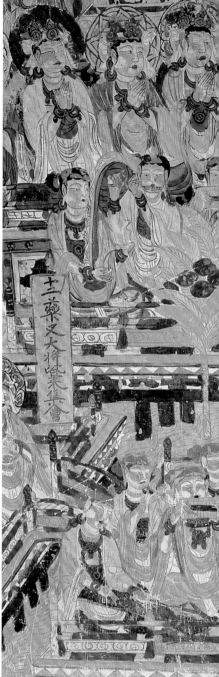

163 腰鼓與反彈琵琶對舞

此圖與前圖舞姿及舞伎所持舞具均相
同。只是舞伎頭飾相異。粉本流傳的痕
迹明顯。

五代 莫61 北壁

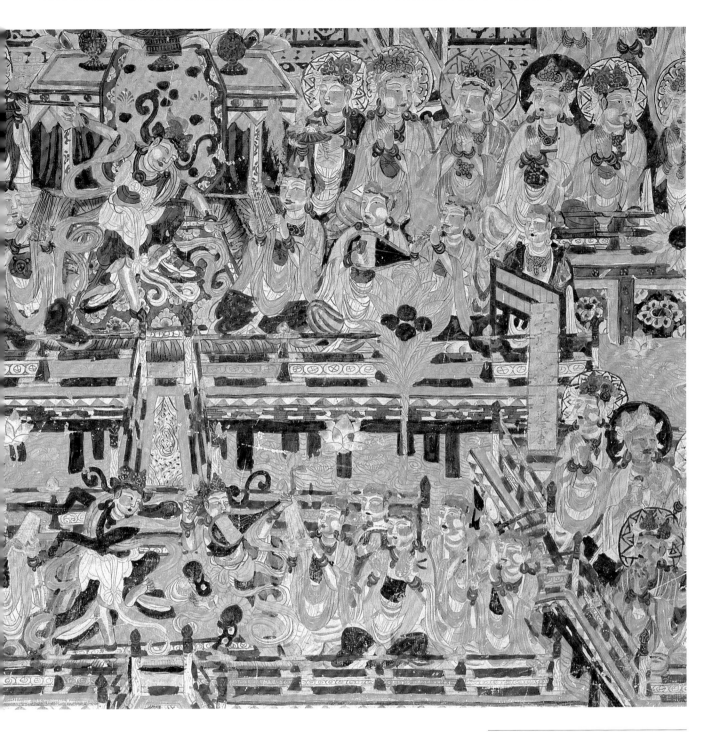

164 上下兩層樂舞場面

場面宏大的樂舞場景，分上、下兩層，
兩層的樂隊均分列兩旁，上層中部舞人
正擊胸鼓起舞。下層為舞袖與琵琶的雙
人舞。

五代 榆19 北壁

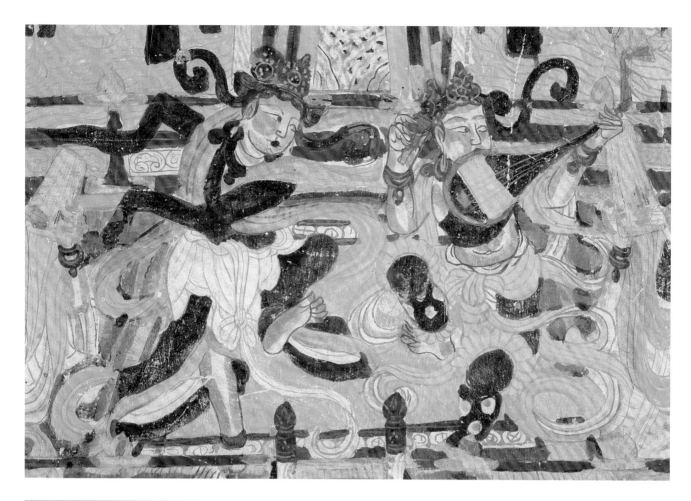

165 長袖舞與琵琶對舞

左一舞人甩舞長袖，回頭向懷抱琵琶起
舞者，罕見的舞袖形象，在這裏出現。
手執琵琶的舞者，多作反彈姿，這裏採
用了懷抱琵琶邊彈奏邊舞蹈的姿勢。舞
者身材較矮壯，面部也較豐滿。顯出崇
尚健美的風韻。

五代　榆19　北壁

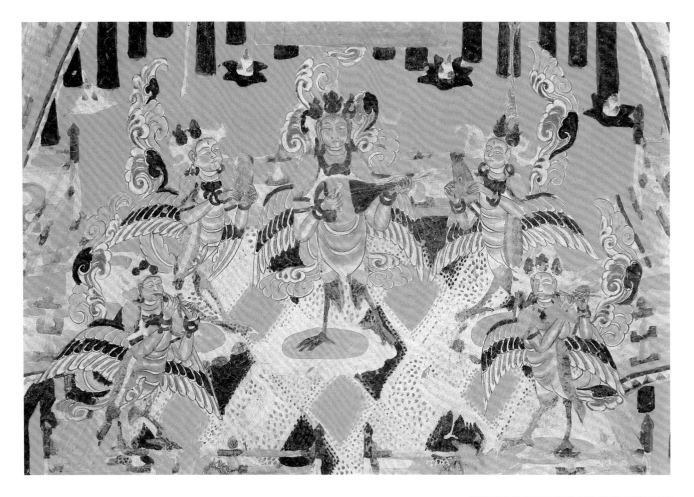

166　迦陵頻伽伎樂

五個人首鳥身的迦陵頻伽，有的彈琵
琶，有的擊拍板，有的吹笛、簫，正在
佛前奏樂起舞。

五代　莫61　南壁

167 雲端化生童子樂舞

這是梵天帝釋赴會圖中的一個場景。三
個在雲端飄飛的化生童子，坐立於蓮花
上，正全神貫注地奏樂舞蹈。二坐童，
左吹篳篥，右擊拍板伴奏；中立兒童吸
腿，揮袖而舞。他們神態生動，天真純
厚。表現的雖是神佛世界的兒童，但充
滿了濃郁的世俗生活氣息。

五代　榆12　前室西壁

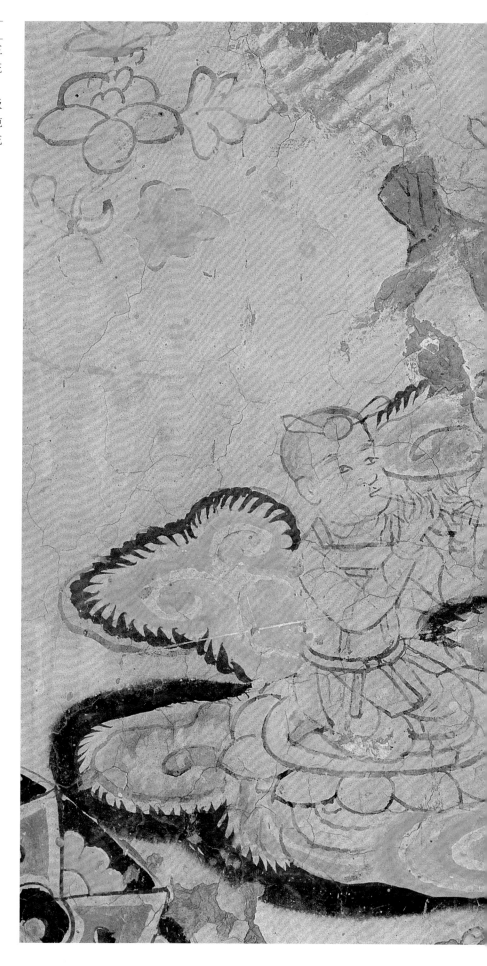

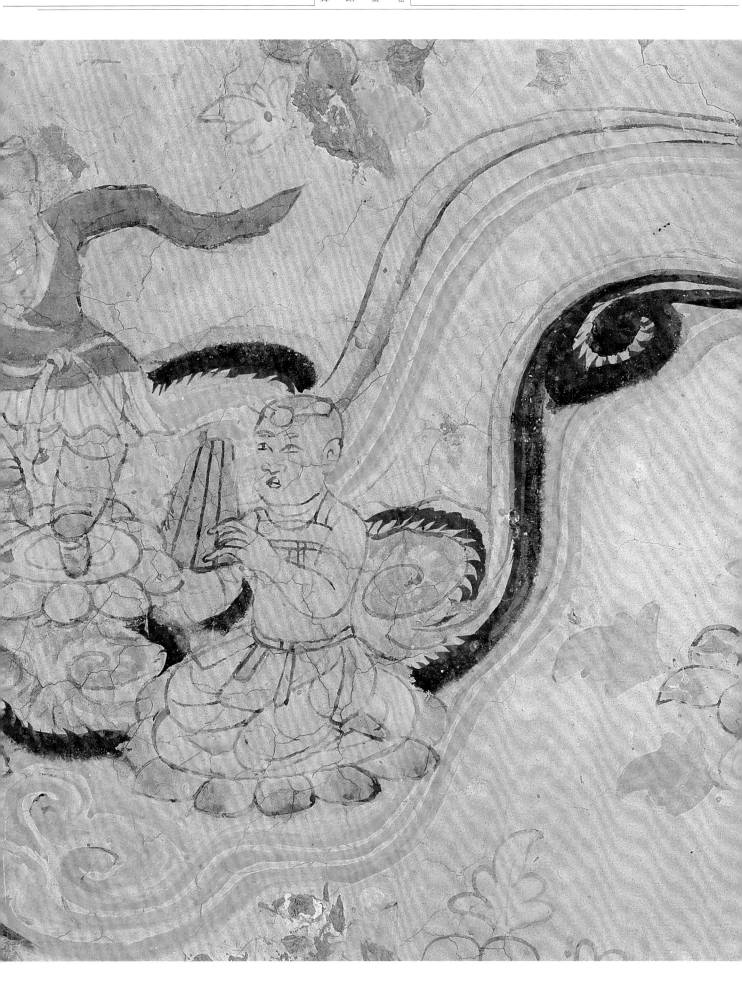

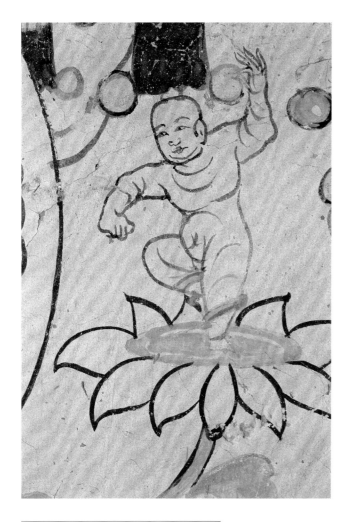 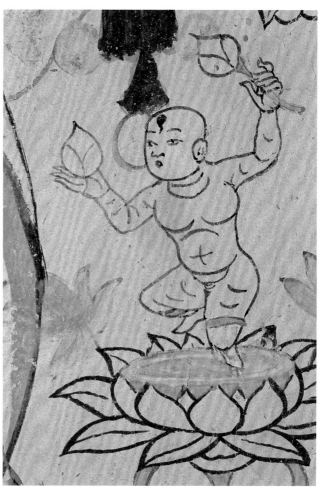

168 徒手而舞的化生童子

從聖潔的蓮花中化生而出的童子，天真
可愛的形象，是人間兒童的寫真。此童
子在蓮花上，吸腿而立。左臂曲舉頭
側，右手半握拳，手心向後翻按。這一
手姿至今仍是古典舞中的常見手姿。童
子着靴，當是當時少數民族裝束。

宋 榆15 南壁

169 捧蕾而舞的化生童子

此童子雙手舉蓮蕾，傾身向前，左腿立
於蓮花上，右腿曲提，似正舉步向前。
童子頭頂剃髮，額前一綹頭髮下垂，更
顯得天真可愛，具有生活的真實性。

宋 榆15 南壁

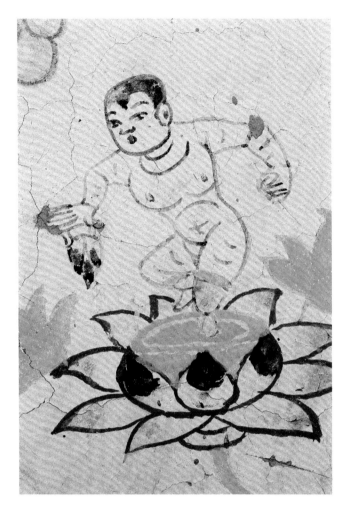

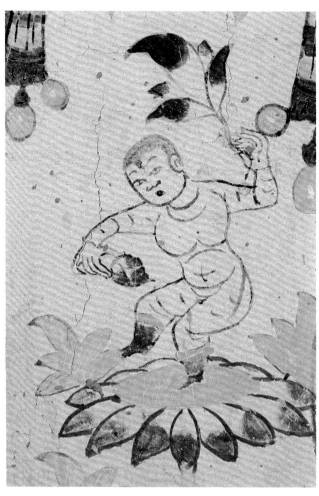

170 倒持蓮蕾而舞的化生童子

此童子右手倒持蓮蕾，左手半握拳。左
腿立於蓮花上，右腿曲抬，上身前傾，
有欲向前奔去的動勢。

宋 榆15 南壁

171 舉蓮花而舞的化生童子

此童子躬身向前，富於表情地注視着右
手所執蓮蕾。左手高舉盛開蓮花，似欲
舉步前行，姿態優美。

宋 榆15 北壁

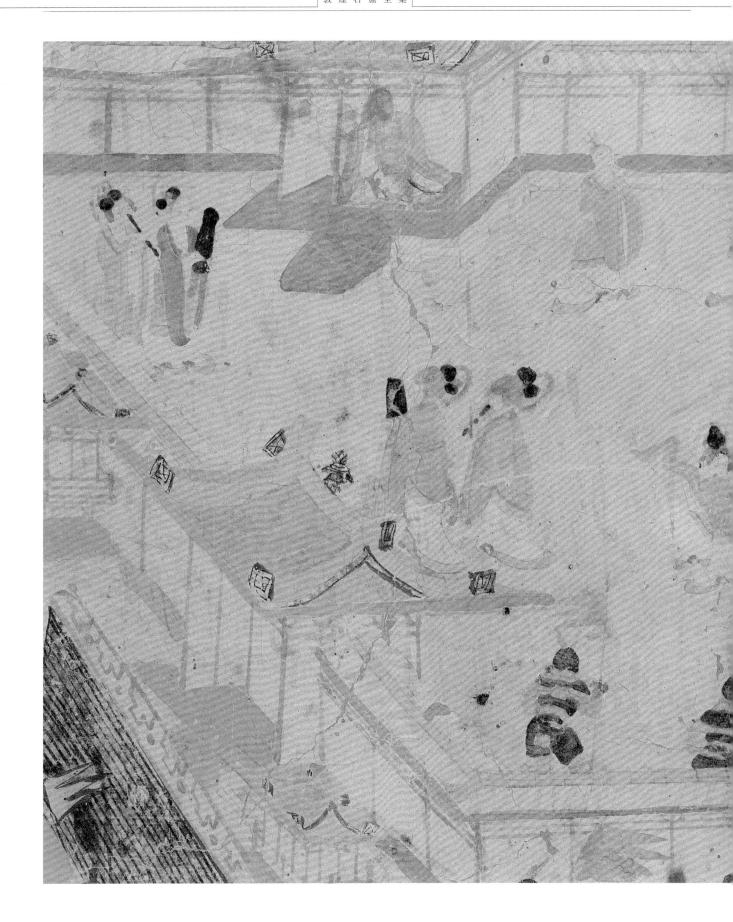

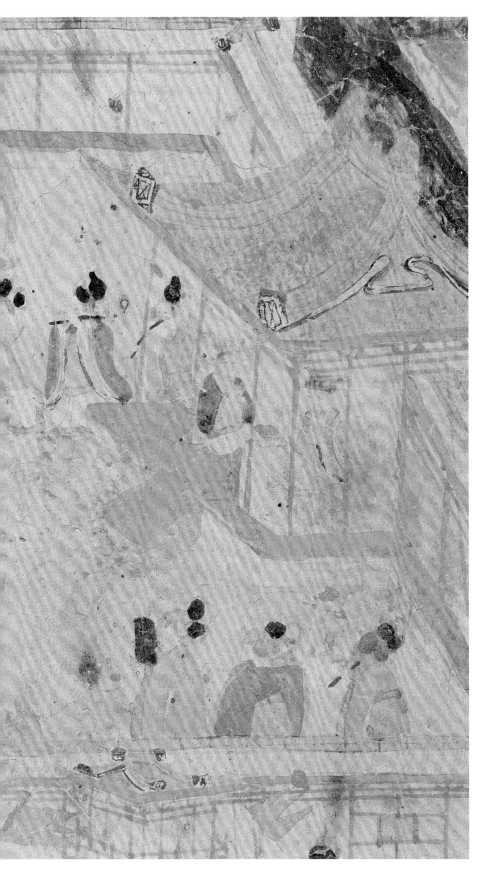

172 五欲圖中樂舞

此圖為佛傳故事畫之——五欲圖。描繪佛陀為太子時看破紅塵，決心出家修行。為阻止太子出家，國王在後宮設宴作樂，欲以聲色享樂，勸誘太子留在宮中，繼承王位。但太子不為所動，對眼前的樂舞毫無興趣，避而不觀。

五代 莫61 西壁佛傳屏風畫

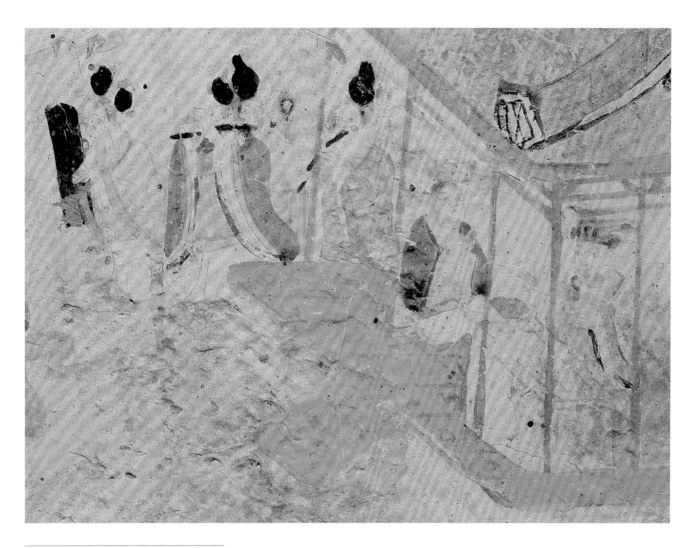

173 後宮樂舞特寫

畫面中上部是三個站立的樂人,為舞者
伴奏;似一執大拍板、一吹橫笛、一吹
簫。左為一揮袖起舞的女舞者。舞者梳
高髻,穿方領露胸緊身長袖舞衣,下身
穿細腿寬口長褲。她摔身回頭,蹶臀出
胯,勁甩雙袖,目光投向太子,欲向太
子獻媚的表情十分明顯,可視為古代的
"誘惑舞"。

五代 莫61 西壁佛傳屏風畫

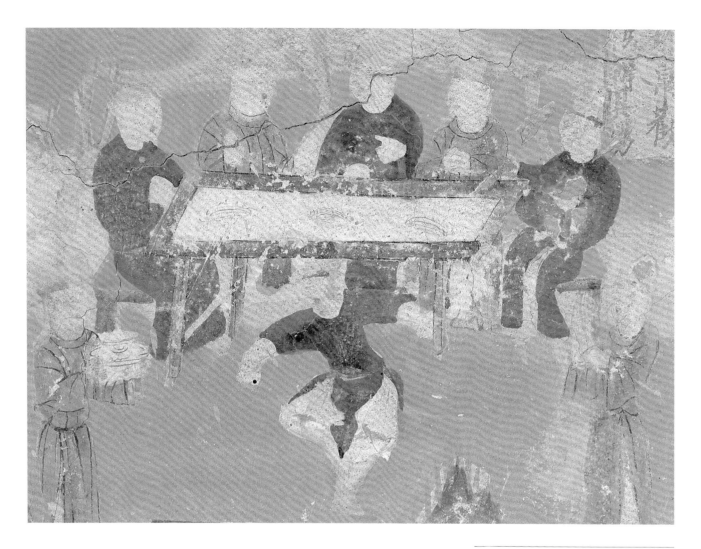

174 宴飲俗舞

這幅賢愚經變屏風畫中的民俗舞,生活
氣息濃郁。五個着常服的男子,端坐在
長方形桌旁,一短裝常服男子在桌前,
雙手半握拳,平展雙臂,吸腿勁舞。左
一人雙手端盤,右一人似執拍板為舞者
擊節。這一場景很可能是當時酒宴中的
俗舞表演,也有可能是筵宴中的"打令
舞"(即酒令舞)。若是打令舞,這一
舞姿是敦煌舞譜殘卷"字組"(舞蹈動
作術語)中的哪一個字及所代表的哪個
動作,尚待進一步研究。舞譜字組見第
二章。

五代　莫98　北壁

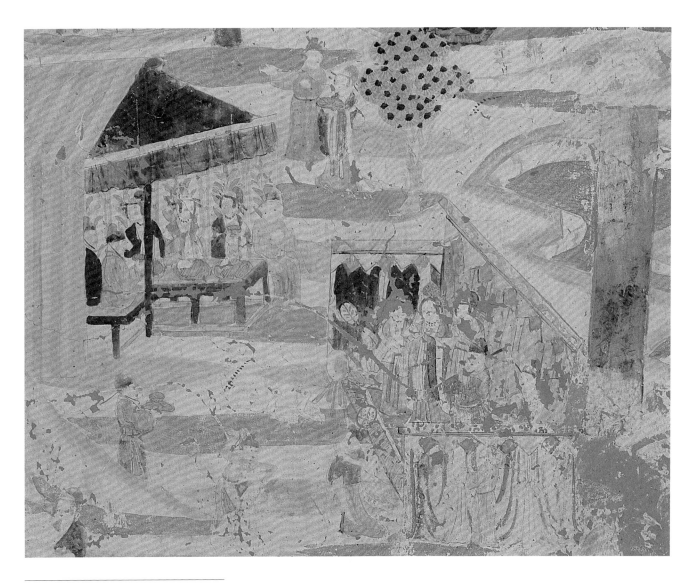

175 婚宴俗舞

帷帳中正舉行婚禮，新娘頭戴桃形金鳳
冠，這是回鶻貴婦的標誌。這是一幅漢
族與回鶻族通婚的畫面。舉行婚禮的帷
帳前，有一庶民打扮的男子，面對一執
團扇，着短衣、長裙、披帛的年輕女子
揮袖起舞。一端盤侍者站在男舞者身
後。這一場景是當時婚宴的真實寫照。
男舞者可能是在婚宴中興奮地即興起
舞，以示祝賀，並乘機向對面的年輕女
子表示好感。也有可能是"酒令舞"。

五代 榆38 西壁

第二節　剛柔並濟風韻獨特的西夏元舞蹈壁畫

矯捷柔曼舞韻兼具的西夏舞圖

西夏政權建立後，積極學習中原文化，並承襲了宋代宮廷禮儀性樂舞及其制度。西夏設有專管樂舞的機構——蕃漢樂人院，其中有許多漢族及少數民族的樂工舞人。

西夏政權在敦煌、安西榆林及河西走廊一帶，修建了許多佛教石窟。這些洞窟既留下了許多西夏史迹，也保留了風韻獨特的舞蹈形象。在文字資料非常匱乏的情況下，這些天國的舞蹈形象，成了我們研究西夏舞蹈的珍貴史料。敦煌第164窟的供養伎樂和安西榆林窟第3窟經變畫中的伎樂圖，服飾及舞姿均接近唐、宋風格。那微傾頭，稍擰身，踏步或端腿，輕揚臂的柔曼舞姿，很少顯露出西北少數民族強悍粗獷的氣質。這是西夏珍視中原文化，繼承唐、宋樂舞的反映。西夏舞圖中，還有另外一種類型，充滿西北遊牧民族的豪放之美。如東千佛洞第2窟和肅北五個廟等石窟中的西夏舞圖，大都是主力腿半蹲，開胯，另一腿端跨於主力腿膝部；或托盤、或揮巾、或空手而舞。這些舞姿的顯著特點是開胯，具有遊牧民族的生活特點及審美情趣，展示了黨項羌族人的舞蹈風韻。

在東千佛洞第2窟有一組西夏供養伎樂，其中有一幅二舞者雙身緊緊勾連纏繞，雙人共托供品盤的人物形象，兼精巧與粗放於一體，熔舞蹈與雜技為一爐，實屬宗教畫舞圖中獨具特色的精品。這幅罕見的舞圖畫，實在令人驚嘆中國古代舞蹈造型的奇巧，佩服當年畫工構思、畫藝的高超。這幅舞圖在一定程度上反映了西夏舞蹈的特殊風貌。

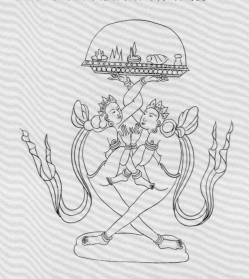

東千佛洞第2窟西夏供養伎樂線描圖

其他如榆林窟第3窟西夏時期繪製的腰鼓舞圖，舞者的手從腿下伸出，掬腿擊鼓的舞姿既顯示了與如今中原腰鼓舞擊技的相融相通，又表現了古羌族舞蹈的豪放氣質。

風格迥異的元代舞蹈壁畫

早在忽必烈統一全中國建立元朝之前的半個世紀，成吉思汗即已於1227年擊敗西夏軍，攻佔了沙州（今敦煌），蒙元在敦煌莫高窟開窟造像的時間可追溯至此。著名的敦煌莫高窟第3窟,有兩幅栩栩如生的千手千眼觀音像,在觀音像的左右上角,各有飛天一身,身形粗壯,面目豐腴,毫無傳統飛天那輕盈飄逸,升騰飛揚之勢,卻極富遊牧民族欣賞的健美體態。

莫高窟現存的元代洞窟,最有代表性、舞蹈形象最豐富的應數第465窟。史葦湘稱之為"風格迥異的金剛乘藏密畫派"的作品。藏族傳統畫家尼瑪澤仁指第465窟壁畫"充分展示了西藏薩迦派密教藝術的魅力"。此窟有多幅雙身像,在這些雙身佛像周圍許多方格繪有不少精彩的舞姿圖。這種與敦煌其他洞窟舞蹈壁畫風格迥異的舞圖,不禁使人聯想起元代著名舞蹈——《十六天魔舞》。

《十六天魔舞》是元代在宮中做佛事時表演的女子羣舞,據《元史·順帝本紀》記載創作於元順帝至正十四年(公元1354年)。當時順帝怠於政事,耽於遊樂,以宮女三聖奴、妙樂奴、文殊奴等十六人舞《十六天魔舞》。遇宮中讚佛,則按舞奏樂,宮官中受秘密戒者才得入觀。後來這個專為宮廷表演的佛教舞蹈悄然傳入民間。元人張昱在《輦下曲》中寫道:

"西天法曲曼聲長,
瓔珞垂衣稱艷裝。

大宴殿中歌舞上,
華嚴海會慶君王。
西方舞女即天人,
玉手曇花滿把青。
舞唱天魔供奉曲,
君王常在月宮聽。"

我們雖然很難斷定第465窟元代壁畫的舞蹈形象是否與《十六天魔舞》有關,但它們之間確有一些共同點:一、同是與佛教有關的舞蹈;二、舞者所執舞具相同——即鈴杵等法器;再者,當時影響甚大的《十六天魔舞》極可能成為畫工着力描繪的對象。第465窟繪製的各種舞圖,使人感到她們不是天國的神,而是正在起舞的、技藝高超的舞蹈藝人。那矯健奔放的舞姿,正是橫跨歐亞大陸的強大元朝所崇尚的舞風。

晚期敦煌壁畫中的舞蹈形象,遠不及唐代那麼豐富生動,絢麗多姿。五代至宋的舞圖在承襲唐風的同時,也出現了一些反映當時舞蹈風貌的舞圖。而元代壁畫中的舞蹈形象風格獨特,使人耳目一新,堪稱晚期敦煌壁畫的精品。

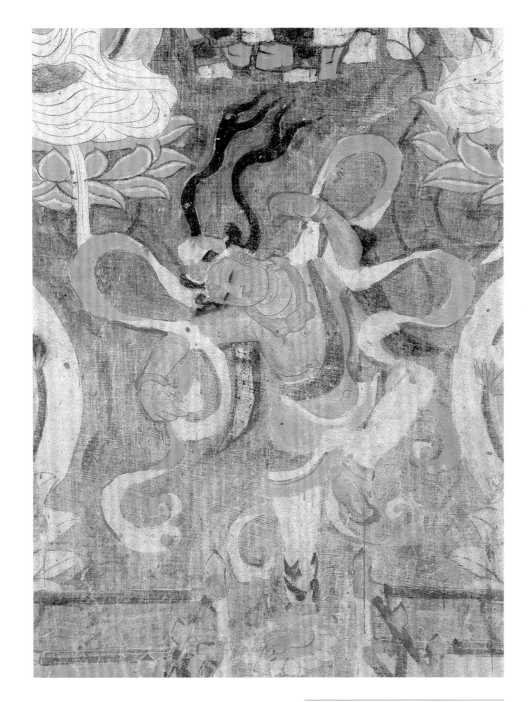

176 傾身抬膝巾舞

此身舞伎披執長巾，左腿曲膝高提，歪
頭向右側傾身；左臂曲舉頭上，右臂向
內下彎曲。舞姿生動，矯捷奔放，似有
奪壁而出之感。

西夏　莫308　前室西壁

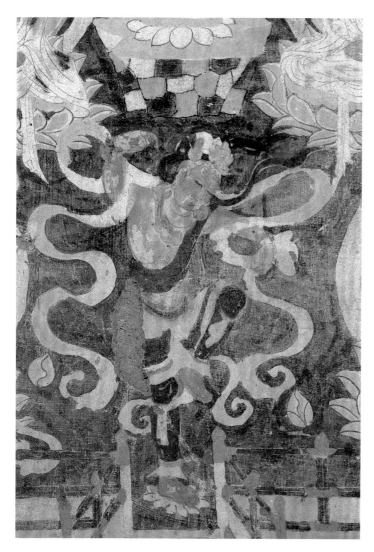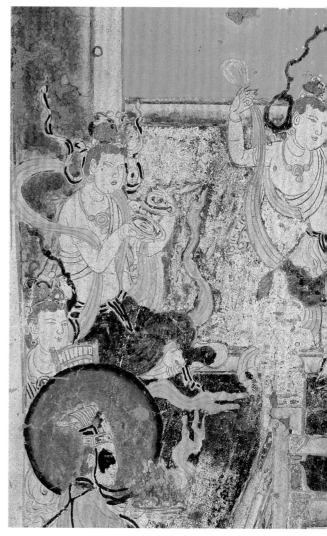

177 傾身抬膝巾舞

此舞圖與上圖舞伎上半身姿態一致,動
勢方向相反。而腿部姿態與方向都一
致,都是左腿曲膝高提。形成東、西兩
壁畫面既對稱,又有變化。此舞圖風
韻,不及上圖生動,其矯捷神態仍清晰
呈現。

西夏 莫308 前室東壁

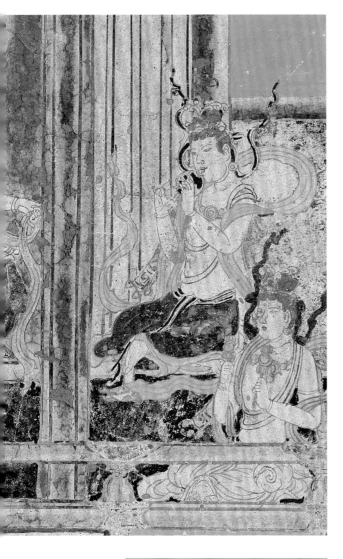

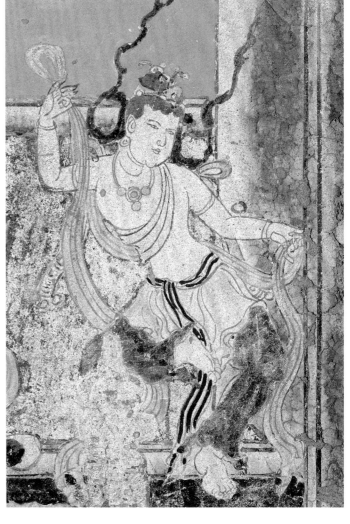

178 順風旗姿巾舞

樂舞人在迴廊廳堂中奏樂起舞。樂人分
坐兩旁，中一舞者執巾起舞。主力腿開
胯半蹲，姿態腿端跨於主力腿膝部。微
傾頭，稍擰身，雙臂作"順風旗"姿。
長巾曼捲下垂，舞姿柔曼。在一定程度
上具有中原樂舞風韻。

西夏 榆3 南壁

179 舞伎特寫

西夏 榆3 南壁

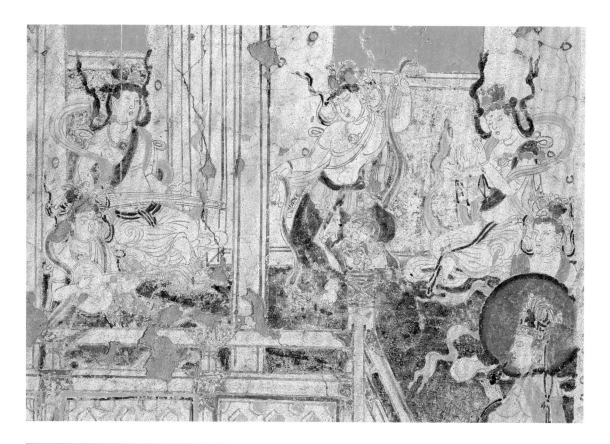

180 巾舞獨舞及樂隊
西夏 榆3 南壁

181 巾舞獨舞及樂隊
西夏 榆3 南壁

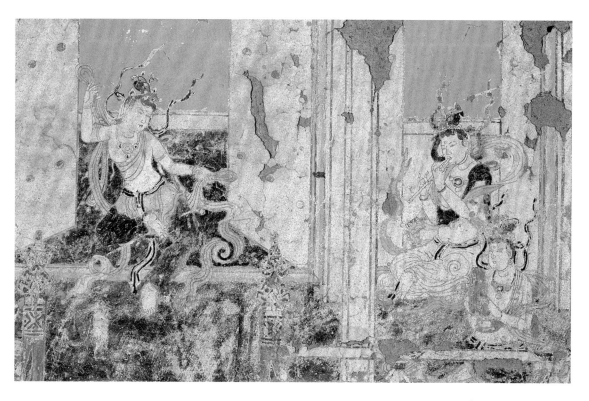

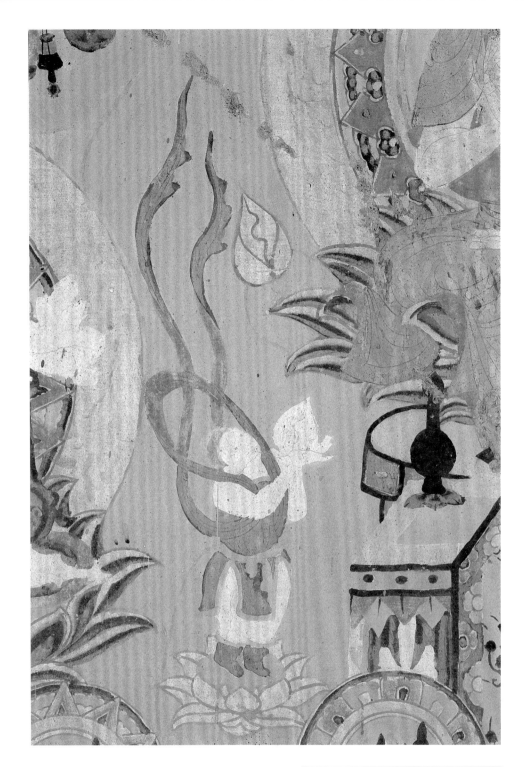

182 童子飛天

立於蓮花上的童子飛天,上揚的長長飄
帶,襯托出童子徐徐下降的動勢。童子
雙手捧舉桃形供品,虔誠地仰頭敬佛。
從其着靴及服飾判斷,可能是當時西北
的少數民族裝束。

西夏 莫307 東壁

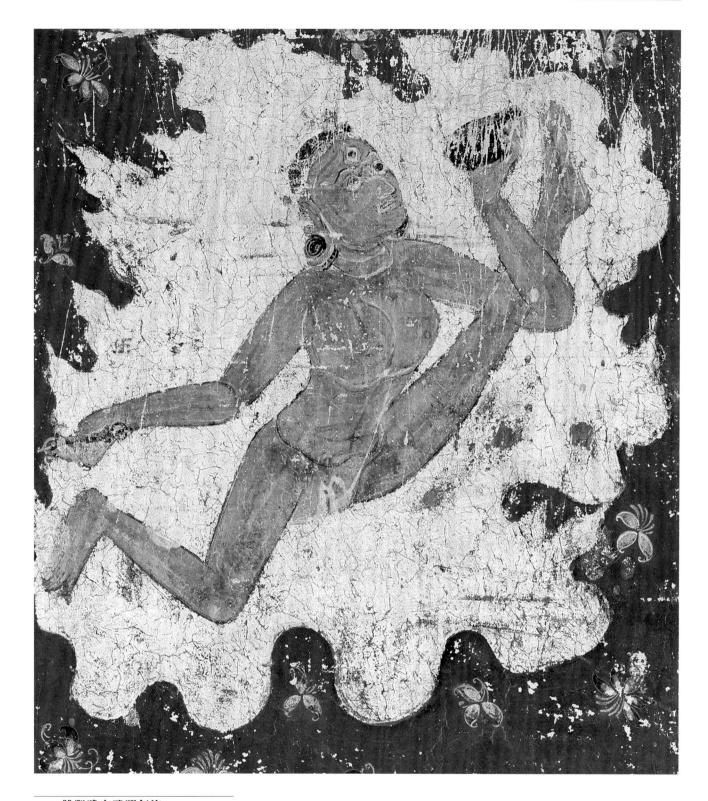

183 雙腿騰空飛躍舞姿

敦煌465窟窟壁繪有多幅雙身佛像，俗稱
"歡喜佛"，在這些雙身佛像周圍的框
格內，繪有多幅健美豪放的舞姿圖。本
圖舞人三目細腰，雙腿作騰空奔馳飛躍
狀，頗似"大跳"舞蹈動作。右手執金
剛杵，左手從高踢的左腿下掬出托鉢。
舞姿奔放粗獷。

元 莫465 南壁

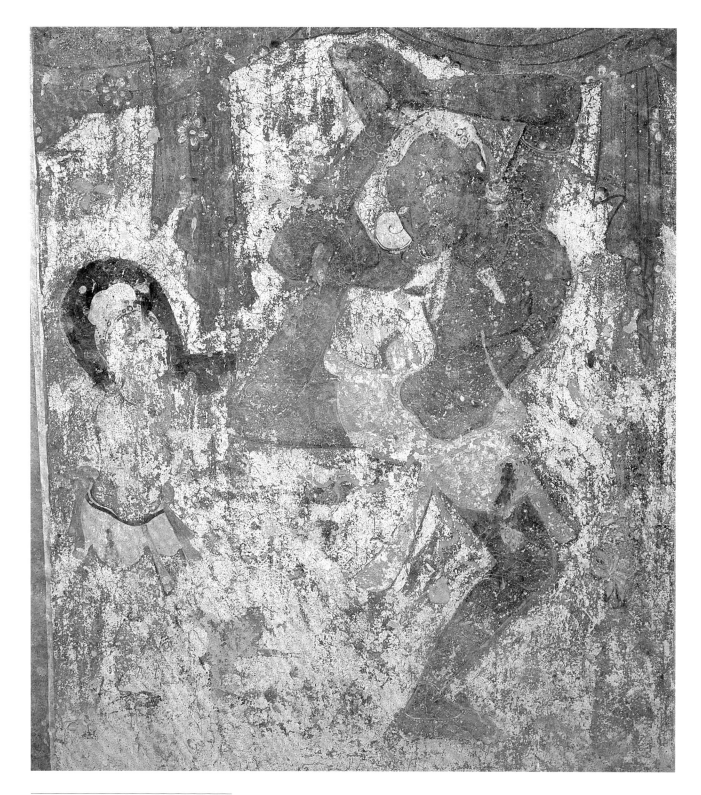

184 右腿勾掛右臂舞姿

舞者左腿半蹲而立,右腿勾掛在彎曲的
右臂上,雙手合十舉至頭頂。舞蹈造型
獨特,動作難度雖大,但這是經過嚴格
訓練的舞者可以達到的動作。此舞姿已
被搬演到著名舞劇《絲路花雨》中,並
已成為中國古典舞基本訓練動作之一。

元 莫465 南壁

185 三臂屈伸舞姿　　　見下頁 ▶

腳踏高姿"弓箭步",頸掛骷髏形串
珠。三臂屈伸,手執法器,舞姿雄健。

元 莫465 西壁

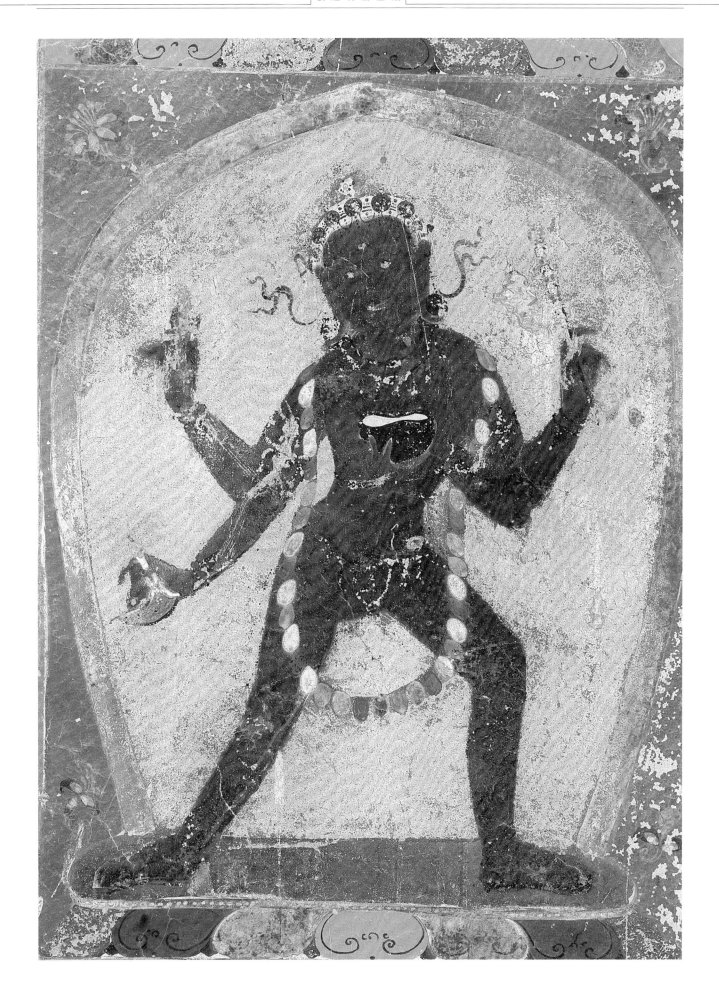

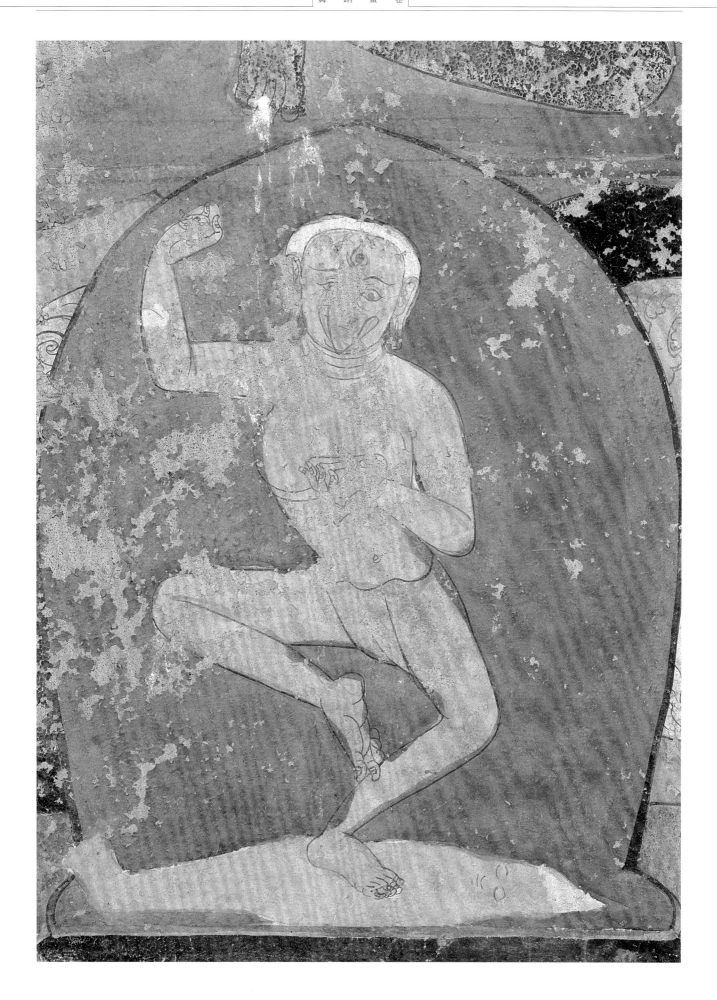

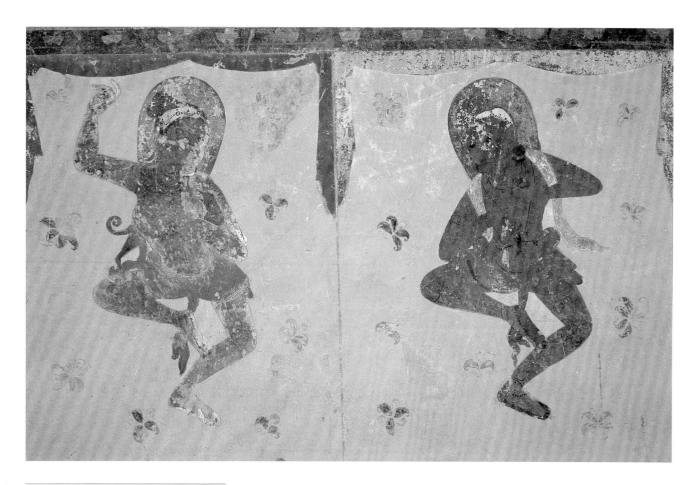

187 雙人舞

正對窟門的這幅雙人對舞圖，舞者頭上
有象徵神佛的光圈。他們腿部姿式一
致，手臂舞姿各異，一是右手"托
掌"，一是雙手端棒胸前。二者舞姿既
協調一致，相互呼應，又富於變化。

元 莫465 西壁

186 猴面人身舞伎　　◀ 見上頁

舞者猴面人身。右臂曲舉作"托掌"
姿，左臂曲端胸前，左腿半蹲而立，右
腿低跨，舞姿沉穩。

元 莫465 北壁

第三節　晚期壁畫中的菩薩美姿

菩薩是佛國世界中侍奉、供養佛，地位僅次於佛的濟世之神。在敦煌北涼至元代的洞窟中，常有單身或多身的菩薩畫像出現，他們姿態各異，造型優美。

在北朝時期的敦煌壁畫中，菩薩多為供養菩薩，繪製多身，分行排列，形體較小。北涼第272窟在佛龕的兩側，各畫四排小菩薩，每排五身。這些小菩薩，造型各異，無一雷同，刻畫出多種多樣的舞蹈姿態，是供養菩薩畫像的代表作。雖然由於時間久遠，部分壁畫剝落，畫中的部分菩薩形象已經漫漶不清，但大部分能清晰看出其舞姿。

隨着佛教在中國的傳播，敦煌壁畫中菩薩畫像的題材種類逐漸增多。除供養菩薩之外，隋代開始，又出現八大菩薩、十大菩薩畫像。特別是到五代時期，十大菩薩畫像盛行。這些菩薩大多姿態嫻靜，無明顯的舞蹈姿態，但他們纖巧靈活的身姿、優雅婀娜的體態，尤

其是細膩柔美的手勢，極富舞蹈的美感，因而特別引起觀者和研究者注目。菩薩手姿本為具有佛教涵義的佛教手印，而非真正的舞蹈姿態。但從舞蹈的角度來看，這些各具舞蹈特徵的手姿，優美、自然，對研究中國古典舞及民間舞的手姿極具參考價值。

五代是敦煌壁畫中菩薩畫像最豐富的時期，繪多身菩薩侍奉於佛的左右。五代榆林窟第20窟東壁繪有10身菩薩，並各附有榜題。這些菩薩神態恬靜安詳，在蓮花上或跪、或坐，或徒手、或持蓮，或虔誠供養、或奏樂起舞，姿態各異。尤其是手部姿態，極具舞韻。此外，在西夏榆林第3窟、元代榆林第4窟等晚期洞窟的壁畫中也出現了頗具遊牧民族特色的舞蹈菩薩形象，他們對于研究此時的少數民族舞蹈頗具參考價值，故一併選入本卷，以饗讀者，並供舞蹈創作及表演者參考。

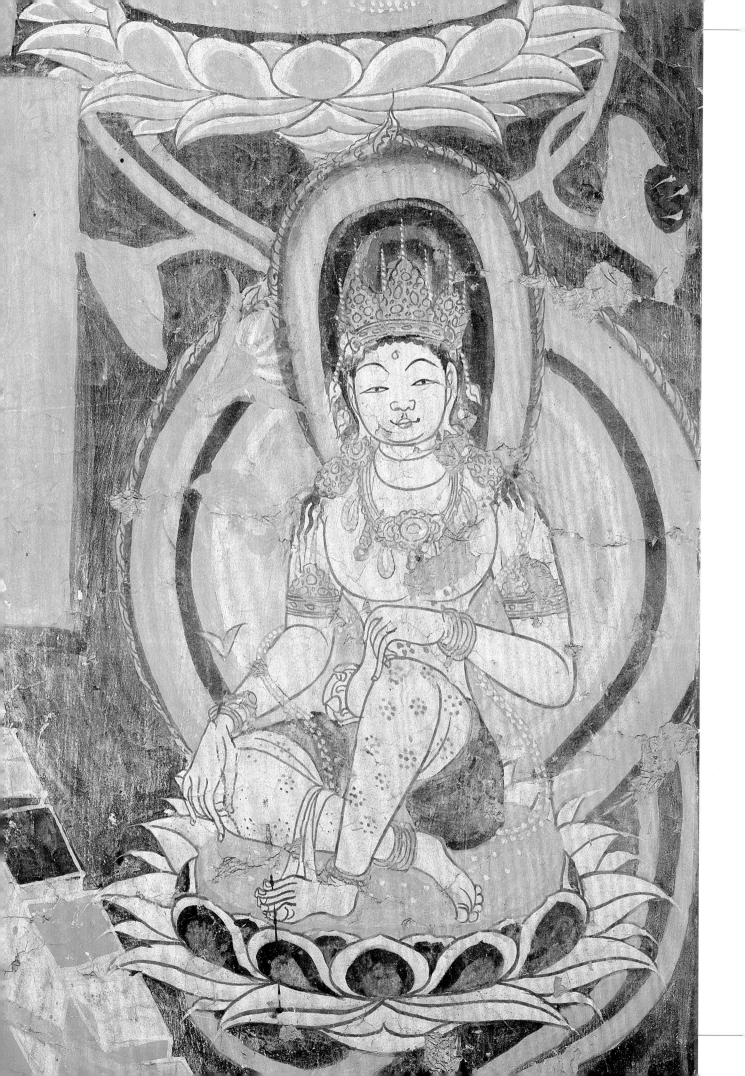

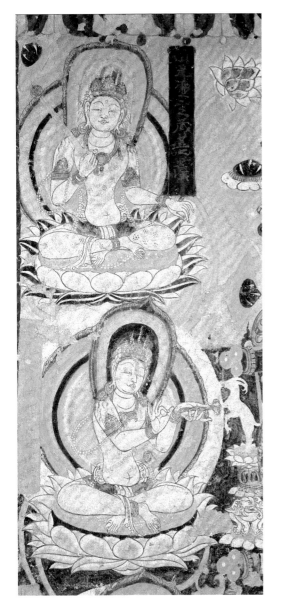

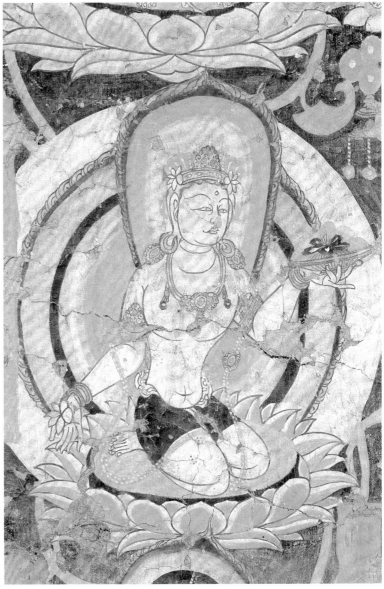

189 撫膝執劍的南無虛空藏菩薩

上身菩薩左手撫膝，右手執劍。下身菩薩，左手執供物，右手以優美的"蘭花指"送之。

五代 榆20 東壁

190 跪坐托花盤的南無供養菩薩

菩薩雙膝跪地，左手托花盤向前，右手側垂，手心攤花，虔誠供養。

五代 榆20 東壁

188 安詳恬靜的南無文殊菩薩

以下10身五代壁畫中的菩薩，身態手姿均極富舞蹈美感。作者在此從舞蹈的視覺，參照古典舞或民間舞的手姿加以研究。這尊南無文殊菩薩，姿態鬆弛自然，表情恬靜安詳。

五代 榆20 東壁

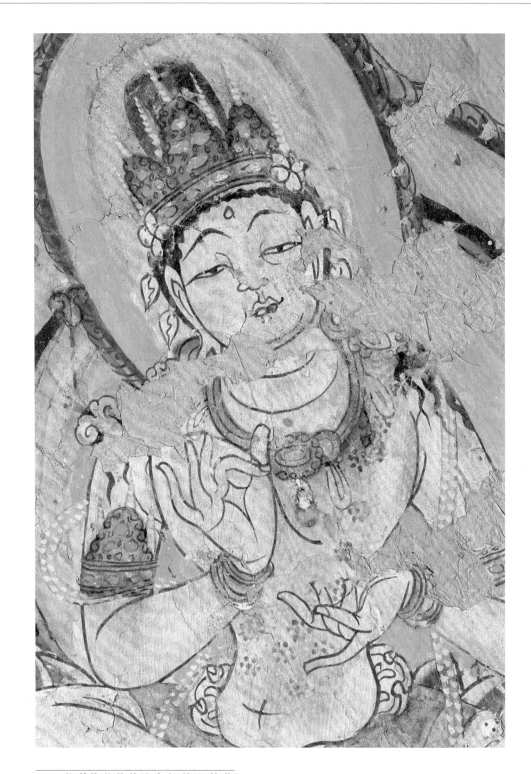

191 作"蘭花指"的南無普賢菩薩

菩薩微微傾頭，雙手在胸前，一上一
下，手心相對，右手做"蘭花指"，手
姿秀美。

五代 榆20 東壁

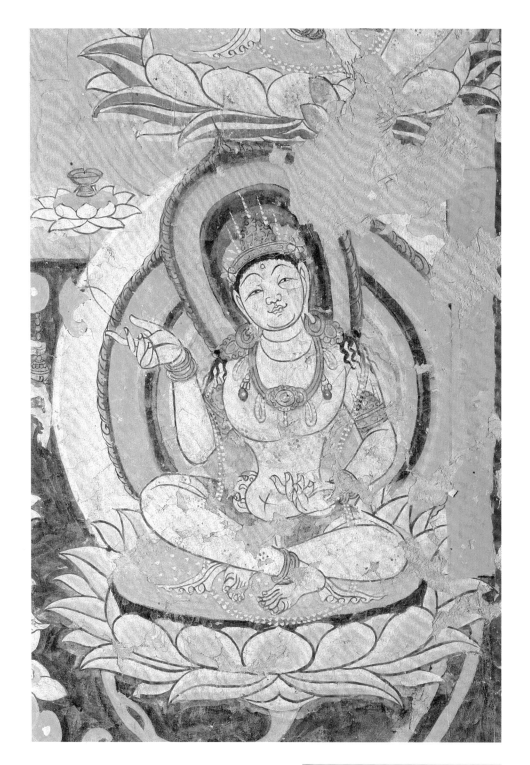

192　盤坐持蓮的供養菩薩

菩薩盤腿而坐，左手置於腹間，右手拈
舉盛開蓮花。題記："南無□□供養菩
薩"。

五代　榆20　東壁

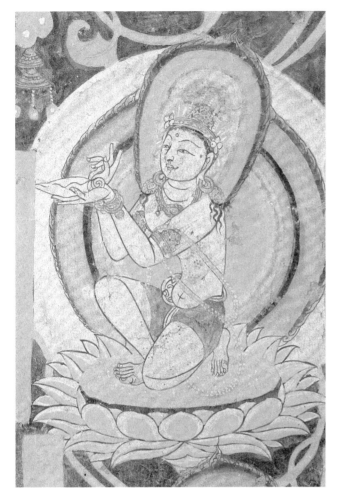

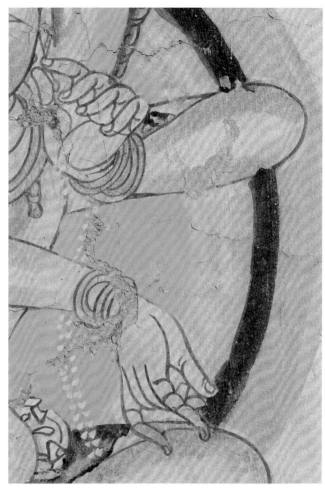

193 手捧海螺的南無甘露供養菩薩

菩薩單腿跪地,左手捧海螺,右手伸食
指與中指推舉而送。

五代 榆20 東壁

194 供養菩薩手姿特寫

雙手一上一下,其手姿既優美柔和,又
飽含內勁。題記:"南無父母菩薩"。

五代 榆20 東壁

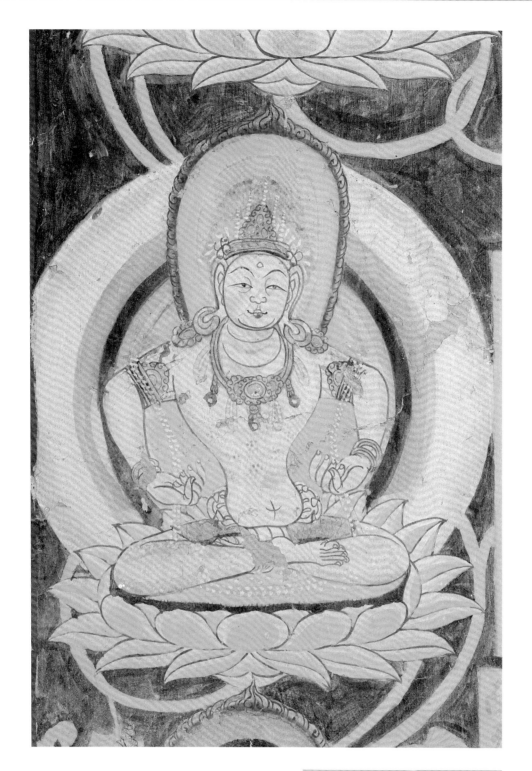

195 "叉腰"的南無金光語菩薩
菩薩向左右兩側張肘,雙手捏指屈掌,
置於腰間,作叉腰狀。姿態柔中帶剛。
五代 榆20 東壁

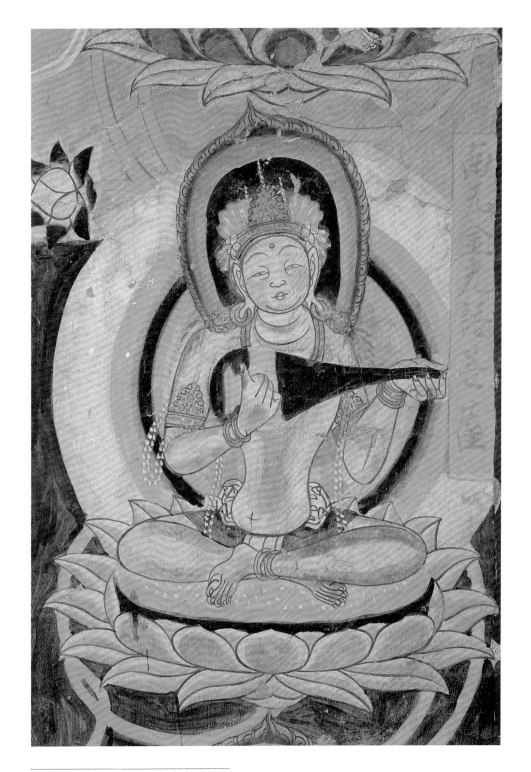

196 彈琵琶的南無金剛掌菩薩

菩薩盤腿而坐,懷抱琵琶彈奏以娛佛。

五代 榆20 東壁

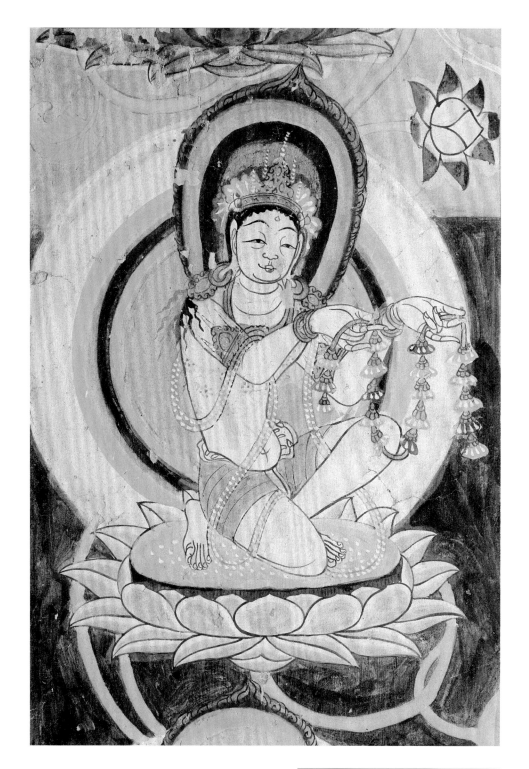

197　持花繩的南無金剛掌菩薩

菩薩單腿跪，雙手捧執花繩，向前平伸，
虔誠供養。對佛的十種供養中，有花供養
一項。執花繩而舞本是西北少數民族傳統
舞蹈形式，至今仍流傳民間。

五代　榆20　東壁

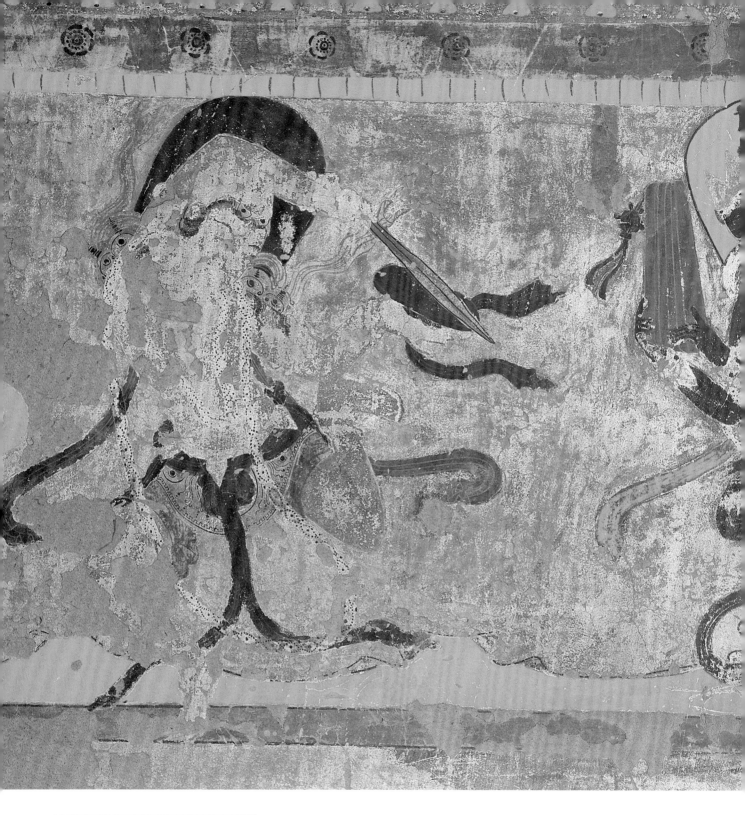

198 菩薩伎樂

二身菩薩伎樂均在奏樂起舞。中一身執
拍板，右一身擊腰鼓，左一身左手持
劍。執拍板的伎樂菩薩一腿曲抬，一腿
半蹲。開胯半蹲的獨特舞姿反映了馬上
遊牧民族的生活特點及審美情趣，展示
了黨項人的舞蹈風韻。

西夏　榆3　南壁

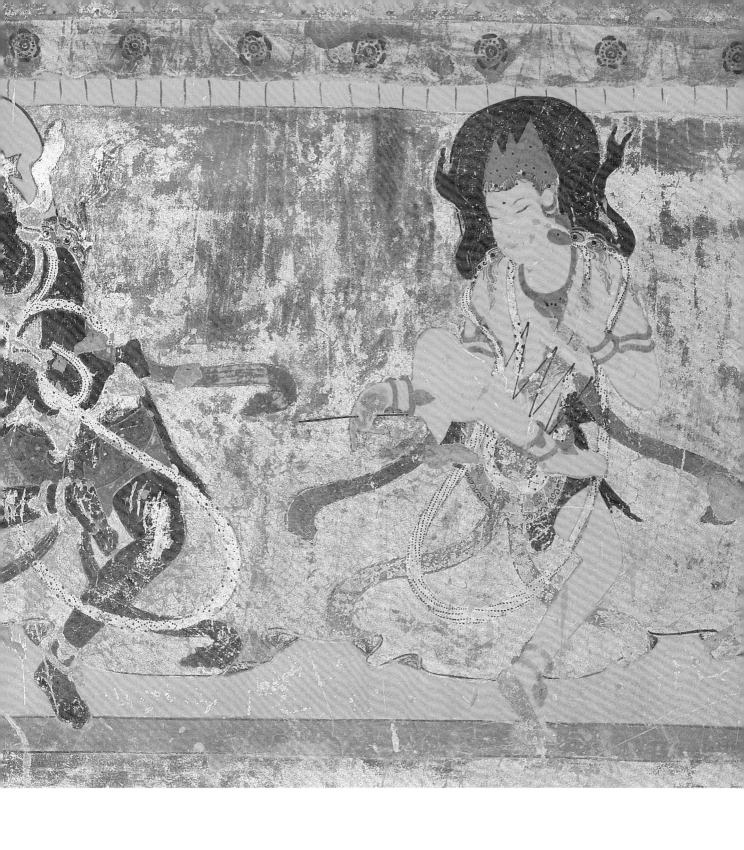

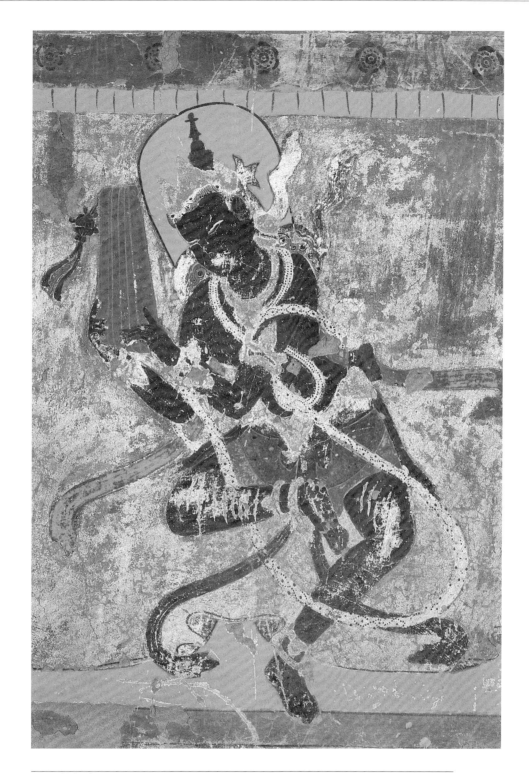

199 拍板舞

上圖特寫之一。菩薩伎樂雙手執大拍板
起舞。據研究，這種舞蹈形式至今流傳
在甘肅隴西縣一帶，當地稱之為《雲陽
板》。板長一尺多，寬三寸多，板上繪
花紋，板頭呈圓形。拍擊起舞。另據明
人姚旅《露書》載：在山西洪洞縣所見
多種民間舞中，有《花拍舞》，舞者手
執檀板，邊拍邊舞，舞起來如飛花着

身。西夏的壁畫與明人的記載都可證，
此種舞蹈歷史悠久，原本來自民間，並
傳承至今。

西夏 榆3 南壁

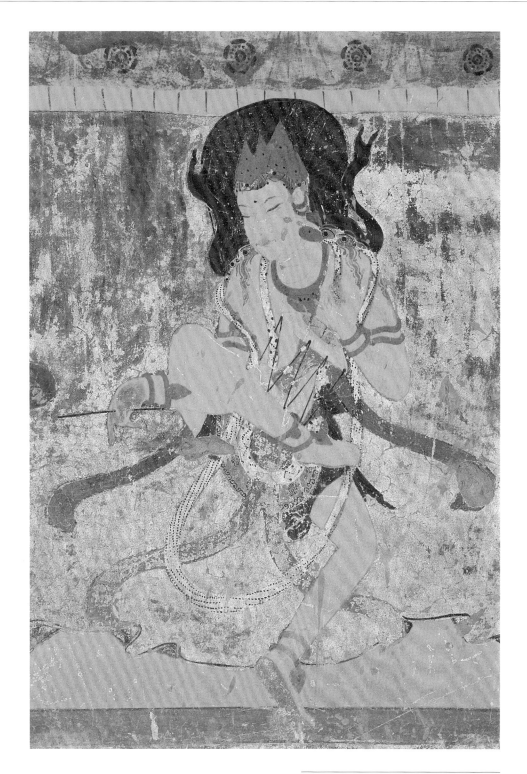

200 腰鼓舞

上圖特寫之一。腰鼓舞圖在敦煌、榆林
壁畫中，屢見不鮮。但此幅腰鼓舞圖，
鼓的形制不同，擊鼓姿勢也特別：舞者
高盤右腿，右手執鼓槌，從腿下掏腿擊
鼓。這種擊鼓舞姿，至今在陝西安塞
《腰鼓舞》中還經常出現。腰鼓舞具有
矯捷奔放的昂揚氣勢，但此圖的腰鼓舞
姿似乎比較舒緩。

西夏 榆3 南壁

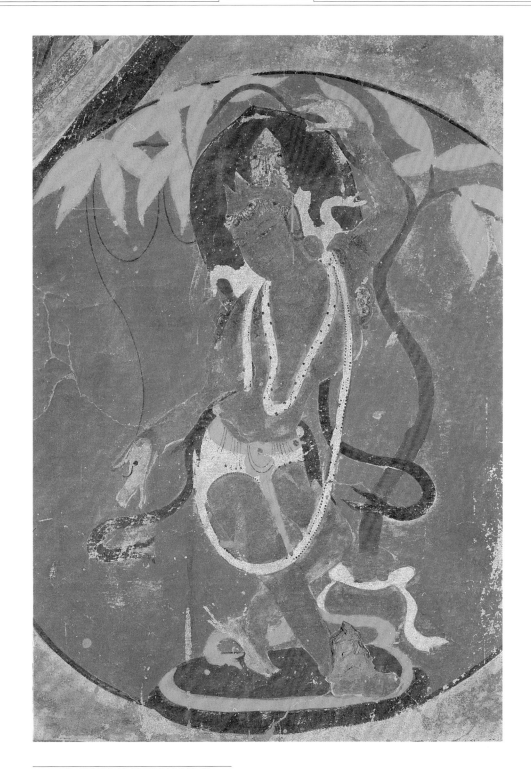

201 造型獨特的蛇繞舞蹈菩薩

在一大型圓形畫面中，一身姿優美的裸
身舞蹈菩薩，左手"托掌"，右手"攤
掌"，擰身"踏步"，表情溫婉地緩緩
起舞。數蛇繞身，好似身上裝飾的帛
帶。在印度的阿旃陀石窟，有一龕非常
美麗的女神像，在她的周圍有許多蜷曲
環繞的蛇身。據稱，這是印度人崇敬的
"蛇神"。西夏壁畫中出現此圖，是否
與印度的"蛇神"有關，待考。

西夏 榆3 北壁

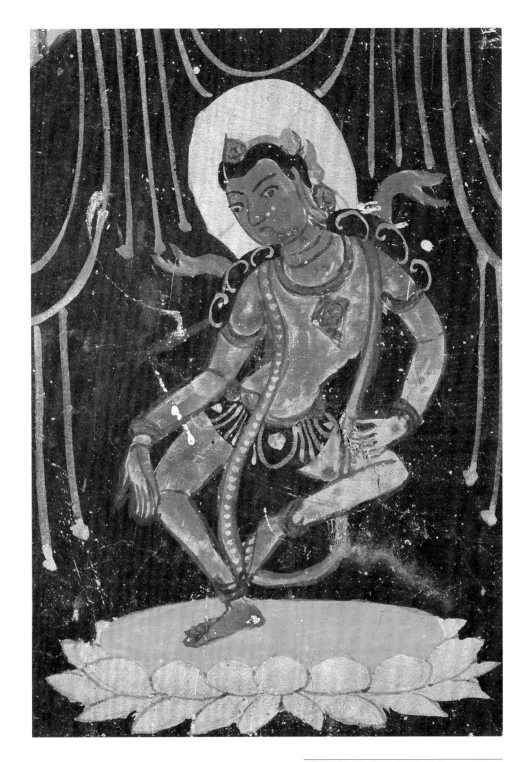

202　"S"型的舞蹈菩薩

菩薩的頭、胸、胯、腿各部，均向相反
方向扭傾。整個體態呈優美的"S"型。
腿部的半蹲開胯低跨腿姿，是馬上遊牧
民族人物造型的常見體態，也是民族審
美情趣之所在。西夏及元代壁畫中屢屢
出現這種體態，是民族特定的生活環境
對民族舞蹈形態帶來的深刻影響，也是
佛教發源地印度舞中屢屢出現的舞姿。

元　榆4　北壁

附錄：本書所見部分舞蹈術語表

手部動作

托掌：舞蹈手勢。手臂上舉，掌心朝上，呈向上托起狀。
按掌：舞蹈手勢。手臂向下伸或屈於胸前，手掌平展，掌心朝下，手指稍稍
上翹做下按動作。

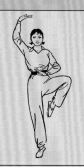

立掌：舞蹈手勢。手掌上翹直立，與小臂成直角形。
捧掌：舞蹈手勢。雙手併攏作捧物狀。
翻掌：舞蹈手勢。手掌從內向外翻，形成手背朝前，掌心向後姿。
彈指：新疆民族舞手部動作。拇指與中指用力搓彈發出聲響；或雙手相握，
食指與拇指用力擦撥發出清脆的聲響。
蘭花指：舞蹈手勢。拇指、中指和無名指向手心微屈，食指、小拇指稍翹，
呈柔和的拈花狀。因似中國蘭花形狀而得名。

提襟：為戲曲、古典舞的手部基本動作之一。即雙臂微曲、張肘，雙手作提
衣襟狀。

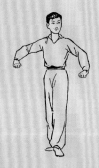

順風旗：為戲曲、古典舞的手部基本動作之一。一臂向上，一臂側伸。

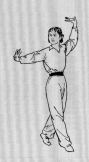

山膀：舞蹈手部基本動作（造型）之一。雙臂向左右兩側微屈肘平伸。單臂
側伸稱為單山膀。

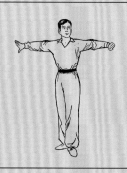

下身動作

挺胯：胯部稍向前挺出

出胯：胯部向兩側擺出

吸腿：舞蹈立姿。主力腿直立，動力腿向前或側屈膝抬起，腳背繃直向後靠或貼主力腿內側。

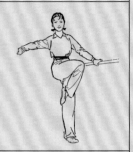

跨腿：舞蹈立姿。主力腿直立，動力腿向外側曲抬，橫跨於主力腿前。

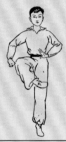

盤腿：舞蹈立姿。主力腿直立，動力腿向外側曲抬，盤於主力腿之上。

掖腿：舞蹈立姿。主力腿直立，動力腿向後微曲，小腿靠在主力腿後。

踏步：舞蹈立姿。主力腿直立，動力腿向主力腿後側微曲，以腳尖觸地。

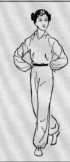

弓箭步：又稱箭步，一腿作半蹲狀，另一腿向後伸直踏地。

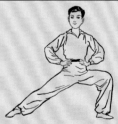

其他

"8" 字綢花：古典舞長綢舞的動作。揮動長綢，使繞成橫 "8" 字或直 "8" 字形綢花。

亮相：戲曲或舞蹈短時間的靜止造型。尤指戲曲演員上場或舞句、舞段結束時，由動態到正視觀眾的靜止瞬間，稱為亮相。

圖版索引

圖號	圖名	窟號	頁碼
第一章			
1	凌空吹笛的飛天	莫249	15
2	富陽剛之氣的飛仙	莫249	16
3	具男性特點的飛仙	莫249	17
4	合樂歌唱的飛天	莫285	18
5	揚臂而舞的飛天	莫285	19
6	南側的聽法供養	莫272	20
7	北側的聽法供養菩薩	莫272	21
8	藥叉的剛健舞姿	莫290	22
9	圍繞窟壁上部的天宮伎樂	莫288	23
10	亦彈亦舞兩伎樂	莫272	24
11	天宮伎樂——四樂舞者	莫272	24
12	舞姿剛勁美伎樂	莫272	25
13	天宮伎樂—琵琶彈奏伴媚姿	莫248	26
14	歪頭勁舞的天宮伎樂	莫248	27
15	西域舞風的天宮伎樂	莫248	28
16	舞姿舒展的伎樂	莫248	29
17	作"彈指"狀的兩伎樂	莫251	30
18	作"捧掌"姿的伎樂	莫251	31
19	抬臂推掌的伎樂	莫251	32
20	作捧掌供養狀的伎樂	莫251	33
21	印度舞韻的伎樂	莫251	34
22	披"紗麗"式服飾的伎樂	莫251	35
23	窟龕頂部的天宮伎樂	莫435	36
24	頭飾華麗的天宮伎樂	莫435	37
25	舞巾上揚的伎樂	莫435	38
26	窈窕含蓄的伎樂	莫435	38
27	窈窕含蓄的伎樂	莫435	39
28	椎髻挺胯的伎樂	莫435	40
29	作"蘭花指"的伎樂	莫435	41
30	披"紗麗"的伎樂	莫435	42
31	作"托掌"、"立掌"的伎樂	莫435	43
32	舞花繩的伎樂	莫435	44
33	舞長巾的伎樂	莫442	45
34	舞姿頭飾各異的三身伎樂	莫249	46
35	舞姿挺拔的舞伎	莫249	47
36	對舞伎樂	莫288	48
37	舞姿剛勁的三身伎樂	莫288	50
38	捧掌高舉的伎樂	莫288	51
39	叉腰揚手的伎樂	莫288	52
40	繫腰鼓起舞的舞伎	莫288	52
41	合掌供奉的舞伎	莫288	53
42	舉果盤供奉的伎樂	莫288	54
43	作"蘭花指"的舞伎	莫288	55
44	托盤起舞的伎樂	莫288	56
45	供養伎樂人	莫297	59
46	蓮花叢中彈奏起舞	莫299	60
第二章			
47	手姿特寫	莫112	69
48	橋上對稱舞巾	莫154	72
49	前後兩組樂舞場面	莫159	74
50	"S"形姿態的飛天	莫303	75
51	捧身回首的飛天	莫305	76
52	雙人巾舞	莫220	81
53	帛帶飛揚的四人舞巾	莫220	82
54	左面舞伎的剛健舞姿和舞服	莫220	84
55	右面舞伎的旋轉舞姿	莫220	85
56	舞巾作順風旗姿	莫320	86
57	蓮花台上的巾舞	莫320	87
58	蓮花台上的雙人巾舞	莫217	88
59	蓮花台上的雙人巾舞（摹本）		89
60	"三道彎"雙人巾舞	莫148	90
61	雙人巾舞舞伎特寫	莫148	91
62	正背兩面雙人巾舞	莫172	92
63	舞姿迥異的雙人巾舞	莫148	93
64	軟舞風格的雙人巾舞	莫205	94
65	軟舞風格的雙人巾舞（摹本）		94
66	蹲身舞巾	莫180	95
67	傾身低頭的柔曼巾舞	莫201	95
68	西域樂韻伴巾舞	莫358	96
69	急舞催巾舞	莫358	97
70	舉步急行飛巾舞	莫112	98
71	披巾舉臂而舞	莫112	99
72	長巾翻捲舞蹁躚	莫286	100
73	迦陵頻伽伴巾舞	莫386	101
74	舞伎特寫	莫386	102
75	長巾裊繞的舞伎	莫159	103
76	半裸上身的巾舞舞伎	莫197	104
77	舞伎特寫	莫197	105
78	類順風旗姿舞巾	莫231	106
79	作順風旗姿舞巾	莫360	107
80	順風旗舞姿特寫	莫360	108
81	巾舞的蘭花手姿	莫200	109
82	披巾"彈指"舞	莫359	110
83	披巾"彈指"舞姿特寫	莫359	111
84	巾舞中獨特的手部動勢	莫359	112
85	巾舞的停頓造型	莫112	114
86	相互呼應雙人巾舞	莫159	115
87	披巾後垂的巾舞	莫12	116
88	舞伎特寫	莫12	117
89	攤掌類順風旗舞姿	莫12	118
90	攤掌類順風旗舞姿特寫	莫12	120
91	端莊的巾舞舞伎	莫14	121
92	大樂隊伴奏的巾舞獨舞	莫85	122
93	巾舞舞伎特寫	莫85	124
94	巾舞舞伎	莫85	125
95	舉巾舞伎	莫108	126
96	剛柔兼具舞長巾	莫156	127
97	巾舞與百戲	莫361	128
98	典型的"S"型舞姿	莫370	129
99	揚眉低目雙人巾舞	莫156	130
100	雙人巾舞的"8"字綢花	莫156	131
101	亦彈亦趨雙人巾舞	莫156	131
102	西域風格雙人巾舞	莫361	132
103	腰鼓舞特寫	榆25	135
104	剛健有力的腰鼓舞	榆25	136
105	披巾擊鼓而舞	莫360	138
106	胸鼓舞	莫108	139
107	"外道謗佛"中的腰鼓舞	莫158	140
108	腰鼓舞姿特寫	莫158	141
109	反彈琵琶舞姿	莫112	142
110	舞伎反彈琵琶特寫	莫112	144
111	盛裝的反彈琵琶舞伎	莫159	145
112	擊長鼓與反彈琵琶對舞	莫85	146
113	擊長鼓舞伎特寫	莫85	147
114	擊腰鼓與反彈琵琶對舞	莫108	148
115	擊長鼓與琵琶對舞	莫156	149
116	擊長鼓舞伎特寫	莫156	150
117	彈琵琶舞伎特寫	莫156	151
118	擊腰鼓與反彈琵琶對舞	莫196	152
119	婚宴舞	莫445	158
120	婚宴舞伎特寫	莫445	159
121	拜塔起舞	莫23	160
122	塔前起舞舞人特寫	莫23	161
123	巫舞	莫12	162
124	劍舞	莫154	163
125	張議潮出行圖中樂舞場面	莫156	164
126	舞人特寫	莫156	165
127	宋國夫人出行圖中樂舞場面	莫156	166
128	蓮花童子舞姿	莫329	168
129	蓮池童子	莫14	169
130	百戲童子	莫361	170
131	火宅中的胡人舞者	莫154	171
132	火宅童子舞	莫449	171
133	火宅童子樂舞	莫12	172
第三章			
134	報恩經變	榆16	177
135	單人長袖舞	榆33	178
136	揮巾舞"8"字	莫7	178
137	緩舞長巾舞姿	莫100	179
138	背身舞巾	莫98	180
139	背身舞巾	莫61	181
140	舞伎特寫	莫61	182
141	剛勁巾舞	莫61	183
142	舞伎特寫	莫61	184
143	剛勁巾舞	莫61	185
144	巾舞的順風旗姿	莫379	186
145	舞伎特寫	莫379	187
146	長巾曼捲緩舞巾	榆16	188
147	側身展臂舞巾	榆19	189
148	天池台上的大型樂舞	莫61	189
149	雙人巾舞舞伎特寫	莫61	190
150	造型新穎的雙人巾舞	榆19	191
151	巾舞中的按掌、托掌姿	莫55	192
152	按、托掌特寫	莫55	193
153	巾舞與反彈琵琶對舞	莫98	194
154	巾舞與反彈琵琶對舞	榆16	195
155	鼓舞拉山膀舞姿	莫5	196
156	胸鼓獨舞與樂隊	莫98	197
157	胸鼓獨舞舞伎	莫98	198
158	腰鼓獨舞提肘擊鼓姿	莫100	199
159	胸掛大型腰鼓獨舞	莫100	200
160	胸掛大型腰鼓獨舞	莫6	200
161	胸掛大型細腰鼓獨舞	榆34	201
162	腰鼓與反彈琵琶對舞	莫98	202
163	腰鼓與反彈琵琶對舞	莫61	204
164	上下兩層樂舞場面	榆19	205
165	長袖舞與琵琶對舞	榆19	206
166	迦陵頻伽伎樂	莫61	207
167	雲端化生童子樂舞	榆12	208
168	徒手而舞的化生童子	榆15	210
169	捧蕾而舞的化生童子	榆15	210
170	倒持蓮蕾而舞的化生童子	榆15	211
171	舉蓮花向舞的化生童子	榆15	211
172	五欲圖中樂舞	莫61	212
173	後宮樂舞特寫	莫61	214
174	宴飲俗舞	莫98	215
175	婚禮俗舞	榆38	216
176	傾身抬膝巾舞	莫308	219
177	傾身抬膝巾舞	莫308	220
178	順風旗姿巾舞	榆3	220
179	舞伎特寫	榆3	221
180	巾舞獨舞及樂隊	榆3	222

圖號	圖名	窟號	頁碼
181	巾舞獨舞及樂隊	榆3	222
182	童子飛天	莫307	223
183	雙腿騰空飛躍舞姿	莫465	224
184	右腿勾掛右臂舞姿	莫465	225
185	三臂屈伸舞姿	莫465	226
186	猴面人身舞伎	莫465	227
187	雙人舞	莫465	228
188	安詳恬靜的南無文殊菩薩	榆20	230
189	撫膝執劍的南無虛空藏菩薩	榆20	231
190	跪坐托花盤的南無供養菩薩	榆20	231
191	作"蘭花指"的南無普賢菩薩	榆20	232
192	盤坐持蓮的供養菩薩	榆20	233

圖號	圖名	窟號	頁碼
193	手捧海螺的南無甘露供養菩薩	榆20	234
194	供養菩薩手姿特寫	榆20	234
195	"叉腰"的南無金光語菩薩	榆20	235
196	彈琵琶的南無金剛掌菩薩	榆20	236
197	持花繩的南無金剛掌菩薩	榆20	237
198	菩薩伎樂	榆3	238
199	拍板舞	榆3	240
200	腰鼓舞	榆3	241
201	造型獨特的蛇繞舞蹈菩薩	榆3	242
202	"S"型的舞蹈菩薩	榆4	243

插圖索引

印度阿旃陀石窟的飛天	6
司馬金龍墓石棺床的舞人	14
莫297窟供養伎樂人摹本	57
霍去病墓南北朝佛座樂舞	58
敦煌舞譜殘卷	67
156窟立體洞示意圖	70
山東安邱漢代畫像石的巾舞	79
四川成都揚子山漢墓"百戲" 畫像磚的巾舞	79
張議潮出行圖中的舞蹈場面	156
宋國夫人出行圖中的舞蹈場面	157
東千佛洞第2窟西夏供養伎樂線描圖	217

敦煌石窟分佈圖

本全集所用洞窟簡稱:莫即莫高窟,榆即榆林窟,東即東千佛洞,西即西千佛洞,五即五個廟石窟。

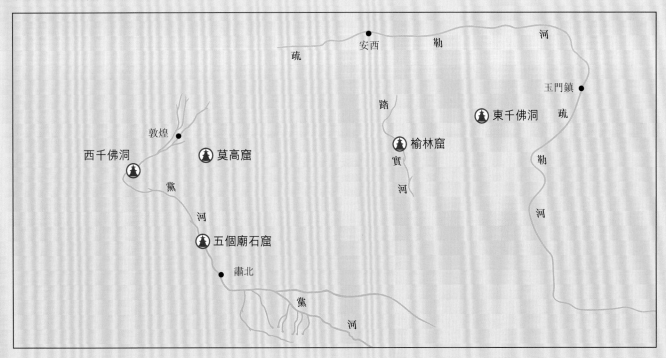

敦煌歷史年表

歷史時代	起止年代	統治王朝及年代	行政建置	備　注
漢	公元前111～公元219	西漢 公元前111～公元8 新 公元9～23 東漢 公元23～219	敦煌郡敦煌縣 敦德郡敦德亭 敦煌郡	公元前111年敦煌始設郡 公元23年隗囂反新莽；公元 25年竇融據河西復敦煌郡名
三國	公元220～265	曹魏 公元220～265	敦煌郡	
西晉	公元266～316	西晉 公元266～316	敦煌郡	
十六國	公元317～439	前涼 公元317～376 前秦 公元376～385 後涼 公元386～400 西涼 公元400～421 北涼 公元421～439	沙州、敦煌郡 敦煌郡 敦煌郡 敦煌郡 敦煌郡	公元336年始置沙州； 公元366年敦煌莫高窟始建窟 公元400至405年為西涼國都
北朝	公元439～581	北魏 公元439～535 西魏 公元535～557 北周 公元557～581	沙州、敦煌鎮、 義州、瓜州 瓜州 沙州鳴沙縣	公元444年置鎮，公元516年 罷，為義州；公元524年復瓜州 公元563年改鳴沙縣，至北周末
隋	公元581～618	隋 公元581～618	瓜州敦煌郡	
唐	公元619～781	唐 公元619～781	沙州、敦煌郡	公元622年設西沙州，公元633 年改沙州；公元740年改郡， 公元758年復為沙洲
吐蕃	公元781～848	吐蕃 公元781～848	沙州敦煌縣	
張氏歸義軍	公元848～910	唐 公元848～907	沙州敦煌縣	公元907年唐亡後，張氏 歸義軍仍奉唐正朔
西漢金山國	公元910～914		國都	
曹氏歸義軍	公元914～1036	後梁 公元914～923 後唐 公元923～936 後晉 公元936～946 後漢 公元947～950 後周 公元951～960 宋 公元960～1036	沙州敦煌縣 沙州敦煌縣 沙州敦煌縣 沙州敦煌縣 沙州敦煌縣 沙州敦煌縣	
西夏	公元1036～1227	西夏 公元1036～1227 蒙古 公元1227～1271	沙州 沙州路	
蒙元	公元1227～1402	元 公元1271～1368 北元 公元1368～1402	沙州路 沙州路	
明	公元1402～1644	明 公元1404～1524	沙州衛、罕東街	公元1516年吐魯番佔；公元1524 年關閉嘉峪關後，敦煌凋零
清	公元1644～1911	清 公元1715～1911	敦煌縣	公元1715年清兵出嘉峪關收 復敦煌一帶，公元1724年 築城置縣

資料來源：史葦湘《敦煌歷史大事年表》等；製表：《敦煌石窟全集》編輯委員會（馬德執筆）